Neue Entdeckungen der Archäologie

Kommagene
Götterthrone und Königsgräber am Euphrat

Neue Entdeckungen der Archäologie

Friedrich Karl Dörner

Kommagene

Gustav Lübbe Verlag

Meiner Frau für ihre stete Mitarbeit
bei der Planung und Durchführung
des Forschungsunternehmens Kommagene
dankbar zugeeignet

Schutzumschlag: Arno Häring
Satz: Satzstudio Keßler, Köln-Porz
Druck und Einband: Druckerei Friedrich Pustet, Regensburg

Printed in Germany 1981
ISBN 3-7857-0277-9

Inhaltsangabe

Vorwort

Es ist gerade ein Jahrhundert vergangen, seit der Brief, den Karl Sester aus der östlichen Türkei an die Akademie der Wissenschaften in Berlin gerichtet hatte, hier den Entschluß auslöste, eine Forschungsexpedition in die antike Landschaft Kommagene auszurüsten. So kam es, daß eine bis dahin nur vage geographische Bezeichnung in unseren Geschichtsbüchern zu einem fest umrissenen Begriff wurde.

Was die Pioniere der ersten Entdeckungsreise kaum zu hoffen gewagt hatten, das sollte im Verlauf der weiteren Erforschung Kommagenes dennoch eintreten: Die Erkenntnisse über dieses Land und seine historische Bedeutung nahmen stetig zu. Diese Erfolge sind nicht nur dem Spaten des Ausgräbers zu verdanken, vielmehr haben sämtliche Disziplinen der Altertumswissenschaft und ihre benachbarten Forschungszweige daran teil. Ihre Ergebnisse bilden das solide Fundament meiner Darstellung. Dazu kommen die Kartographen und Architekten, Geologen und Mineralogen, die bei den verschiedenen Grabungskampagnen in Kommagene mitgearbeitet haben, sowie die Chemiker und Physiker, die das Material untersuchten, das die kommagenische Erde bewahrt hatte. Technische Probleme, denen wir uns bei den Ausgrabungen gegenübersahen, konnten dank der Hilfe erfahrener Ingenieure und Praktiker gelöst werden. Zur Deutung und Datierung frühgeschichtlicher Funde wiederum mußten Forscher aus den Bereichen der Vor- und Frühgeschichte herangezogen werden.

Besonders vielseitig waren die Aufgaben für die Sprachwissenschaft; denn in Kommagene sind zahlreiche schriftliche Dokumente auf allen nur möglichen Schriftträgern erhalten geblieben: Texte in assyrischer Keilschrift, in phönizischer und aramäischer Sprache ebenso wie späthethitische Hieroglyphen. Diese Inschriften setzen zu Beginn des ersten Jahrtausends v. Chr. ein. Als vor nunmehr fast hundert Jahren die ersten großen kommagenischen Schriftdenkmäler zum Vorschein kamen, konnten sie zunächst nur bruchstückweise entziffert werden. Nur den fortgesetzten Bemühungen einer Vielzahl von Gelehrten aus verschiedenen Ländern ist es zu verdanken, daß in der vorliegenden Publikation diese Texte dem Leser nahezu vollständig in deutscher Übersetzung dargeboten werden können.

Aus der Zeit nach dem Ende der assyrischen Oberherrschaft über Kommagene liegen bisher so gut wie keine inschriftlichen Zeugnisse vor. Das gilt für den gesamten Zeitraum bis zum ersten Jahrhundert v. Chr. Erst dann ändert sich das

Bild wieder, und zwar aufgrund der bedeutenden Funde schriftlicher Denkmäler in griechischer Sprache, die aus der Regierungszeit des Königs Antiochos I. von Kommagene stammen. Griechisch war zur damaligen Zeit die allgemeine Verkehrssprache im gesamten östlichen Mittelmeerraum, so daß uns die Inschriften wertvolle Einblicke in sämtliche Bereiche des antiken Lebens zu späthellenistischer Zeit erlauben. Dabei kommt der religiösen Sphäre ganz besondere Bedeutung zu. Mit der griechischen Sprache haben auch die griechischen Götter in Kommagene Einzug gehalten. In ihrem Kreis begegnen wir hier zum ersten Male dem persischen Lichtgott Mithras.
So bietet der vorliegende Band ein farbiges Mosaik über die Geschichte, den Königskult und die gewaltige künstlerische Schöpfungskraft der Landschaft Kommagene. Das Buch beginnt mit der Schilderung der ersten entbehrungsreichen Expeditionen, die deutsche Forscher am Ende des vergangenen Jahrhunderts durchführten. Seit 1938 wurden die Forschungsreisen von mir organisiert und geleitet. Ich habe versucht, den Leser an den Schwierigkeiten, die sich der großen Aufgabe entgegenstellten, teilnehmen zu lassen, aber auch an den Freuden des Entdeckers und den Sternstunden im Leben eines Ausgräbers.
Alles andere als leicht war es – obwohl in diesem Buch davon sonst kaum die Rede ist –, die für die jeweiligen Grabungskampagnen notwendigen Gelder zu erhalten. Da besonders in den Nachkriegsjahren die staatlichen Institutionen nur über sehr begrenzte finanzielle Möglichkeiten verfügten, habe ich oft um Verständnis und Hilfe bei der Industrie und in der Wirtschaft geworben. All meinen Freunden, die mir aus Begeisterung für unsere Wissenschaft ihre Unterstützung gewährten, möchte ich hiermit meinen Dank zum Ausdruck bringen.
In meinen Dank schließe ich auch den Inhaber des Verlages, Herrn Gustav Lübbe, und seine Mitarbeiter ein; sie waren bemüht, allen meinen Wünschen hinsichtlich der Gestaltung des Buches nachzukommen und für eine reiche Ausstattung mit meinem Bildmaterial Sorge zu tragen.

Friedrich Karl Dörner

Zur Orthographie der türkischen Sprache

Die Einführung des lateinischen Alphabets in der Türkei durch Atatürk anstelle der bis dahin üblichen arabischen Schreibung hat dem allgemeinen Wirrwarr bei der Wiedergabe türkischer Namen in den europäischen Sprachen ein Ende gesetzt. So habe auch ich im vorliegenden Bande der amtlichen Form der Eigennamen den Vorzug gegeben.

Wenn gelegentlich noch eine alte Umschrift beibehalten wurde, die sich im Schrifttum eingebürgert hatte, so ist die jetzt gültige Schreibung in Klammern beigefügt, wie z.B. Sendschirli (Zincirli), oder umgekehrt die alte Schreibung in Klammern nachgesetzt, wie z.B. Sakçagözü (Sachzugeuzu).

Einige Besonderheiten in der modernen Orthographie sind durch die Eigentümlichkeiten der türkischen Sprache bedingt; sie darzustellen und anhand von Beispielen zu erklären ist der Sinn der nachfolgenden Übersicht. Ein Grundgesetz der türkischen Sprache bedarf noch eines besonderen Hinweises: die sogenannte Vokalharmonie. Sie besagt: Auf einen hellen Vokal muß in der nächsten Silbe ein heller Vokal folgen. Nun stehen in den europäischen Sprachen den 4 hellen Vokalen e – i – ö – ü nur 3 dunkle gegenüber, nämlich a – o – u. Es fehlt also ein dem hellen i entsprechender dunkler Vokal. Daher mußte ein neuer Vokal geschaffen werden, primitiv ausgedrückt: ein dunkles i, dargestellt durch unser i, aber ohne Punkt!

Dank gebührt der Setzerei des Verlages, daß diese Besonderheiten im Satz berücksichtigt werden konnten.

So ergibt sich folgende Übersicht über die Besonderheiten der türkischen Rechtschreibung:

ç = tsch (çay = tschaj)
c = dsch (cemal = Dschemal)
ğ = kaum hörbarer Gurgellaut (dağ = dagh)
ı = (i ohne Punkt) dumpfer i-Laut
j = Vereinigung von g und j wie in den deutschen Fremdwörtern Jalousie oder Journal
kâ = etwa gleich deutschem kja
s = stets scharf und stimmlos (Samsun = Ssamssun)
ş = sch
v = w
y = gleich deutschem j (yenice = jenidsche)

Häufig wiederkehrende türkische Wörter und Wortbildungen

dağ	= Berg
tepe	= Hügel
dere	= Tal
hüyük oder tel	= antiker Wohnhügel
su	= Wasser, Fluß
çay	= Bach, kleiner Fluß (aber auch Tee!)
göl	= See
köprü	= Brücke
kelek	= Floß aus aufgeblasenen Tierhäuten
kale oder hisar	= Burg
eski	= alt
yeni	= neu
halkevi	= Volkshaus
vali	= Regierungspräsident
kaymakam	= Landrat
hoca	= islamischer Geistlicher, aber auch Lehrer

Teil I: Entdeckung von Kommagene und Beginn der Forschungen

Die Entdeckung des Götterberges Nemrud Dağ

Ein Brief und seine Folgen

Im Winter 1881/1882 traf in Berlin bei der Königlich Preußischen Akademie der Wissenschaften ein Brief aus der Türkei ein, der das Präsidium und die Mitglieder der Akademie in große Aufregung versetzte. Darin berichtete der deutsche Vizekonsul Müller-Raschdau in Izmir (Smyrna) über eine Gruppe Denkmäler von gigantischer Größe, die ein der wissenschaftlichen Welt bis dahin unbekannter Deutscher auf einem Berggipfel im östlichen Antitauros entdeckt haben wollte. Angeblich sollten die kolossalen Figuren auf zwei gegenüberliegenden Terrassen ruhen und durch einen Hügel voneinander getrennt sein. Die monumentale Anlage erstreckte sich in einer Höhe von mehr als 2000 m über dem Meer und gehörte nach Meinung des Entdeckers der assyrischen Kulturwelt an.
Die Mitglieder der Akademie, die Kenntnis von diesem Schreiben erhielten, waren natürlich in der Beurteilung völlig uneins. Diejenigen, die dahinter sogleich eine betrügerische Absicht vermuteten und die Angaben in das Reich der Phantasie verwiesen, konnten dafür gewichtige Gründe anführen. Welches Zutrauen, so argumentierten sie, verdiente der ominöse Gewährsmann Karl Sester, dessen Namen niemand kannte? Vor allem aber stimmte sie die Tatsache mißtrauisch, daß die Bergspitze auf der Südseite des Antitauros im Raum von Kâhta, die von der assyrischen Anlage bekrönt sein sollte, bereits als geographisch festgelegte Landmarke auf den Karten verzeichnet, von ihrer archäologischen Bedeutung hingegen überhaupt nichts bekannt war.
Die Kartierung dieses Gebietes ging auf niemand Geringeren als den damals

in Berlin noch im Ruhestand lebenden Generalfeldmarschall Grafen Helmuth von Moltke (Ehrenmitglied der Akademie) zurück. Als junger Hauptmann hatte dieser im Auftrag des türkischen Oberkommandos genaue Rekognoszierungen nördlich und südlich des Antitauros, im Gebiet zwischen Malatya und Birecik durchgeführt. Helmuth von Moltke war als militärischer Berater von Berlin nach Konstantinopel an den Hof des türkischen Sultan abkommandiert. Als nämlich der gegen das osmanische Herrscherhaus rebellierende Pascha Mehmet Ali, Statthalter von Ägypten, seine Machtsphäre über Palästina und Syrien ausgedehnt hatte, erhielt Moltke die Weisung, exakte Unterlagen über die Straßenverhältnisse und Nachschubmöglichkeiten zu erbringen. Die türkische Tauros-Armee war bereits mobilisiert und stand im Jahre 1838 einsatzbereit im Raum von Malatya.

Für den geplanten Marsch über den Tauros mit größeren militärischen Kontingenten und schwerem Material fehlten jedoch noch sachverständige Unterlagen. Vor allem war das Problem einer reibungslosen Versorgung der türkischen Heeresverbände noch nicht gelöst. Mit großer Umsicht und Gründlichkeit kam Helmuth von Moltke der ihm gestellten Aufgabe nach. Lagen widersprechende Nachrichten vor, so scheute sich der junge Offizier nicht, unter Einsatz seines eigenen Lebens verläßliche Angaben zu beschaffen. Das beste Beispiel dafür ist die in die Geschichte eingegangene Fahrt auf dem oberen Euphrat bei seinem Durchbruch durch das Tauros-Gebirge, um die Frage zu klären, ob diese Wasserstraße für den Nachschub der Armee genutzt werden könne. Besagte Erkundungsfahrt wurde auf einem Floß, einem sogenannten Kelek, unternommen, das aus aufgeblasenen Tierhäuten zusammengesetzt war. Die dramatische Schilde-

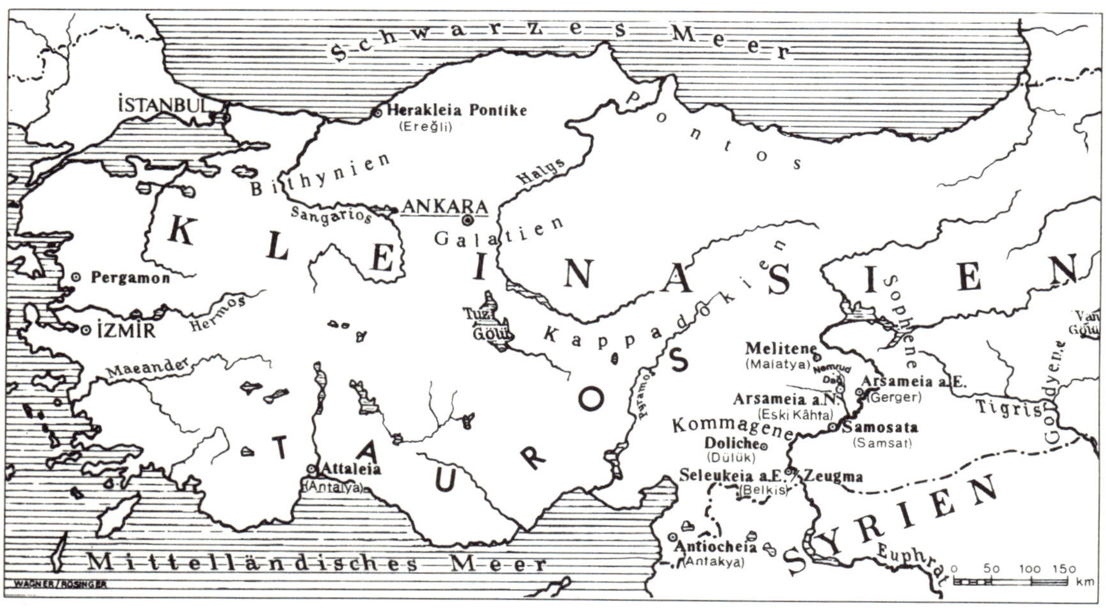

1. Die antike Landschaft Kommagene im Südosten der Kleinasiatischen Halbinsel. Entworfen und gezeichnet von Jörg Wagner und Willy Rösinger.

rung des kühnen Unternehmens, das fast mit einer Katastrophe geendet hätte, verdanken wir dem wagemutigen Offizier selbst[1]. Wie spätere Versuche einer Wiederholung dieser Flußfahrt gezeigt haben, war sein Bericht keineswegs übertrieben, und so konnte Moltke aus eigener Erfahrung dem türkischen Oberkommandanten berichten, daß der Euphrat zwischen Malatya und Samsat (Samosata) als Versorgungsmöglichkeit für die türkische Armee nicht in Betracht käme.
Helmuth von Moltke fertigte bei seinen Ritten durch das für die türkische Armee ins Auge gefaßte Aufmarschgebiet südlich des Tauros umfangreiches kartographisches Material an. Dabei konnte er die markante, von allen Seiten weithin sichtbare Spitze des Nemrud Dağ immer wieder als Fixpunkt bei seinen Routenaufnahmen benützen. Und diese Höhe, so fragten sich die Experten bei der Akademie in Berlin, sollte nun nach den Angaben des Herrn Sester von einer assyrischen Denkmälergruppe gekrönt sein?
Die Mitteilungen von Sester wirkten vor allem deshalb so unwahrscheinlich, weil der junge Moltke keineswegs achtlos an den Zeugnissen antiker Kultur vorübergeritten war. Im Gegenteil, er hatte ihnen größte Aufmerksamkeit geschenkt, sich um eine möglichst genaue Beschreibung ihres Erhaltungszustandes bemüht und mit kundiger Hand alle von ihm gemachten Entdeckungen aufgezeichnet. Ihm verdanken wir zum Beispiel überhaupt erst eine genauere Kenntnis der unmittelbar auf einem Steilufer am Euphrat gelegenen antiken Burganlage Gerger, deren charakteristische Lage Moltke ausgezeichnet geschildert hat mit Verweis auf das monumentale Felsrelief und die in Kolumnen angeordnete griechische Inschrift im Aufgang der Burg[2].
Ausgerechnet Helmuth von Moltke, der in seinem Buche ›Briefe über Zustände und Begebenheiten in der Türkei‹ so eingehend über historische Stätten, über die Bevölkerung und über die allgemeinen Zustände im östlichen Anatolien berichtet, sollte von den »assyrischen Monumenten« auf dem Nemrud Dağ nichts in Erfahrung gebracht haben? Zuletzt überwog aber doch die Meinung derjenigen Gelehrten, die den Rat gaben, den Bericht von Sester auf seinen Wahrheitsgehalt zu überprüfen. Denn was wußte man damals schließlich schon Genaueres über die archäologische Vergangenheit Kleinasiens? Man muß sich vergegenwärtigen, welche Überraschungen diese noch relativ unbekannte Landbrücke zwischen Asien und Europa in den unmittelbar vorangegangenen Jahrzehnten verursacht hatte. Seit 1870 war Heinrich Schliemann dabei, seinen Jugendtraum zu erfüllen und Troja, die Feste des Priamos und Stätte des trojanischen Krieges, freizulegen. Allen Pessimisten zum Trotz schien er mit seinen zunächst als wirklichkeitsfremd angesehenen Theorien recht zu behalten. Mit den von ihm und seinem Mitarbeiter Wilhelm Dörpfeld zum ersten Mal systematisch durchgeführten Ausgrabungen bei sorgsamer Beobachtung der übereinander liegenden Kulturschichten leitete Schliemann in der Tat eine neue Epoche ein, deren Bedeutung für alle Disziplinen der Altertumswissenschaft wir erst heute zu würdigen verstehen.
Berlin stand 1881/1882 unter den Auswirkungen eines Unternehmens, das für die wissenschaftliche Welt ebenso wie für die breite Öffentlichkeit durchaus den Überraschungen von Troja ebenbürtig war. Das war die Entdeckung des großen

Altars von Pergamon durch den deutschen Straßenbauingenieur Karl Humann. Kurz vor dem Eintreffen des mysteriösen Briefes war Humann in Berlin gewesen. Die liebenswürdige Art und das bescheidene Auftreten dieses Mannes, der seit 1878 die im Auftrage der Königlichen Museen in Berlin ausgeführten systematischen Ausgrabungen leitete, hatten sich unter anderem sehr günstig auf die Bewilligung der für die Ausgrabungskampagnen doch so dringend benötigten finanziellen Mittel ausgewirkt. Bei seinem Aufenthalt in Berlin im Sommer 1880 übernahm Humann auf Bitten des damals zu höchstem Ruhm gelangten Historikers und Juristen Theodor Mommsen noch eine weitere Aufgabe. Mommsen hatte nämlich eine Edition des *Monumentum Ancyranum* veröffentlicht – der »Königin der antiken Inschriften«, wie der »Tatenbericht des Augustus«, seine *Res gestae* gern charakterisiert wird. Eine Kopie der ursprünglich vor dem Mausoleum des Herrschers in Rom auf Kupfertafeln niedergeschriebenen *Res gestae* war in der lateinischen Originalfassung zusammen mit einer griechischen Übersetzung auf den Wänden eines Tempels für den Kult der Göttin Roma und der römischen Kaiser in Ankara, dem antiken Ankyra, erhalten geblieben. Die Mängel der vorliegenden Abschriften dieses für die Beurteilung der Persönlichkeit des Kaisers Augustus und die Konsolidierung des Imperium Romanum außerordentlich bedeutsamen Dokumentes hatte Mommsen bei seinen Bemühungen um die Wiederherstellung des Textes vergeblich zu beheben versucht. Mommsen war dabei vor allem auf eine Abschrift angewiesen, die der Gesandte des Deutschen Kaisers Ferdinand, Ogier Ghiselin von Busbeck, im Jahre 1554 bei seinem Aufenthalt in Ankara auf seinem Marsch zur damaligen Residenz des Sultans Suleiman in Amasya in Auftrag gegeben hatte.

Als jetzt Mommsen den Kleinasien-Experten Humann persönlich kennenlernte, machte er ihm den Vorschlag, von dem griechischen und lateinischen Original in Ankara Abgüsse aus Gips anzufertigen. Gleichzeitig, so wurde verabredet, sollte ein junger Epigraphiker eine kritische Untersuchung an den Originalen vornehmen. Umsichtig stellte Humann – wie es in seinem Bericht über dieses Unternehmen heißt – »sofort in der Formerei der Königlichen Museen Versuche an, um die technisch vorteilhafteste Art und Weise zur Beschaffung eines solchen Abgusses zu ermitteln«[3].

Die Durchführung dieser Expedition nach Ankara war für den Spätsommer 1881 vorgesehen. An dem erheblichen Kostenaufwand beteiligte sich neben der Akademie der Wissenschaften auch die Generalverwaltung der Königlichen Museen mit einem Beitrag. Dieser wurde jedoch nur unter der Bedingung gewährt, daß Humann gleichzeitig den Auftrag übernahm, in »dem 40 Stunden weiter östlich gelegenen Boğazköy ... Abgüsse der wichtigsten von den dortigen Felsreliefs zu beschaffen, und es wurde beschlossen, von Boğazköy über Samsun ans Schwarze Meer zurückzukehren«[4], um dort die angefertigten Gipsabgüsse nach Deutschland zu verladen. Damals war man noch der Meinung, daß es sich bei den Ruinen um die in unmittelbarer Nähe des Dorfes Boğazköy gelegene antike Stadt Pteria handle. Niemand vermochte zu ahnen, daß an dieser Stelle Jahrzehnte später Hattuşa, die Hauptstadt des hethitischen Reiches, durch die For-

schungsarbeit von deutschen Gelehrten wiedererstehen würde. Denn im historischen Bewußtsein der Menschheit hatte das Hethiterreich – abgesehen von einigen Erwähnungen im Alten Testament – keinerlei Erinnerung hinterlassen. Heutzutage läßt sich diese Tatsache nur noch schwer nachvollziehen, da das Volk der Hethiter mittlerweile aufgrund seiner aus Schutt und Asche geborgenen Archive, seiner Denkmäler, seiner großen Tempelanlagen, Paläste und profanen Bauten mehr und mehr zu einem lebendigen Begriff geworden ist.
Weil die so erfolgreichen Ausgrabungen und Bergungsarbeiten von Humann in Pergamon sich im Jahre 1881 länger als erwartet hinzogen, wurde es zu spät für die in Ankara und Boğazköy geplante Arbeit und das Unternehmen auf den Sommer 1882 verschoben. Hält man sich die geschilderten Tatsachen vor Augen, so kann man wohl die Aufregung verstehen, die der Brief von Sester in Berlin hervorrufen mußte. Besonderen Anreiz bot natürlich die von Sester mitgeteilte Vermutung, es handle sich auf dem Nemrud Dağ um »assyrische Denkmäler«. Denn fast genau um die gleiche Zeit wurde in Berlin eine in London erschienene Publikation mit dem Bericht einer Reise durch Kleinasien von Mrs. Mary Esmé Gwendoline Scott-Stevenson bekannt, in dem ebenfalls von »assyrischen Reliefs« die Rede war: Es handelte sich um die Darstellung einer Löwenjagd, die in einem Gutshaus im Dorfe Sakçagözü (Sachzugeuzu) verbaut sein sollte, einer Ortschaft in der Nähe von Aintab (heute Gaziantep), also in nicht allzu weiter Entfernung vom Nemrud Dağ.
Nun muß man wissen, daß ›assyrisch‹ in jenen Tagen ein Zauberwort war. Die Museen in London und Paris besaßen bereits ansehnliche Skulpturen aus assyrischer Zeit; die Entzifferung von Keilschrifttafeln, die Georg Friedrich Grotefend mit seiner bei der Göttinger Gesellschaft der Wissenschaften im Jahre 1821 vorgelegten Abhandlung eingeleitet hatte, machte durch Neufunde von beschrifteten Tontafeln großartige Fortschritte. Konnte man es daher verantworten, den Brief von Sester unbeachtet zu lassen? Die internen Auseinandersetzungen um den Sesterschen Brief in ihren verschiedenen Phasen kennenzulernen, wäre sehr wichtig; doch werden sie sich kaum mehr aufklären lassen. Denn wie mir von Günther Klaffenbach auf meine schon vor Jahren eingeleiteten Nachforschungen mitgeteilt wurde, sind infolge der Bombenangriffe auf Berlin auch die Akten und Unterlagen in den Archiven der Akademie über diese Periode zum großen Teil vernichtet worden, und die auf meine Bitte hin von ihm durchgeführten Nachforschungen blieben ohne Erfolg.
Überblickt man den Kreis der Persönlichkeiten, die vor einem Jahrhundert in Berlin in Kunst und Wissenschaft führend waren, so drängt sich die Vermutung auf, daß die in der Auseinandersetzung um Sesters Brief getroffene Entscheidung auf den Mann zurückgehen dürfte, der wagemutig und verantwortungsfreudig das wissenschaftliche Leben in der jungen Hauptstadt des Deutschen Reiches steuerte: Alexander Conze. Ohne diesen Mann und seinen persönlichen Einsatz hätte Humann niemals die Rettung des Pergamon-Altars vor der Vernichtung durch die Kalkbrenner durchführen können, die in ihren Öfen bereits einen Teil der herrlichen Reliefplatten des großen Götteraltars wieder in Kalk zurückverwan-

delt hatten. Der Kalk brachte bares Geld, und die Kalkbrenner selbst handelten zudem in der festen Überzeugung, ein Allah und Gott wohlgefälliges Werk zu tun, wenn sie dem im Koran wie im Alten Testament verankerten Gebote folgten: »Du sollst Dir kein Bildnis noch irgendein Gleichnis machen, weder des, das oben im Himmel, noch des, das unten auf Erden, oder des, das im Wasser unter der Erde ist«. Bis Humann kam! Mit seinem praktischen Sinn und seinem Verständnis für die wirtschaftliche Lage der Kalkbrenner machte er diesen Vorschläge, wie an den Reliefplatten mehr zu verdienen sei, als wenn man sie in den Öfen zu Kalk brennen würde. Humanns persönliche Initiative zur Rettung der Reliefplatten wäre vermutlich dennoch in ihren Anfängen steckengeblieben, hätte er nicht in dem Brüderpaar Halil Ethem Bey und Hamdi Bey die einflußreichen Freunde gefunden, die mit Umsicht und Verständnis seinen weitreichenden Ideen die Unterstützung der türkischen Behörden erwirkten – von den zuständigen lokalen Instanzen bis hinauf zum Serail des Sultans in Konstantinopel!

Ideen lassen sich jedoch nur verwirklichen und in Aktivität umsetzen, wenn die notwendigen finanziellen Mittel flüssiggemacht werden können. Dieses große Verdienst kommt Alexander Conze zu, damals Direktor der Antikenabteilung der Königlichen Museen und seit 1881 Generalsekretär des Deutschen Archäologischen Instituts. Darüber hinaus fand Conze sogar Mittel und Wege, Humanns persönliche materielle Existenz zu sichern, so daß dieser sich voll und ganz der archäologischen Erforschung von Kleinasien widmen konnte. Nichts kennzeichnet aber besser die Persönlichkeit des Gelehrten Conze als die Unermüdlichkeit, mit der er um die Anerkennung der Leistungen Humanns in der wissenschaftlichen Welt Sorge trug – ein Verdienst, das schließlich in der Verleihung des *Doctor Philosophiae honoris causa* durch die Philosophische Fakultät der Universität Greifswald im Jahre 1880 seine sichtbare Würdigung fand.

An sich wäre Humann der geeignete Mann gewesen, die Angaben von Sester zu überprüfen; aber in Anbetracht seines schon längst festgelegten Arbeitsprogramms war er im Jahre 1882 unabkömmlich, zumal er sich bereits auf seine Expedition nach Zentralanatolien im Auftrag der Akademie vorbereitete. Hinzu kam, daß Sester, als sein Brief in Berlin eintraf, sich nicht mehr in der Türkei, sondern in Ägypten aufhielt. Die Vermutung, daß Alexander Conze der Mann gewesen sei, auf dessen Vorschlag hin schließlich doch noch eine Lösung für das Dilemma gefunden wurde, in das man in Berlin durch die so unwahrscheinlich klingenden Mitteilungen von Sester geraten war, gründen sich auf eine Angabe des jungen Gelehrten Otto Puchstein. Dieser befand sich zu Beginn des Jahres 1882 vorübergehend ebenfalls in Ägypten, da man ihn für besondere wissenschaftliche Leistungen mit dem ›Reisestipendium für Archäologie‹ ausgezeichnet hatte, das durch die ›Zentraldirektion des Archäologischen Instituts des Deutschen Reiches‹ jährlich an junge Gelehrte der Altertumswissenschaft verliehen wird. In seinem Bericht schreibt Puchstein: »Ich erhielt von Alexander Conze namens der Königlich Preußischen Akademie der Wissenschaften zu Berlin den Antrag, persönlich bei dem zufällig in Ägypten verweilenden Ingenieur Charles Sester nähere Erkundigungen über ein von demselben am oberen Euphrat auf dem Nemrud

Dağ nachgewiesenes Monument einzuziehen und je nach den Umständen mit ihm über eine Rekognoszierungsreise dorthin zu unterhandeln«[5].
Aufgrund des Berichtes, den Puchstein über seine Eindrücke von der Persönlichkeit Sesters und der Glaubwürdigkeit von dessen Angaben nach Berlin an Conze schickte, erhielt er umgehend von der Königlich Preußischen Akademie den Auftrag, zusammen mit Sester an Ort und Stelle zu prüfen, worum es sich bei den »assyrischen Monumenten« auf dem Nemrud Dağ handle.
Das schien von Berlin aus eine recht harmlose Angelegenheit zu sein. Wie sich aber bald zeigen sollte, war es doch ein äußerst schwieriges Unternehmen, das dem jungen Gelehrten zugemutet wurde. Es führte Puchstein zum ersten dramatischen Höhepunkt der Entdeckung des Nemrud Dağ. Aufgrund der von Puchstein erzielten Erfolge und seines Berichtes setzte dann bereits im Jahre 1883 die systematisch durchgeführte Untersuchung des Nemrud Dağ und die Erforschung von Kommagene ein, mit deren Leitung man Karl Humann betraute.

Erkundungsfahrt von Otto Puchstein und Karl Sester nach Kommagene 1882

Im März 1882 begab sich Puchstein mit Sester von Kairo aus auf die Fahrt nach Kommagene. Erst in jüngster Zeit ist durch die Nachforschungen, die Eduard Schulte in staatlichen Archiven und im Kreis der Nachfahren der beteiligten Gelehrten für seine Humann-Forschungen durchführte, auch einiges über die Persönlichkeit von Karl Sester bekanntgeworden. Als unternehmungsfreudiger junger Mann hatte Sester im Orient sein Glück zu machen versucht und als Koch bei einer englischen Gruppe Arbeit gefunden, die im Osten der Türkei Trassen für den Bau von Verkehrsstraßen vermessen sollte. Dabei hatte er Land und Leute kennengelernt und sich nach kurzer Zeit bereits die hierzulande gängigen Sprachen angeeignet, so daß er bald ein ausgezeichneter Kenner des Landes und der Verhältnisse wurde. Sester kümmerte sich aber nicht nur um die ihm anvertrauten Kochtöpfe, sondern erwarb sich auch nebenbei noch das Wissen und die Kenntnisse, die damals von einem Straßenbauer verlangt wurden. Er verstand es, die Gunst der Gegebenheiten zu nutzen. Unbekannt bleibt, welchen Umständen es zuzuschreiben ist, daß er bereits vor 1880 als ›Chef-Ingenieur‹ des Vilayets Diyarbakır tätig war und den Auftrag hatte, die für die Anlage von Verkehrsstraßen notwendigen Erkundungen und Vermessungen vorzunehmen. Bei seinen Unternehmungen erhielt er eines Tages von einem Gewährsmann namens Bako die ersten Hinweise »über die wunderbaren Trümmer‹ auf dem Nemrud Dağ und erstieg alsbald unter Führung von Bako den Berg. Sester berichtete später Puchstein, daß er sofort danach die Kaiserlich Deutsche Botschaft in Konstantinopel über dieses Monument brieflich informiert habe; es sei aber keinerlei Antwort eingetroffen. Offenbar hat man bei der Botschaft dieses Schreiben zu den Vorgängen gelegt, die sich von selbst erledigen. Aber Sester, dieser Mann des praktischen Handelns, gab nicht auf, als von Konstantinopel keinerlei Reaktion auf seine Mitteilung erfolgte. Er wandte sich vielmehr persönlich an die deutschen Konsulate, und hier wurde er »an die rechte Adresse gewiesen«, wie Puchstein es formulierte[6]. Wie leicht hätte auch in Berlin dasselbe passieren können wie kurz zuvor in Konstantinopel, wenn nicht Sesters Brief in die Hände von Alexander Conze gelangt wäre! Von Sester selbst sind bisher weder Daten über sein Leben noch Angaben über seine Abstammung bekannt geworden; doch spricht sein Familienname für eine rheinische Herkunft.

↘ 2. Karl Humann. Nach einem von Hamdi Bey 1894 gemalten Porträt.

Glücklicherweise ist wenigstens eine Fotografie von Sester erhalten geblieben. Sie stellt einen gut aussehenden Mann im besten Mannesalter dar, einen sehr selbstbewußten Selfmademan, der seine Stellung nur seiner eigenen, im täglichen

↑ 3. Karl Sester

Leben bewiesenen Tüchtigkeit verdankt. Diese Beurteilung seiner Persönlichkeit ergibt sich auch aus dem Stil und der Handschrift eines von Sester persönlich geschriebenen Briefes. Aus diesem Schreiben wird ersichtlich, daß es alsbald zu Spannungen zwischen den beiden Reisegefährten gekommen ist. Sester, dem Kenner von Land und Leuten, fiel natürlich die Führung zu, aber die Reisekasse mit den von der Berliner Akademie bewilligten Geldern verwaltete der junge Stipendiat Puchstein. Wer über Reiseerfahrungen verfügt, weiß, wie leicht es bei Geldausgaben zu allerlei Verstimmungen kommen kann. So kaufte Puchstein manches für die auf drei Monate veranschlagte Expedition ein, was der fahrtengewohnte Sester für völlig unnötig hielt; verschiedene Dinge erwarb er ausschließlich für seinen eigenen Reisekomfort, ohne dabei auch an den Reisegefährten zu denken. Hinzu kamen die »Widerwärtigkeiten und Anstrengungen der Reise«[7], die Puchstein physisch mehr belasteten als Sester!
Der erste Teil der Fahrt von Kairo nach Iskenderun bot keine besonderen Schwie-

rigkeiten. Von Berlin aus hatte man bestens vorgesorgt, und die Kaiserlich Deutsche Botschaft in Konstantinopel war angewiesen worden, jegliche Unterstützung zu gewähren. So hatte diese ihrerseits die deutschen Konsulate und Vertretungen in Kairo, Alexandria, Beirut und Alexandrette (Iskenderun) um Hilfeleistung für das geplante Unternehmen ersucht. Aus den kurzen Hinweisen in dem von Puchstein veröffentlichten Itinerar lassen sich die Schwierigkeiten erahnen, denen man sich in Iskenderun gegenübergestellt sah. Man mußte für den Ritt »mit schlechten und störrischen Reittieren vorliebnehmen, die viel Aufmerksamkeit erforderten und die Geduld oft auf eine harte Probe stellten«[8]. Außerdem waren keine Reitsättel aufzutreiben. Nur wer einmal selbst auf anatolischen, aus Holz gezimmerten Packsätteln unterwegs gewesen ist, kann ermessen, was der junge Puchstein für körperliche Anstrengungen auf sich zu nehmen hatte, um den Ritt von der Küste des mittelländischen Meeres hinauf in das ostanatolische Hochland zu bewältigen.

Endlich setzte sich die kleine Kavalkade am 15. April 1882 von Iskenderun aus in Marsch. Erst am 21. April erreichte man das kleine Städtchen Aintab (Gaziantep). Sechs Tage also benötigte man für eine Strecke, die heute auf den gut ausgebauten Straßen in wenigen Stunden zu bewältigen ist. In Aintab konnte man die Packsättel durch Reitsättel ersetzen und Maultiere mieten. So ging es von hier etwas zügiger vorwärts, als man nach einer Ruhepause von drei Tagen den Marsch fortsetzte. Puchstein hatte von Heinrich Kiepert, dem Altmeister der antiken Geographie und unermüdlich für seine in Vorbereitung befindliche neue Ausgabe der Karte des antiken und modernen Kleinasien detailliertes Material sammelnden Gelehrten, den Auftrag erhalten, ein sorgfältiges Itinerar der Reiseroute anzulegen. Daher bildete er zum Unwillen des vorwärtsdrängenden Sester gewöhnlich das Schlußlicht der Gruppe, und man kann seine körperliche und seelische Verfassung wie von einem Barometer aus einer Passage seines Berichtes ablesen, in der es heißt: »Ich hatte es auch unterlassen, mir einen Diener zur Verfügung zu halten, der, wo die kartographische Arbeit mich in Anspruch nahm, das Tier versah; meistens geriet ich bald an das Ende unserer kleinen Karawane und verlor damit Gelegenheit, die Namen der auf oder an dem Wege liegenden Dörfer u.a. zu erkunden, zumal da ich der Landessprache nicht mächtig war; und als ich soviel Türkisch, um mich mit den Bauern und Pferdetreibern zu verständigen, gelernt und sonstige Erfahrungen gesammelt hatte, gesellte sich zu der Erschöpfung eine gewisse schließlich durch den Mangel einer Uhr nicht wenig beförderte Gleichgültigkeit gegen Dinge, welche nicht im Bereich meiner archäologischen Aufgabe lagen«[9].

Wenn man in Gaziantep auch neue Reittiere mit besseren Sätteln gemietet hatte, so ging der Ritt doch noch ziemlich langsam vonstatten, wie Puchstein bemerkt. Oder hatte er sich inzwischen an den schaukelnden Paßgang der Maultiere schon so gewöhnt, daß er sich eine schnellere Gangart wünschte? Das Itinerar von Puchstein zeigt, wie mühsam der Ritt war: Er führte durch Täler und über kleine Höhenzüge, »durch einen Erdriss«, wie es einmal lakonisch heißt, und – laut Notiz vom 25. April – »auf eine enge Schlucht zu an einem trockenen Wasserlauf

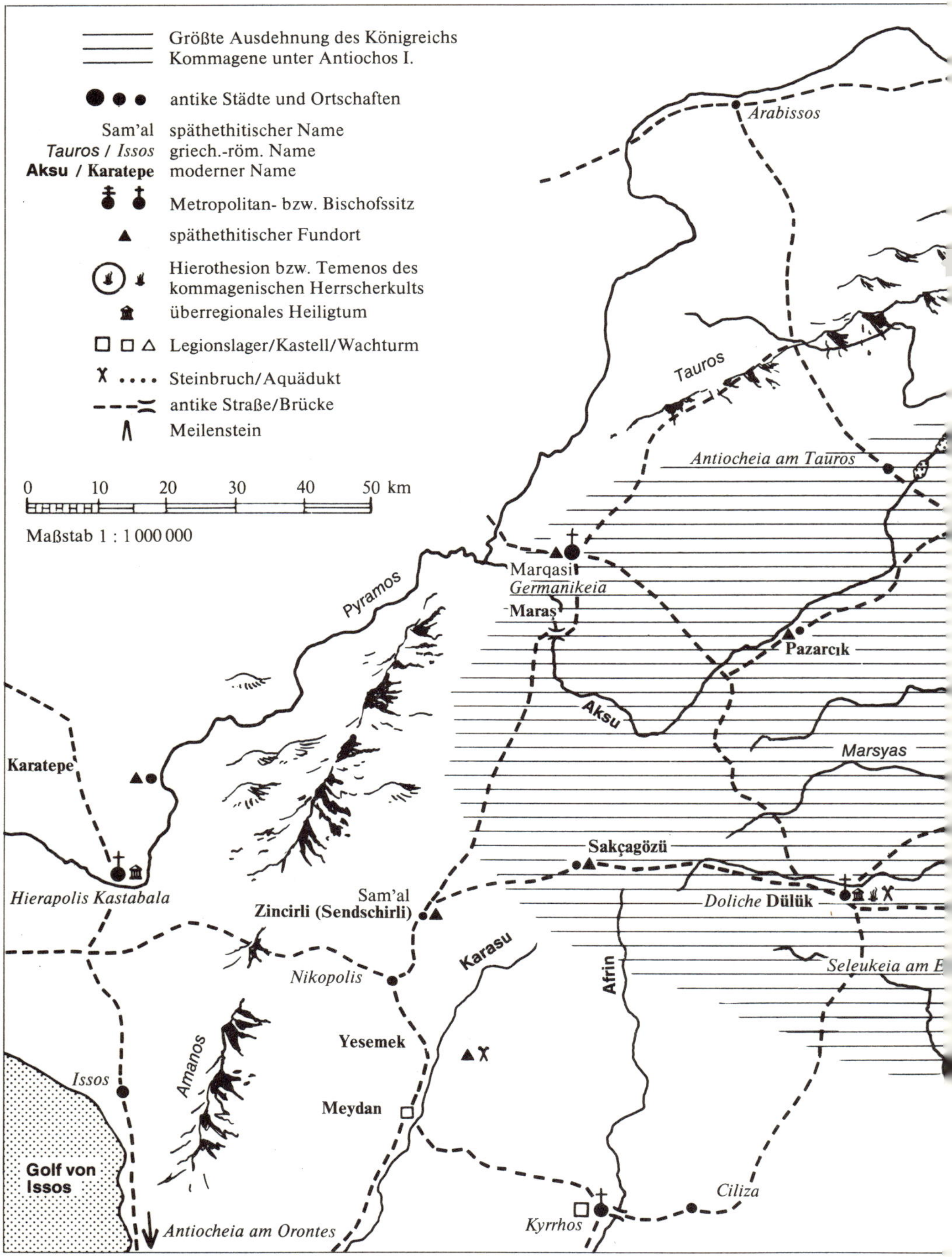

4. Größte Ausdehnung des Königreichs Kommagene unter Antiochos I. Karte von Jörg Wagner.

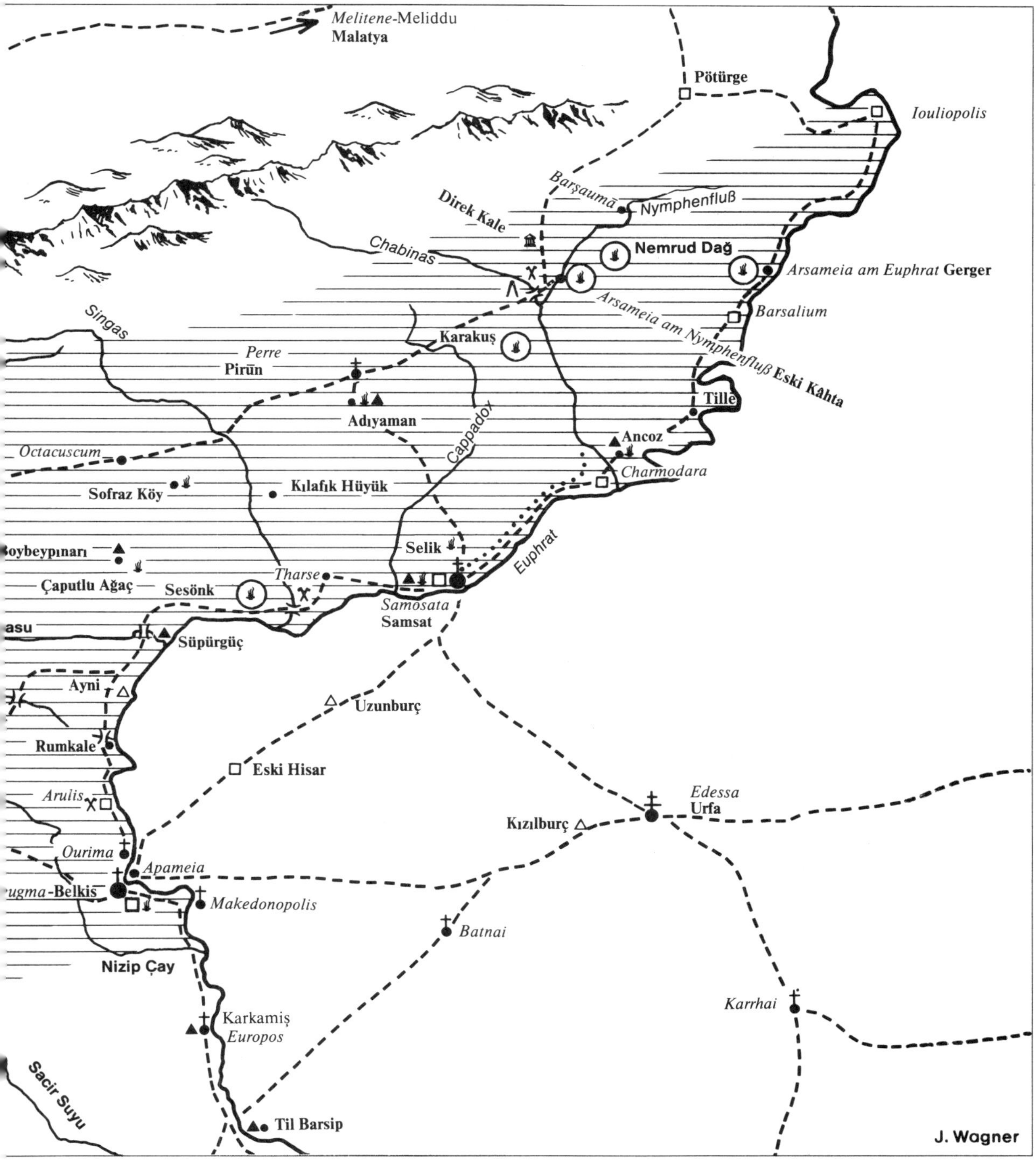
Melitene-Meliddu
Malatya
Pötürge
Iouliopolis
Barşauma
Nymphenfluß
Direk Kale
Chabinas
Nemrud Dağ
Arsameia am Euphrat Gerger
Barsalium
Arsameia am Nymphenfluß Eski Kâhta
Singas
Perre
Pirūn
Karakuş
Tille
Adıyaman
Cappadox
Ancoz
Charmodara
Octacuscum
Sofraz Köy
Kılafık Hüyük
Selik
Euphrat
Çaputlu Ağaç
Sesönk
Tharse
Samosata
Samsat
Süpürgüç
Ayni
Uzunburç
Rumkale
Eski Hisar
Arulis
Edessa
Urfa
Kızılburç
Ourima
Apameia
Makedonopolis
Batnai
Nizip Çay
Karrhai
Karkamiş
Europos
Sacir Suyu
Til Barsip
J. Wagner

von Nord-West, steil aufwärts in die Schlucht auf beschwerlichem Wege«[10]. Dann mußte man sich durch Bäche, durch kleinere und größere Flüsse die Fortsetzung des Weges suchen; oft war es schwierig, Furten durch die Flußläufe zu finden, die jetzt im Frühjahr bei der einsetzenden Schneeschmelze viel Wasser führten, und man versteht, was sich hinter der Notiz vom 27. April verbirgt: »langsam durch den Göksu«[11]; aber für die Reisenden war der reißende Fluß alles andere als ein »Himmelswasser« – auf türkisch Göksu!

Trotz der im Frühjahr üblichen Regenfälle, trotz Schwierigkeiten mit der Verpflegung kamen die beiden Reisegefährten ihrem Ziele langsam näher. Als man dann am 28. April morgens um 6 Uhr und 2 Minuten vor die dürftige Hütte trat, in der man übernachtet hatte, da konnte Sester »voller Freude« Puchstein die charakteristische Spitze des im Licht der aufgehenden Sonne erstrahlenden Nemrud Dağ zeigen, »der für den Reisenden, der ihn einmal kennt, weder von der Ebene noch von den Bergen selbst aus mit anderen zu verwechseln ist und weit und breit als Merkmal zur bequemen Orientierung benutzt werden kann«[12]. Der Nemrud Dağ wurde von Puchstein sofort anvisiert und der Winkel mit ca. 45° in das Itinerar eingetragen. Im klaren Licht der Frühe war sogar Adıyaman, das vorgesehene Tagesziel, erkennbar. Schnell bestieg man die Maultiere, und nach einem zügigen Ritt erreichte man schon gegen Mittag das neue Quartier.

Es wurde beschlossen, in Adıyaman eine Rast einzulegen und am nächsten Tage einen Abstecher nach Pirun, dem antiken Perre, zu unternehmen. Heute existiert hier nur eine unbedeutende Ortschaft, die aber immer noch, wie in vergangenen Jahrhunderten, klares und kühles Wasser aus einer antiken Wasseranlage erhält, welche auch den Mittelpunkt des Dorfes bildet. Von der großen Bedeutung in antiker Zeit zeugen die Felsnekropolen am Ost- und Nordosthang auf einem dem Ort vorgelagerten Felsrücken. Hinzu kommt, daß Perre, dessen antiker Name in der modernen Ortsbezeichnung Pirun fortlebt, ehemals Sitz eines Bischofs war und als zweite Station der antiken Routenführung von Samosata (der Hauptstadt von Kommagene am Euphrat) nach Komana auf der Tabula Peutingeriana verzeichnet ist. Hier entdeckte Eugène Pittard im Jahre 1925 eine paläolithische Station, die er selbst in den Jahren 1928, 1937 und 1938 genauer untersuchte. Man fand dort reiches paläolithisch-neolithisches Material, das bei weiteren Forschungen von I. Kılıç Kökten im Jahre 1945 und später von Muzaffer Süleyman Şenyürek erheblich vermehrt werden konnte[13].

Auf Beobachtungen und Funde dieser Frühzeit waren aber weder Puchstein noch Sester vorbereitet, sonst hätten sie schon im Jahre 1882 die ersten der paläolithischen Zeit angehörenden Steinwerkzeuge im östlichen Kleinasien entdecken können. Dies jedoch geschah erst 12 Jahre später, als durch E. Chantre 1893–94 die von I. Gauthier in den Ablagerungen des Euphrat in der Nähe des Ortes Birecik aufgefundene »hache en silex taillée« publiziert wurde. Der Fund von Gauthier im kommagenischen Bereich galt lange Zeit als erster Nachweis für die Existenz von paläolithischen Bodenfunden in Kleinasien, bis Max Pfannenstiel im Jahre 1944 in seiner Untersuchung über die diluvialen Entwicklungsstadien und die Urgeschichte von Dardanellen, Marmarameer und Bosporus darauf auf-

merksam machte[14], daß Frank Calvert, der amerikanische Konsul in Çanakkale, schon etwa 25 Jahre früher, um 1870, am Kap Nagra Burnu in der Nähe der antiken Stadt Abydos ein paläolithisches Werkzeug gefunden habe, das von ihm zusammen mit M. Neumayr veröffentlicht worden war[15].
Von Adıyaman aus zogen dann Sester und Puchstein am 30. April in Richtung zum Nemrud Dağ weiter, dessen beherrschender Gipfel sich immer deutlicher aus dem Massiv der Ankar Dağları heraushob. Nach einem Ritt von 12 Stunden traf man abends in Kâhta ein. Um noch vor Eintritt der Dunkelheit das in Aussicht genommene Nachtquartier in Kâhta zu erreichen, hatte man darauf verzichtet, am Karakuş Halt zu machen, einem von drei Säulenpaaren flankierten Tumulus, dem die Umwohner seinen Namen nach dem Bildnis eines monumentalen Adlers (Höhe 2,54 m) gegeben hatten. Der Adler steht weithin sichtbar auf der von einer Plinthe bekrönten 7,18 m hohen Säule an der Südseite des Tumulus. Nach den Itinerarien von Helmuth von Moltke hatte Heinrich Kiepert in seiner Ausgabe der Karte von Kleinasien 1842 bereits »zwei Säulen« verzeichnet und auch die römische Brücke über den Kâhtaçay eingetragen. Daher ritten Puchstein und Sester am folgenden Tag nochmals von Kâhta zurück, um Genaueres über diese Grabanlage zu erfahren. Tags darauf besuchte man noch einmal die römische Brücke über den Kâhtaçay und wiederholte am 3. Mai erneut den Ritt zum Karakuş. Über die von Puchstein sowie später von mir und meinen Mitarbeitern am Karakuş durchgeführten Untersuchungen und unsere Ergebnisse wird im folgenden noch berichtet werden (s. unten S. 54 ff).
Am 4. Mai endlich war das Ziel der Reise in greifbare Nähe gerückt. »Der Weg führte von Kâhta zunächst in das Flußtal gleichen Namens, das wir auf guter Steinbrücke überschritten, und dann ging es bergan. Unter einem schroffen Abhang, aus dem zahlreiche klare Quellen flossen, deren Wasser gleich einige Mühlen treibt, gelangten wir auf einen Talgrund, das Şavlıkdere, dem wir bis zu seinem Ursprung folgten. Stellenweise war die Talsohle erdig mit sanfter Steigung, so daß man reiten konnte, stellenweise aber mußten wir über glatte und hohe Felsblöcke oder durch enge Felsspalten klettern, so daß ich mich heute noch frage, wie unsere Lasttiere hinauf, und noch mehr, wie sie später unverletzt herunter gekommen sind. Rechts und links stiegen himmelhoch die Talwände empor, bald als glatte Abstürze, bald abgetreppt und dann malerisch mit Steineichen bestanden, die sich indes höher hinauf immer mehr verloren.« Humann, dessen Feder wir diese anschauliche und zutreffende Beschreibung verdanken[16], brauchte bis zu dem kleinen Bergdorf Horik (Hurik) – wie er angibt – zweieinhalb Stunden, während Sester und Puchstein diese Strecke in der erstaunlich kurzen Zeit von einer Stunde und 41 Minuten zurücklegten[17].
Wie oft habe ich während unserer Ausgrabungsarbeiten in Kâhta und auf dem Nemrud Dağ diesen Aufstieg zu Fuß, auf Maultieren mit Packsätteln und gelegentlich sogar auf dem Pferderücken zurückgelegt! Unvergeßlich ist mir im Tale von Horik meine Begegnung mit zwei türkischen Offizieren geblieben, beritten auf vorschriftsmäßig gesattelten und gezäumten Pferden. Wie einstmals Helmuth von Moltke hatten sie den Auftrag, Wege- und Paßverhältnisse für ihre

Artillerie-Abteilung anläßlich eines bevorstehenden Manövers zu erkunden. Nach freundschaftlicher Begrüßung war natürlich ihre erste Frage, nämlich die nach meiner militärischen Vergangenheit, sehr verständlich, umso mehr, als sich dieses Ereignis schon im Jahre 1953 zugetragen hat. Als ich ihnen zur Antwort gab, daß ich in der gleichen Waffengattung wie sie ausgebildet und nach Dienstleistungen im Stab einer Division am Ende des Krieges noch als Artillerie-Offizier eingesetzt worden sei, erhielt das die Offiziere begleitende Kommando den Befehl, ein Frühstück im Freien vorzubereiten. Bei unseren fachlichen und persönlichen Gesprächen lobte ich auch die vorzüglichen Reitpferde. Was ich erhofft hatte, traf wirklich ein: Ein Bursche erhielt den Befehl, eines der Pferde zu satteln; die Bügel wurden für meine Größe verpaßt, und ich stieg in den Sattel. Zunächst ging es – kritisch von allen beobachtet – im Schritt durch das langgestreckte Tal, das sich von Horik aus zum Nemrud Dağ öffnet. Bald war das Einvernehmen zwischen Pferd und Reiter hergestellt, ein leichter Trab folgte, und schließlich konnte ich auch der Versuchung nicht widerstehen, trotz des steinigen Pfades einen kurzen Galopp zu riskieren.
Wenn auch für Sester und Puchstein mit den ihnen zur Verfügung stehenden Maultieren ein Galopp nicht in Frage kam, so ist doch die im Itinerar für die Strecke Kâhta bis Horik angegebene Zeit von einer Stunde und 41 Minuten eine ausgezeichnete Leistung. Nach einer Rast von nicht einmal einer Stunde ging es dann von Horik aus »eine Stunde lang weiter aufwärts in der Schlucht, dann links steil bergauf in 1½ Stunden zum Turmulus«, so heißt es lapidar im Itinerar bei Puchstein[18].
Indessen konnte sich auch der im allgemeinen recht nüchterne junge Gelehrte,

5. Die Westterrasse auf dem Nemrud Dağ. Rekonstruktion von Karl Humann.
1. Nordsockel
2. Antiochos und Kommagene
3. Antiochos und Apollon-Mithras
4. Antiochos und Zeus Oromasdes
5. Antiochos und Herakles-Artagnes
6. Horoskop
7. Antiochos
8. Kommagene
9. Zeus Oromasdes
10. Apollon-Mithras
11. Herakles-Artagnes
12. Sockel der persischen Ahnen

dem jedes Pathos zuwider war, dem tiefen Eindruck nicht entziehen, den die großartige Tauros-Landschaft auf ihn ausübte:
»Die Anstrengungen des äußerst beschwerlichen, nur durch die kühle und erfrischende Gebirgsluft erträglich gemachten Weges, die Abgeschiedenheit von menschlicher Wohnung und allem, was dieselbe ermöglichen könnte – von Wald und Weide, die dem Auge nicht weniger als den Füßen schmerzhaften Zacken der Felswüste, daneben einerseits kleine oasenartige Flächen mit spärlichem, aber saftiggrünem und aromatischem Gras, andererseits blendende Schneeflecken, aus denen hie und da eine Hyazinthe hervorbricht, ein überaus lieblicher Anblick, endlich die überraschende Aussicht hier auf zahllose Berggipfel und unentwirrbare Täler (Farbtaf. V), von deren Sohle bisweilen das Wasser eines Baches heraufschimmert, dort in die grausige Tiefe des Gergerçay-Tales und in die endlose Ebene jenseits des Euphrat – das alles erzeugt in der Seele des auf die Kuppe klimmenden Wanderers einen Schauer, der dem erstaunlichen Menschenwerk, das sich auf ihrer höchsten Höhe plötzlich vor dem Auge ausbreitet, eine eigentümlich feierliche Weihe verleiht und es in der Tat gar leicht auf den so nahen Himmel bezieht«[19].
Seit Puchstein diese Sätze schrieb, sind fast 100 Jahre vergangen. Inzwischen ist der Nemrud Dağ, nachdem er zunächst wieder für ein halbes Jahrhundert in seinen Dornröschenschlaf zurückversunken war, seit einigen Jahren für Tausende von Besuchern ein verlockendes Reiseziel geworden, besonders seitdem eine Straße die Auffahrt mit Motorfahrzeugen ermöglicht. Viele von denen, die hierherkamen, haben ihre Eindrücke in Worte zu fassen versucht. In Zeitungen und Zeitschriften, Reisebeschreibungen und Erzählungen sind diese Berichte erschie-

nen und haben weitere Besucher angelockt. Vor allem Humanns Schilderung verdient es, der Vergessenheit entrissen zu werden:

»Der erste Eindruck war ein wahrhaft überwältigender. Wie ein Berg auf dem Berge erhob sich auf dem höchsten Felsgipfel der Grabhügel, an sich noch 40 m über der Terrasse, die wir erstiegen hatten, emporragend. Ihm den Rücken wendend, saßen da auf erhöhter Felsbank die Riesengebilde von fünf Gottheiten, von denen nur eins ganz unversehrt geblieben war (Farbtaf. II). Nach dem ersten Anschauen des Nächstliegenden schweifte der Blick in die Ferne. Wenn das Meer im wütendsten Orkan, während eine quer kommende Dünung die grausigen Wellenberge zu schwindelnder Höhe auftürmt und wieder wild durcheinander würfelt, plötzlich erstarrte, so würde es im kleinen ein Bild dessen geben, was sich uns im Osten, Norden und Westen, soweit der Blick reichte, und im Süden auf einige Meilen Entfernung darbot. Die weißen Schaumkämme der Wellen sind hier die schneeglänzenden Grate des Tauros. Wohl mögen die Täler und Schluchten sich in fortlaufenden, wenn auch gewundenen Linien durchziehen, uns erschien es als ein wildes Durcheinander, aus dem sich, gleichsam Ruhepunkte für das Auge, nur hier und dort ein massiger Gebirgsstock emporhob. Nach Süden senkte sich das Felsenmeer; zuweilen blitzte der Spiegel des Euphrat herauf, und drüben verlor sich der Horizont in unabsehbare Weite, tief hinein nach Mesopotamien.

Wir wußten kaum, was wir zuerst anschauen sollten, die Nähe oder die Ferne. Vor uns lagen die herabgestürzten Köpfe der Statuen, jeder einzelne größer als eines Mannes Länge, lag ein Berg von Steinblöcken, lagen Platten mit Reliefbildern vor niedrigen Mauern mit Löchern auf ihrer Oberseite, in denen die Platten einst eingezapft gestanden hatten. Der ganze Platz eine dem Fels abgewonnene geebnete Terrasse. Wir gingen um den Tumulus herum; scharf schnitten die Steine in das Schuhleder, denn der ganze Hügel ist von gleichmäßig, ganz wie bei unseren Chausseesteinen, künstlich zerkleinerten Kalksteinen aufgeführt, so steil als die Schüttung zuließ. An der anderen Seite des Hügels erreichten wir im Westen wieder eine Terrasse, die bedeutend tiefer lag als die erste. Hier sind die Statuen ganz zerstört, die einzelnen Blöcke, aus denen sie aufgeführt gewesen, zu Hauf daliegend, die Köpfe weit auf die Terrassen hingerollt (Farbtaf. III, VII, VIII, X, XI). Eine ganze Anzahl von Reliefplatten gegenüber den Statuen fesselte hier das Auge; nach Norden zu schloß sich an die Götterbilder eine andere größere Art von Reliefplatten seitlich an, fünf an der Zahl, die früher auf dem Gesicht lagen und von Puchstein 1882 nur teilweise und von unten hatten gesehen werden können. Jetzt waren sie von Hamdi Bey herumgedreht und schräg gegen den Schutt gelehnt worden. Endlich gingen wir noch weiter nach Norden um das Denkmal herum, überschritten eine dritte Terrasse, die kein Bildwerk zeigte, und stiegen wieder zum Lagerplatz hinab«[20].

An diesem 4. Mai 1882 gab der Nemrud Dağ sein erstes und wichtigstes Geheimnis preis. Mochten auch die monumentalen Sitzstatuen auf der Ostterrasse einen Außenseiter an assyrische Vorbilder erinnern, mochte ebenso selbst Puchstein, noch erschöpft von der Anstrengung des raschen Aufstiegs, zunächst ratlos vor

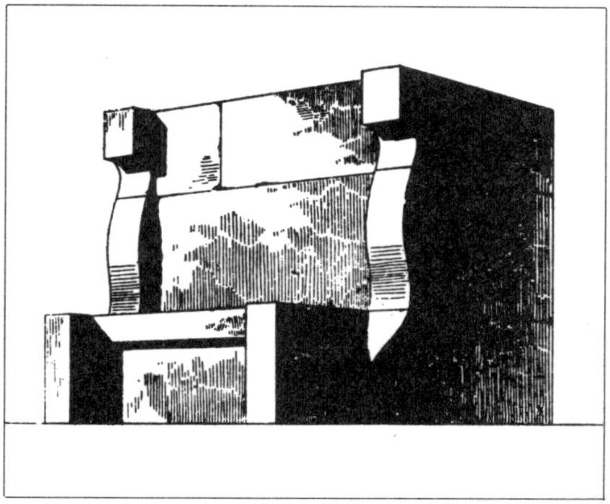

6. Thronsessel einer monumentalen Götterstatue. Zeichnung von Karl Humann.

der Reihe der thronenden Figuren gestanden haben, so entdeckte doch sein geschultes Auge bald ein Symbol, das die Figur auf der äußeren rechten Seite, also der Nordseite, in ihrer linken Hand emporhielt. Sollte es sich dabei womöglich um eine Keule handeln, mit der stets der griechische Heros und Gott Herakles dargestellt wird? Wir können uns heute sehr gut die Überraschung Puchsteins vorstellen, als er den Abhang zu den Figuren hinaufkletterte und auf der Rückseite der Thronsessel eine Inschrift in sorgfältig eingehauenen, 5 cm hohen griechischen Buchstaben entdeckte. Puchstein unternahm sofort die ersten Entzifferungsversuche, die ihm die Gewißheit brachten, daß es sich um ein Kultbild des Herakles handelte und daß er auf der Rückseite dieser Statue den Anfang einer riesigen Inschrift entdeckt hatte, die sich auf den Thronsesseln der übrigen Darstellungen fortsetzte.
Allerdings hatten die ersten Zeilen durch Wind und Wetter sehr gelitten. Die meisten Buchstaben waren infolge der Verwitterung nahezu unlesbar geworden – verständlich, wenn man die jahrtausendelangen Einwirkungen bedenkt, die hier in mehr als 2000 m Höhe über dem Meeresspiegel die klimatischen Gegensätze zwischen intensiver Sonneneinstrahlung im Sommer und Frost im Winter hervorrufen. Sogar jetzt, im Mai, waren noch weite Teile des Plateaus von Schnee bedeckt. Begreiflich, daß Puchstein in seiner ersten Entdeckerfreude sofort etwas von dem Schotter wegräumte, der den unteren Teil der rückwärtigen Sessellehne des Herakles bedeckte. Zu seiner Genugtuung kamen schon nur wenig tiefer die in kalligraphischer Ausführung eingehauenen Buchstabenformen »fast unversehrt und in originaler Glätte zu Tage«.
Aus Puchsteins Aufzeichnungen läßt sich nicht mehr erschließen, ob er bereits am ersten Tag eine Vorstellung davon gewinnen konnte, um welche Art von Anlage es sich handelte. Eines jedoch war sofort mit Sicherheit klargestellt: Die Denkmäler auf dem Nemrud Dağ gehörten keinesfalls in die Periode der assyrischen Hochkultur; sie waren vielmehr einige Jahrhunderte später zu datieren. Puchsteins Plan stand fest; er konnte nicht zurückkehren, ohne mit allen zur Ver-

fügung stehenden Kräften wenigstens eine Kopie der Inschrift angefertigt zu haben, von der er übrigens feststellen konnte, daß sie sich auch über die Thronsessel der vier folgenden Sitzstatuen fortsetzte.
Zunächst aber kehrten die beiden Reisenden mit ihren Begleitern nach Horik zurück. Hier erfrischten sie sich an dem nach meinem eigenen Urteil wohlschmeckendsten Yoghurt, den die Türkei zu bieten hat, und ich kann nur hoffen, daß Puchstein seit Beginn seiner Fahrt diese damals in Deutschland noch unbekannte Delikatesse ebenfalls zu schätzen gelernt hatte. Bei mir jedenfalls hat es eine ganze Weile gedauert, bis ich mich zu einem leidenschaftlichen Freund dieses Nahrungsmittels entwickelte. Horik hat außerdem gutes Quellwasser zu bieten, das in Verbindung mit Yoghurt den erfrischenden, durststillenden Ayran ergibt. Mit Eiern, frischer Butter und dazu dem von den Frauen mit Geschick am offenen Herdfeuer zubereiteten Fladenbrot stand bald vor den Gästen eine kräftige Mahlzeit.
Am nächsten Morgen begann Puchstein mit der Abschrift. Einige schnell angeworbene Arbeiter bemühten sich, auf der obersten Terrasse an der Rückwand der Sesselwände einen schmalen Graben zu ziehen und den Schotter, der die Inschrift bedeckte, fortzuräumen. Eine tiefe Mulde auf der halben Höhe des Tumulus wies darauf hin, daß man schon einmal versucht hatte, in den Schotterhügel einzudringen, wobei der Kleinsteinschotter einfach den Hügel hinabgeworfen worden war. Daß dieser Versuch schon Jahrhunderte zurückliegen mußte, ließ sich daran erkennen, daß die nicht vom Schotter bedeckten Partien auf den Rückseiten der Sitzstatuen sehr unter den Unbilden der Witterung gelitten hatten, während die vom Schotter bedeckten Schriftflächen »nur an einigen Stellen durch den Anprall der Steine zerschlagen oder durch die dem Kalkstein eigentümlichen kleineren Risse unwesentlich verletzt (waren), so daß es in der Tat ein großes Vergnügen gewährte, auf der frischen Bergeshöhe, bei ungestörter Stille, die selbst Feldmäuse und Wiesel aus ihrem Unterschlupf hervorlockte, die klaren, sicher und tief eingehauenen Züge zu kopieren«, wie Puchstein voller Begeisterung von seiner Entzifferungstätigkeit berichtet[21]. Diese wurde indessen von Zeile zu Zeile, von Kolumne zu Kolumne aufregender.
Puchsteins Gefühle bei dieser Arbeit kann ich um so besser nachempfinden, weil es mir im Jahre 1951 bei der Entdeckung der beschrifteten Felswand am Fuße des Nemrud Dağ im sepulkralen Kultheiligtum des kommagenischen Königs Mithradates Kallinikos in Arsameia am Nymphenfluß ganz ähnlich ergangen ist. Ich selbst war damals von der Abschrift dermaßen gefesselt, daß ich nicht einmal an die Wirkungen der Sonnenstrahlen dachte.
Puchstein war bei seiner Arbeit hinter den Statuen glücklicherweise einen Teil des Tages vor der Sonne geschützt, aber seinem Bericht zufolge hatte er in seinem Bemühen, den vollständigen Text abzuschreiben, »der Zeitersparnis halber nur einen schmalen, keilförmigen Graben mit steiler Schotterwand längs der Sessel ziehen lassen; so kam es wirklich vor, daß plötzlich, wenn er die tiefer stehenden Zeilen der Inschrift kopierte, die Steinchen ins Rutschen gerieten und die Sesselwände wieder zum Teil verschütteten; bei den untersten Zeilen mußte er gar so-

fort... die Buchstaben möglichst schnell zu erhaschen suchen, da bald der Schotter unaufhaltsam nachstürzte und das eben Kopierte wieder verdeckte«[22].
Leider setzte am 6. Mai ein starker Regen ein, der aber Puchstein Gelegenheit gab, in seinem Quartier in Horik in das Verständnis des Textes einzudringen, den er inzwischen kopiert hatte. Sicherlich hat er seinem Reisegefährten Sester sogleich als wichtigste Erkenntnis seiner Lesungen mitgeteilt, daß die Inschrift auf der Rückseite der monumentalen Figuren einen unmittelbaren Bezug zu diesen Darstellungen hatte – ein Glücksfall ohnegleichen! Wurde doch die einzigartige Anlage dadurch aus ihrer bisherigen Anonymität herausgehoben und in das volle Licht der Geschichte gerückt. Wie eigenartig muß sich Puchstein wohl gefühlt haben, als er plötzlich bei seiner Abschrift persönlich angesprochen wurde: »Wie Du siehst, erstellte ich diese den Göttern wahrhaft würdigen Bilder: die des Zeus-Oromasdes, des Apollon-Mithras-Helios-Hermes, des Artagnes-Herakles-Ares und (als Symbol) meines Vaterlandes ein Abbild der allernährenden Kommagene. Aus gleichem Stein gefertigt und gemeinsam mit diesem thronend errichtete ich auch das Abbild meiner Gestalt den erhörenden Göttern zur Seite. Ich machte so die uralte Würde der großen Götter zur gleichaltrigen Gefährtin meines jungen Gesichts« (Nemrud Dağ Zeile 53-63; vgl. Farbtaf. II und XI; Taf. 58)[23].
Wer aber war es, der so sprach? Wer hatte sich hier »in der Nähe der himmlischen Throne« (Zeile 38) ein so großartiges Denkmal gesetzt? Er mußte – das war klar – am Anfang der Inschrift genannt sein. Aber gerade der Anfang der Inschrift war ja für Puchstein zunächst nicht zu entziffern. Jedoch – es gab eine weitere Terrasse, die Westterrasse, die allerdings noch vollkommen mit Schutt bedeckt war. Daß auch hier Statuen aufgestellt waren, konnte man trotz des Schnees gut erkennen. Schnell bestätigte sich Puchsteins Vermutung, daß auf dieser Terrasse die Rückseiten von den Thronsesseln der monumentalen Sitzstatuen ebenfalls beschriftet waren. »Auf der Westterrasse ist der Raum hinter den Statuensesseln immer frei geblieben, indem der Schotter so weit von ihnen entfernt liegt, daß man sich unbehindert mit den Inschriften beschäftigen kann (Farbtaf. VI). Aber hier hat den Text – wenigstens gegen die Unbilden des Winters – ebenfalls eine Hülle geschützt, der Schnee, welcher wohl regelmäßig bis Mitte Mai die ganze Westterrasse zu bedecken pflegt. So hatte ich es selbst am 4. Mai 1882 angetroffen, und da nach der ersten Orientierung über die Anlage des Denkmals nichts so sehr die Neugier reizte als diese Inschrift, sofort durch den ja leichter als die Steine auf der Ostterrasse zu entfernenden Schnee einen schmalen Graben stechen lassen und an den folgenden Tagen, im Schnee hockend, besonders den Anfang des Textes mit dem Namen des Stifters abgeschrieben«[24]. Einige Buchstaben waren auch hier nicht mehr lesbar, aber diese Lücken zu ergänzen, bereitete keine besonderen Schwierigkeiten. Puchstein machte bald noch eine weitere sehr wichtige Entdeckung: Die Texte auf den Rückseiten der Thronsessel waren nämlich auf beiden Terrassen völlig identisch (mit Ausnahme von wenigen orthographischen Unterschieden) – ein für die Wiedergewinnung der kompletten Inschrift äußerst wichtiger Befund, da die durch Beschädigungen auf der Ostseite vorhandenen Lücken sich glücklicherweise durch den Text auf der Westseite ergänzen ließen

und umgekehrt, so daß sich schließlich der gesamte Text – auf der Ostseite immerhin 237 Zeilen – wiederherstellen ließ.
Die Gleichsetzung der Götternamen hatte Puchstein zunächst mit einigem Erstaunen erfüllt; der Inschrifttext aber löste schnell auch dieses Problem. Denn in Zeile 30 f. nennt der Stifter Perser und Hellenen »als glückhafte Wurzel« seines Geschlechtes, und am Ende der Inschrift (Zeile 223 ff.) gibt er der Hoffnung Ausdruck, daß alle väterlichen Götter aus Persien und Makedonien und aus dem heimatlichen Kommagene seinen Kindern und Enkeln gnädig geneigt bleiben mögen (Abb. 5).
Mit diesen Angaben war das Rätsel des Denkmals schon zur Hälfte gelöst. Erbauer und Stifter mußte ein König von Kommagene sein, der seine Dynastie auf die persischen und makedonischen Ahnen zurückführte. Folglich konnte – soviel war für Puchstein klar – Oromasdes kein Beiname für den Göttervater des hellenischen Pantheons sein, sondern Oromasdes war die griechische Form für Ahura Mazda, den ›Weisen Herrn‹ der Zarathustra-Religion. So mußte also Zeus-Oromasdes als der Lenker und Beherrscher des hellenisch-persischen Götterhimmels zu verstehen sein.
Wer aber war nun eigentlich der Künder dieser neuen Götterkombination? Nach langem Bemühen glückte es Puchstein schließlich, dem Anfang der Inschrift folgende Entzifferung abzuringen: »Der große König Antiochos, Gott, der Gerechte, Epiphanes (d.h. der den Menschen Geoffenbarte), Freund der Römer und Hellenen, Sohn des Königs Mithradates Kallinikos und der Königin Laodike, der Göttin, der Bruderliebenden, Tochter des Königs Antiochos Epiphanes, des Mutterliebenden, Siegreichen, ließ auf geheiligten Basen für ewige Zeiten mit unvergänglichen Buchstaben Worte der eigenen Huld aufzeichnen« (Zeile 1–10).
Bei seinen späteren historischen Untersuchungen identifizierte der junge Gelehrte diesen Herrscher auf dem Nemrud Dağ als Antiochos I. von Kommagene (Tafel 58), Sohn des kommagenischen Königs Mithradates I. Kallinikos und seiner Gemahlin Laodike. Er war somit der Sohn einer seleukidischen Prinzessin und der Enkel des Königs Antiochos VIII. von Syrien mit dem Beinamen Grypos, d. h. der mit der Hakennase.
Daß Sester bei seiner ersten, nur kurzen Besteigung der Meinung war, eine assyrische Denkmälergruppe entdeckt zu haben, ist wohl verständlich. Für die hellenistische Welt bedeutete der Nemrud Dağ in der Tat ein Novum. In Kommagene hat man für Anlagen dieser Art das neue Wort *Hierothesion* geprägt, was sinngemäß übersetzt eine Stätte bedeutet, die etwas Heiliges birgt, in diesem Fall den irdischen Leib des zum Gott erhobenen Königs Antiochos. Ich selbst habe diesen Begriff mit der Umschreibung ›sepulkrale Kultstätte‹ wiederzugeben versucht.
Als Sester und Puchstein am 8. Mai 1882 den Nemrud Dağ verließen, konnten sie als Ergebnis ihrer Bemühungen neben einer vollständigen Aufzeichnung der Inschriften auch noch die Besonderheit des Nemrud Dağ erhellen: Die so charakteristische Spitze des Berges war nämlich künstlich! Ost- und Westterrasse hatte man seinerzeit auf dem etwa ›eiförmigen‹ Grundriß des Terrains abgearbeitet und den dabei anfallenden Schotter dazu verwendet, einen vermutlich in der Mit-

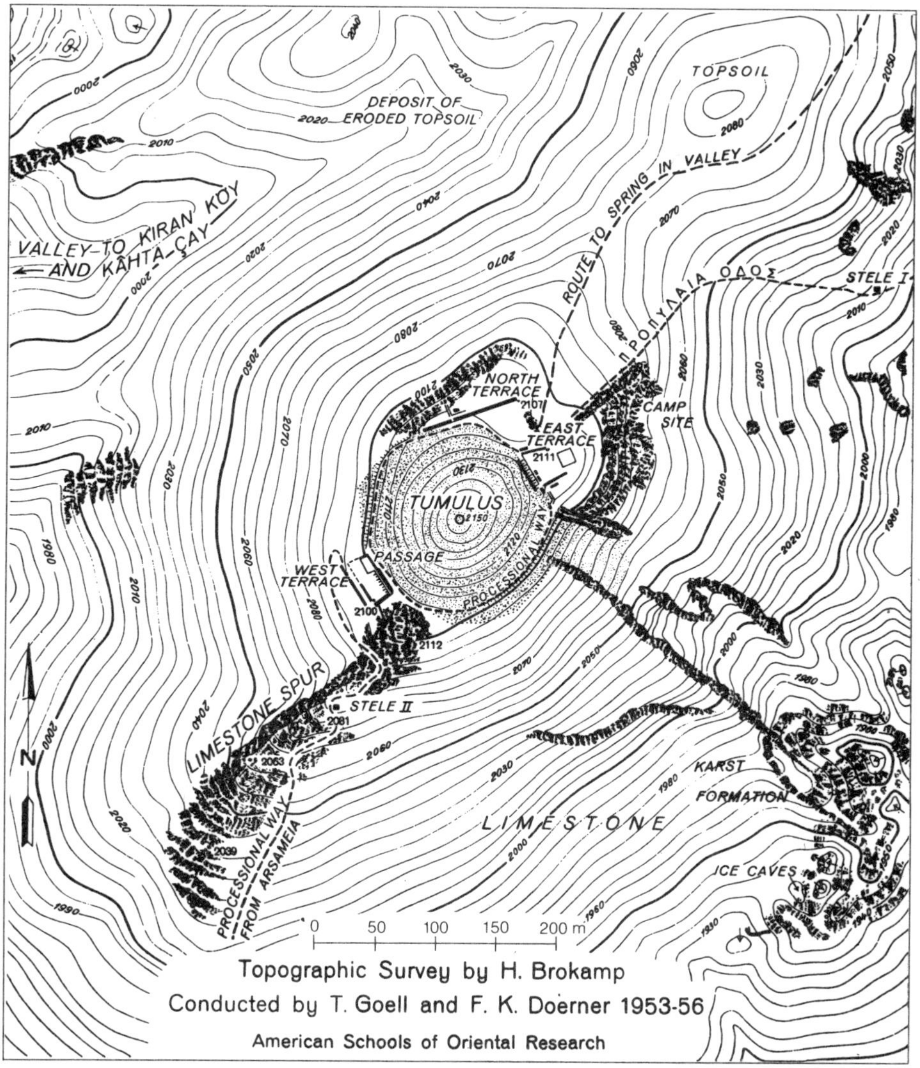

7. Plan der Grabanlage auf dem Nemrud Dağ mit den Zugangswegen. Ausgeführt von Heinrich Brokamp.

te stehengelassenen Kern zu einem Tumulus zu erhöhen. Wie spätere Messungen ergeben haben, lag »die Spitze des Tumulus 49,80 m über der West- und nur 39,45 m über der ihrerseits um 10,35 m höher als jene gelegenen Ostterrasse, während sein Durchmesser zwischen beiden etwa 150 m beträgt«[25]. Diesen Tumulus aber hatte der kommagenische König Antiochos aufführen lassen, »damit dort« – wie es in der Inschrift Zeile 36 ff. heißt – »die äußere Hülle seines bis in das hohe Greisenalter wohlerhaltenen Leibes bis in alle Ewigkeiten ruhen solle, nachdem sie die gottgeliebte Seele zu den himmlischen Thronen des Zeus-Oromasdes emporgesandt hat« (vgl. Farbtaf. I, II und Taf. 57).

Die respektablen Ergebnisse, die sie erzielt hatten, konnten die beiden Reisegefährten als einen großen Erfolg ihrer Anstrengungen verbuchen. Trotz körperlicher Erschöpfung unterließ es Puchstein nicht, gemäß den von Berlin erhaltenen Weisungen anschließend die Burganlage von Gerger zu besuchen, die östlich vom Nemrud Dağ liegt und sich unmittelbar über dem Steilufer des Euphrat erhebt. Der Fluß hat hier seinen Durchbruch durch das Taurosgebirge erzwungen »und tritt in das öde, vor dem Gebirge sich ausdehnende Felsplateau, das er in tiefer, grausiger Rinne durchströmt«[26] (Taf. 17–18).

Wie vorgenommen, machte man am Nachmittag des folgenden Tages in dem kleinen Dorfe Gerger halt. Am 10. Mai ging es dann schon morgens früh hinauf auf die Burg. Helmuth von Moltke hatte bereits auf eine griechische Inschrift aufmerksam gemacht, die sich im Aufgang der Burg befand und dort auf einer geglätteten Felswand eingehauen war. Nur kurze Zeit nach Moltke besuchte auch der englische Forschungsreisende William Francis Ainsworth Gerger und wies in seinem Bericht ebenfalls auf die Inschrift hin, ohne allerdings eine Abschrift zu veröffentlichen. Puchstein schildert begeistert die herrliche Aussicht, »welche man von der Burg auf das formationsreiche Tal, auf die Mündung des Gergerçay in den Euphrat, auf den mächtigen Gebirgsrücken des Tauros mit den hohen Gipfeln des Nemrud Dağ und Girfe, endlich südostwärts auf die mesopotamische Ebene und den fernen Karaca Dağ hat«[27].

Die Felswand mit der Inschrift war von den Reisenden bald gefunden. Ursprünglich in sechs Kolumnen eingemeißelt, waren große Teile der Inschrift später beim Anlegen von Nischen zerstört worden und die Felswand selbst durch Beschädigungen aller Art stark in Mitleidenschaft gezogen. Aber nach vier Tagen harten Ringens um die Entzifferung der noch erhaltenen Buchstaben konnte Puchstein schließlich als Gewinn seiner Bemühungen folgendes Ergebnis verbuchen: Auf der Höhe des Felsrückens hatte ursprünglich das Heiligtum einer Göttin Argandene bestanden. Der heilige Bezirk lag im Bereich einer Stadtanlage, die Puchstein als *Arsameia* zu entziffern vermochte. Im Bereich des Tempels befanden sich als

Erklärungen zu den Farbtafeln I – III (Seiten 33–36)

I. Die Grabanlage des Königs Antiochos I. auf dem 2150 m hohen Nemrud Dağ. Blick auf den Tumulus und die Ostterrasse aus dem Helikopter.

II. Die Götterreihe am Fuß des Tumulus auf der Ostterrasse, unter ihnen auch die Personifikation der Landschaft Kommagene und des Königs Antiochos I.

III. Der herabgestürzte Kopf des Gottes Herakles auf der Westterrasse. Seine Höhe – wie auch die des Kopfes von Antiochos I. (s. Farbtafel XI) – beträgt mehr als 2 m.

II

→ III

Hierothesia bezeichnete Grabanlagen, d.h.: Mindestens zwei, vielleicht sogar mehrere Könige von Kommagene hatten diesen heiligen Ort zu ihrer letzten Ruhestätte erwählt. Die Namen dieser Ahnen waren höchstwahrscheinlich ganz zu Beginn von Kolumne I genannt worden; doch leider sind nur wenige Buchstaben am linken Rand der Zerstörung entgangen, und um ihre Lesung und Deutung habe ich mich selbst im Jahre 1938 wiederum mit einem gewissen Erfolg bemüht (vgl. unten S. 155 ff). Aus der Felsinschrift geht hervor, daß Arsames, einer der Ahnen des Königs Antiochos, der Gründer von Burg und Stadt war, die fortan seinen Namen trugen. Sein Nachfahre Antiochos hat dann für die hier bestehenden Hierothesia einen Priester eingesetzt. Die Vorschriften für den Vollzug der Kulthandlungen scheinen im wesentlichen denjenigen entsprochen zu haben, die auch für den Nemrud Dağ erlassen worden sind.
In einer zweiten Inschrift läßt König Antiochos außerdem die Nachwelt wissen, daß auf seine Anordnung das Bildnis seines Großvaters, des Königs Samos bzw. Sames, erstellt worden sei. Das Bildwerk wurde in einer Nische aus dem anstehenden steilen Felsmassiv herausgearbeitet, so daß die herannahenden Besucher es vermutlich schon von weither wahrnehmen konnten (Taf. 19).
Mit dem in Gerger gemeinsam erarbeiteten Ergebnis konnten die beiden Reisegefährten nun ebenfalls zufrieden sein, als sie am 13. Mai nachmittags von dort aufbrachen. Der Ritt führte zunächst euphratabwärts. Im Dorfe Ölbüş wurde übernachtet. Bevor man am nächsten Tag den Euphrat überquerte, besuchten Puchstein und Sester noch die Klosteranlage Murfa an einem Steilhang des Euphratufers. Dann führte der Marsch an den wichtigen Verkehrsknotenpunkt Siverek. Hier wurden keinerlei antike Überreste festgestellt, jedoch legte man am 16. Mai einen Rasttag ein. Das nächste und speziell auf Wunsch von Heinrich Kiepert anvisierte Ziel auf dem Marsch nach Diyarbakır war Viranşehir. Übersetzt lautet der Name ›Ruinenstadt‹, und in der Tat sollte sich Viranşehir denn auch als eine größere spätantike Stadt erweisen. In ziemlicher Höhe war noch die aus Basaltquadern errichtete Stadtmauer erhalten, die ein regelmäßiges Quadrat bildete mit von halbrunden Türmen flankierten Stadttoren. Die Namen dieser Ruinenstadt haben mehrfach gewechselt: Zunächst hieß sie Antoniupolis (wahrscheinlich zu Ehren von Kaiser Caracalla); nach Zerstörung durch die Perser und ihrem Wiederaufbau durch Kaiser Maxentius wurde sie in Maximianopolis umbenannt, um schließlich nach Beseitigung von Schäden durch ein schweres Erdbeben mit Hilfe von Kaiser Constantin nach ihm den Namen Constantina zu erhalten. In dem hügeligen Stadtbezirk lag der innere antike Stadtkern unter tiefem Schutt, »aus dem mehr oder weniger die Trümmer ehemaliger Bauten hervorragten«. Über den Ruinen der antiken Stadt jedoch erhob sich eine kleinere moderne Ortschaft mit lebhaftem Bazarbetrieb. So bestand die Ausbeute nur in einigen spätantiken Inschriften, die von Puchstein später publiziert worden sind[28].
Ein längerer Aufenthalt in Diyarbakır, das man am 25. Mai erreicht hatte, wurde von Puchstein zur Erholung von den Reisestrapazen, aber auch zur Durchsicht und zum Ordnen seines bisher erarbeiteten Materials benutzt. Dann aber drängte es ihn, noch einmal den Marsch zurück zum Nemrud Dağ anzutreten. Bevor er

seinen Bericht und vor allem seine Abschriften nach Berlin schickte, wollte er ganz sicher gehen und nochmals eine genaue Überprüfung der Texte, vor allem derjenigen von der Westterrasse, vornehmen. Also setzte er sich am 31. Mai wieder in Marsch und stand am 12. Juni erneut auf der Spitze des Nemrud Dağ »in der Nähe der himmlischen Throne«. Der Schnee war geschmolzen, und Puchstein beschloß, unter einem überhängenden Felsblock in der Nähe der kleinen Quelle sein Nachtlager einzurichten. So konnte er jetzt seine Aufmerksamkeit auch der Architektur der gesamten Anlage zuwenden und die Reihen mit den Reliefs der väterlichen und mütterlichen Ahnen untersuchen, soweit sie der Zerstörung entgangen waren. Wie es das vom König erlassene »Gesetz« (ab Zeile 123 der Inschrift) bestimmte, war für den Kult der vergöttlichten Ahnen, deren Reliefs der König »rund um den Gipfel mit seiner Grabstätte errichtet hatte«, ein eigener Priester eingesetzt. »Unter Anlegung persischer Gewänder« hatte er allmonatlich am Geburtstag des Königs und ebenso an seinem Krönungstag die großen Feste zu zelebrieren. Und nunmehr wurde Puchstein auch die Anordnung der Terrassen klar: In der Mitte der Ostterrasse stand ein großer Stufenaltar, nördlich davon die Reihe mit den einstmals in Sockeln stehenden väterlichen Ahnenreliefs, während die mütterliche Ahnenreihe die südliche Begrenzung dieser Terrasse bildete. Diese beiden Ahnenreihen hatten ihre Entsprechung auf der Westterrasse; nur bedingten die geologischen Gegebenheiten dort eine andere Anordnung, so daß die mütterliche Reihe den Götterfiguren gegenüber aufgestellt war, an die sich fast im rechten Winkel nach Süden zu die väterliche Ahnenreihe anschloß.
Zwei erlauchte Namen führten die Ahnenreihen an: Dareios I., der Gründer der achämenidischen Königsdynastie, die väterliche, und kein Geringerer als Alexander der Große die mütterliche. Auf der Rückseite war jeweils vermerkt, welcher Ahnherr dargestellt war, während ein kleiner Altar vor den Reliefs für die Darbringung »der reichlichen Spenden an Weihrauch und aromatischen Kräutern und prunkvollen Opfer« diente. Zu den Feiern des Krönungs- und Geburtstages des Königs, die allmonatlich jeweils am 10. und 16. Tag begangen wurden, war jedermann eingeladen, »Einheimische und gerade sich hier aufhaltende Durchreisende«.
Der amtierende Priester war ausdrücklich angewiesen, die Teilnehmer »mit großer Zuvorkommenheit« zu empfangen; mit angemessenen Speisen beladene Tische sollten bereitstehen und außerdem Krüge mit Wein, wobei in der Anweisung nicht vergessen wird, darauf hinzuweisen, daß der Trank stets mit Wasser vermischt anzurichten sei. Auch der Gastgeber selbst wird nicht vergessen: Der Priester soll – so heißt es – »für sich selbst, wie es Sitte ist, als Ehrengabe seines Priesteramtes seinen Anteil auswählen, dann aber den anderen meine Gnade zum freien Genuß zuteilen, damit jeder, während er an den heiligen Tagen eine ausreichende Verpflegung erhält, das Fest unbespitzelt genießt, indem er reichlich ißt und trinkt, wo es ihm gefällt.«
Köstlich ist ein Hinweis am Schluß des Erlasses, der eine Bitte an alle Festteilnehmer enthält: Die Gäste sollten die für den Gebrauch im Tempelbezirk gereichten Becher nur während der Dauer des Festes benutzen; nach Belieben sollten sie

* Anmerkung: Im griechischen Original steht für »unbespitzelt« wörtlich, man möge ein nicht-sykophantisches Fest genießen, also ein Fest, bei dem es keine falschen Ankläger geben solle wie oft im prozeßfreudigen Athen, wo die Bezeichnung ›Sykophant‹ für einen gewissen Typ von Bürgern im 4. Jahrhundert v. Chr. entstand.

bedient werden – wahrhaft ein diskreter Hinweis, die Gefäße nicht zu eigenem Gebrauch nach Hause mitzunehmen!
Aber der königliche Spender wußte auch, daß Speise und Trank allein nicht genügen, und so war überdies für die musikalische Unterhaltung Sorge getragen. Ein eigener Passus des Nomos regelt diese Frage (ab Zeile 161). Der König hatte nämlich ein Berufsorchester aus Hierodulen, d.h. dem Tempelbezirk verpflichteten Musikanten und Musikantinnen, vorgesehen und anscheinend bereits zu seinen Lebzeiten eingesetzt; dazu erließ er folgende Verfügung: Sämtliche Musiker, auch diejenigen, die er später noch einsetzen werde, »ihre Söhne und Töchter und alle ihre Nachkommen, die dieselbe Kunst erlernen, die sollen von jeder anderen Arbeitsleistung befreit sein, aber an den von mir festgelegten Zusammenkünften (im Hierothesion auf dem Nemrud Dağ ihr Amt ausüben und ohne Entschuldigung ihre Pflichten erfüllen, solange es die Teilnehmer wünschen«. In einem weiteren Passus warnt König Antiochos nachdrücklich jedermann, »ob König oder Dynast, ob priesterlicher oder weltlicher Amtsträger«, die Mitglieder des Orchesters abzuwerben; alle sollten sich vielmehr bemühen, den Musikern in jeder Weise behilflich zu sein, wofür ihnen der Dank der Götter und der königlichen Ahnen gewiß sein werde.
Schließlich wurde im Nomos auch noch die wichtigste Frage geregelt, nämlich das Problem der Finanzierung des Hierothesion, der sepulkralen Kultanlage »in der Nähe der himmlischen Throne«: Dörfer, die bisher zum königlichen Krongut gehört hatten, wurden dem Hierothesion »als unantastbarer Besitz« zugewiesen, d.h. die Abgaben, die bisher an das königliche Schatzamt in Form von Steuern oder Naturalien abzuführen waren, erhielt jetzt die Tempelkasse direkt zur Finanzierung des umfangreichen Budgets.
Bis zum 25. Juni, also fast zwei Wochen, verweilte Puchstein auf dem Nemrud Dağ, und als die Maultiere zum Rückmarsch gesattelt wurden, da konnte er in der Überzeugung aufbrechen, daß er nach bestem Wissen und Gewissen alles getan habe, was in seinen Kräften stand, um den ihm von der Akademie der Wissenschaften in Berlin erteilten Auftrag zu erfüllen. Als ich selbst zu Beginn der Ausgrabungen im Jahre 1953 die Lesung der großen Inschrift auf der Rückseite der Götterstatuen überprüfte, konnte ich ersehen, welch vorzügliche Arbeit Puchstein geleistet hatte. Neue Funde und andere Ergänzungsvorschläge ergaben sich für die Texte auf der Rückseite der Ahnenreliefs, worüber in dem Kapitel über die Ahnengalerie noch ausführlich zu berichten sein wird (siehe S. 220 ff.).
Über Kâhta ging es vorbei am Karakuş nach Samosata, einst die Hauptstadt von Kommagene am Euphrat, heute ein kleines Dorf mit Namen Samsat, angelehnt an einen gewaltigen Hüyük und jetzt dazu verurteilt, bald in den Fluten des riesigen Stausees zu versinken, der südlich des Euphratdurchbruchs entstehen soll. Ohne längeren Aufenthalt in Samosata führte dann der Ritt über Besni-Maraş nach Iskenderun (Alexandrette), wo das erfolgreiche Unternehmen von Puchstein und Sester am 16. Juli seinen vorläufigen Abschluß fand.

Die Expedition zum Nemrud Dağ von Karl Humann und Otto Puchstein im Jahre 1883

2

Noch ganz unter dem tiefen Eindruck seiner abenteuerlichen Fahrt begann Puchstein bei seiner Rückkehr nach Beirut sofort mit der schriftlichen Ausarbeitung der von ihm erzielten Ergebnisse; er setzte sie auch ebenso zielstrebig fort, als er auf seiner Rückreise in Athen Station machte. Hier war erst kürzlich eine Zweigstelle des Kaiserlich Deutschen Archäologischen Instituts gegründet worden, und im Kreis der dortigen Gelehrten fand er geeignete Gesprächspartner, um die noch offenen Fragen bei seiner Entzifferung der monumentalen Stiftungsinschrift des Königs Antiochos zu klären. So konnte Alexander Conze bereits am 19. Oktober 1882 in einer Sitzung der philosophisch-historischen Klasse der Königlich Preußischen Akademie der Wissenschaften den ausführlichen Bericht des jungen Gelehrten ankündigen[29]. Welche Bedeutung dem Manuskript von Puchstein beigemessen wurde, ersieht man allein schon aus der Tatsache, daß es am 11. Januar 1883 in einer Gesamtsitzung der beiden Klassen der Akademie vorgelegt wurde und – es erscheint fast unglaublich – daß bereits am 18. Januar, dem Reichsgründungstag, der Bericht gedruckt der Öffentlichkeit übergeben werden konnte[30].
Kurz und präzise berichtet Puchstein darin über die Durchführung des ihm von der Akademie erteilten Auftrages. In der wissenschaftlichen Welt fand natürlich seine Wiedergabe der königlichen Inschrift auf den Rückseiten der Thronsessel besondere Beachtung. Ganz unverhofft wurde dadurch die griechische Literatur aus dem 1. Jahrhundert v. Chr., von der viele Werke nur in Fragmenten erhalten geblieben sind, um ein bedeutendes literarisches Denkmal in Originalfassung (also nicht durch immer wieder vorgenommene, oft fehlerhafte Abschriften) bereichert.
Als kurze Zeit später von Eduard Norden, dem großen Kenner des klassischen Schrifttums, sein Standardwerk über die antike Kunstprosa erschien, bezeichnete er die monumentale Inschrift vom Nemrud Dağ als das »wichtigste Dokument« dieser Periode und charakterisierte sie als eine geradezu dichterische Leistung, als einen »Dithyrambus in Prosa«[31].
Wenn man in Berlin zunächst auch darüber enttäuscht war, daß sich die Hoffnung auf Erwerb von »assyrischen Denkmälern« als trügerisch erwiesen hatte, so erhielt dennoch Alexander Conze die volle Zustimmung für seinen Antrag, daß an dieser einzigartigen Anlage »in der Nähe der himmlischen Throne« (Zeile 38 der Inschrift) schnellstens mit einer eingehenden wissenschaftlichen Untersuchung begonnen werden solle. Als Leiter dieses Unternehmens wurde von ihm

Karl Humann vorgeschlagen. Soeben hatte dieser in Kleinasien und besonders in Pergamon erfolgreiche Forscher eine neue meisterhafte Leistung bei seiner im Sommer 1882 durchgeführten Expedition nach Ankara und Boğazköy vollbracht.
Mit der ihm eigenen Tatkraft und Umsicht hatte Humann in Ankara Negativ-Gipsabgüsse des *Monumentum Ancyranum* im Auftrag von Theodor Mommsen anfertigen lassen (vgl. S. 14). Dank der von Humann verfertigten Abgüsse gelang es Theodor Mommsen, endlich gesicherte griechische und lateinische Textfassungen herzustellen, die er nach glücklicher Ankunft der Abgüsse in Berlin und nach Anfertigung von Positiven bereits 1883 veröffentlichen konnte.
Ebenso erfolgreich verlief auch der zweite Auftrag, den die Akademie Humann erteilt hatte: Er sollte nämlich im Anschluß an die Arbeit in Ankara ebenfalls Gipsabgüsse in dem etwa 240 km östlich gelegenen Heiligtum zu Yazılıkaya von den dort vorhandenen Felsreliefs herstellen, auf denen Götter und Göttinnen sowie unbekannte Könige in feierlichen Prozessionen dargestellt waren. Benennen konnte man die hier abgebildeten Gottheiten und Könige im Jahre 1882 allesamt noch nicht, und man hatte auch keine Ahnung davon, daß es sich bei dieser sepulkralen Kultstätte um eine Anlage in der unmittelbaren Nähe der hethitischen Hauptstadt Hattuşa handelte. Man hielt nämlich die Ruinenstätte nach einem Vorschlag des französischen Forschers Charles Texier für die bei Herodot erwähnte Stadt Pteria[32].
Inzwischen hatten Humann und seine Mitarbeiter schon gelernt, aus örtlichen Vorkommen die für ihren eigenen Bedarf notwendigen Mengen Gips herzustellen. In der unglaublich kurzen Zeit von nur sechs Tagen gelang es, alle Gipsabgüsse anzufertigen, und Humann brachte es sogar noch fertig, einen Plan des umfangreichen Stadtgebietes mit allen über dem Boden sichtbaren Ruinen einschließlich der monumentalen Stadtmauer herzustellen – eine großartige Leistung! Aber nicht minder erstaunlich ist es, wie es Humann dank seiner Tatkraft gelingen konnte, noch vor dem Einsetzen des Winterregens mit dem aus 12 von Pferden gezogenen Wagen bestehenden Transport und mit Kutschern, die noch niemals aus ihrem engeren Heimatbezirk hinausgekommen waren, die rettende Küste des Schwarzen Meeres zu erreichen. Die Gipsabgüsse waren in selbstgefertigten Kisten verpackt worden; denn Regenschauer hätten sie ja sofort in einen flüssigen Gipsbrei verwandelt. Welche Schwierigkeiten es bei diesem 250 km langen Marsch über damals noch kaum bekannte Straßen und Gebirgspfade mit hohen Pässen zu bewältigen galt, hat Humann selbst in seinem Reisebericht meisterhaft geschildert, und er schließt seine Darstellung bescheiden mit dem Satz: »Als ganz abgeschlossen aber konnte ich die Expedition erst ansehen, als mir von Berlin die Nachricht zuging, daß sämtliche Gipsformen sowohl die vom Monumentum Ancyranum als auch die von den Reliefs aus Boğazköy befriedigende Abgüsse geliefert hätten«[33].
Mit den Erfahrungen dieses Sommers 1882 ging Humann an die Vorbereitungen für das große Unternehmen einer exakten wissenschaftlichen Untersuchung des Nemrud Dağ mit dem zusätzlichen Auftrag, auch hier – soweit dienlich und mög-

lich – Gipsabgüsse der vorhandenen Denkmäler anzufertigen. Im Frühjahr bereitete Humann noch in Pergamon die neue Grabungskampagne vor, die während seiner Abwesenheit von Richard Bohn geleitet werden sollte. Humann wohnte damals mit seiner Familie bereits in Izmir, und von hier aus trat er zusammen mit Puchstein auf einem russischen Dampfer die Fahrt nach Alexandrette an, dem heutigen Iskenderun, von wo aus der Aufbruch der Expedition erfolgen sollte. In ihrer Begleitung befand sich auch schon der landeskundige Hasan Bey, der sich selbst voller Stolz als Tscherkesse bezeichnete und dessen Vorfahren erst vor kurzer Zeit aus Rußland in die Türkei geflüchtet waren. Die Aufgabe von Hasan Bey bestand in der Beschaffung von allem notwendigen Zubehör aus dem Lande und außerdem in der Aufsicht und Betreuung der Reit- und Lastpferde. Ihm zur Seite stand der vielfach bewährte Nikola, ›Mädchen für alles‹ und langjähriger Diener von Humann.
Dazu gesellte sich noch Jani Laloudis, der in Pergamon unter Humann als Aufseher bei den Ausgrabungen fungiert und sich inzwischen in Ankara und Yazılıkaya bestens als Helfer des italienischen Bildhauers Andrea Janini bewährt hatte. Diesmal sollten beide zum Kreis der Helfer gehören. Zu dieserschon gut eingearbeiteten Arbeitsgruppe stieß in Iskenderun noch als Arzt Felix von Luschan, der soeben an den österreichischen Expeditionen zur Erforschung des südlichen Kleinasien in Lykien, Pamphylien und Kilikien teilgenommen hatte und zu dessen Bereich auch ethnographische Untersuchungen in dem zu erforschenden Raum gehören sollten.

Das Löwenrelief von Sakçagözü

Als der Dampfer mit den von Izmir anreisenden Teilnehmern am 4. Mai in Iskenderun eintraf, war Luschan bereits in Aleppo, um dort die benötigten Reitpferde zu kaufen. Er kam am 7. Mai mit 10 Pferden zurück und hatte außerdem drei Pferdeknechte angeheuert, die auch für die Pflege der 20 Lasttiere zuständig waren, welche Humann inzwischen gekauft hatte. Am 9. Mai war gesattelt und gepackt; das Unternehmen konnte beginnen!
Schnell lernten die Expeditionsmitglieder die zeitraubende Arbeit der Verteilung und Verschnürung des recht umfangreichen Gepäcks, so daß der morgendliche Abmarsch von Tag zu Tag weniger Zeit beanspruchte. In seinem Bericht hat Humann, der auch die Kartographierung übernommen hatte, ausführlich den Anmarsch beschrieben[34]. Er führte von Iskenderun zunächst nordwärts bis Osmaniye. Hier begann die Überquerung des Amanos-Gebirges in Richtung auf Sakçagözü. Unterwegs konnte Hasan Bey frohes Wiedersehn mit seinen Verwandten, den in dieser Gegend zahlreich angesiedelten Tscherkessen, feiern, bevor man in Sakçagözü die erste Aufgabe erledigte. Dabei handelte es sich um den Ankauf mehrerer Reliefs aus schwarzem Syenit, die dort in einem Gutshaus verbaut waren, darunter drei vollständig erhaltene Platten mit der Darstellung einer Löwenjagd. Humann einigte sich mit dem Gutsherrn bald über den Kauf-

preis, aber es blieb das Problem, wie man die drei Reliefs, von denen jedes etwa 400 kg schwer war, zum Hafen nach Iskenderun transportieren solle.
Für die Lösung dieser Aufgabe war Hasan Bey der richtige Mann. Während Jani und Andrea mit dem Zimmern der Kisten und der Herbeischaffung des Verpackungsmaterials beschäftigt waren, mobilisierte Hasan Bey seine tscherkessischen Verwandten und Freunde. Diese hatten bei ihrer erst vor kurzer Zeit erfolgten Einwanderung aus Rußland auch den pferdebespannten Wagen als Transportmittel eingeführt. Aber das Amanos-Gebirge hatte mit einem solchen Fahrzeug noch keiner von ihnen überquert. Sie erklärten sich bereit, die Kisten südwärts bis Kırık Han zu transportieren, einem Ort am östlichen Aufstieg zum Beylan-Paß. Doch weiter, so erklärten die Tscherkessen mit Bestimmtheit, sei ein Transport mit ihren Pferdefuhrwerken unmöglich.
Da fragte sie Humann, ob sie vielleicht nicht wüßten, daß der Name des Passes Top Yolu (d.h. Kanonenweg) sei? Über diesen Paß habe der gegen den Sultan rebellierende Ibrahim Pascha von Ägypten seine Kanonen hinübergebracht. Und listig appellierte Humann an das Ehrgefühl der Fuhrwerksbesitzer mit seiner Frage, ob sie sich nicht imstande fühlten, dasselbe mit den Kisten zu schaffen? Gehe es an absolut unwegsamen Stellen einmal nicht, dann müßten sie eben für dieses Stück die Wagen zerlegen und je acht Mann an zwei Stangen die Kisten und die zerlegten Wagenteile über diese doch gewiß nur kurze Wegesstrecke tragen.
Was für eine herrliche Diskussionsmöglichkeit bot dieser Vorschlag von Humann! Und vor allem: Wie wurde um den Preis für diese ungewöhnliche Leistung gefeilscht! Schließlich gelangte man zu einer Einigung, und die Tscherkessen versprachen, die Kisten nach Alexandrette (Iskenderun) zu befördern. Sie stellten nur die Bedingung, daß man die bessere Jahreszeit abwarten müsse; die schweren Regenfälle nämlich behinderten zum jetzigen Zeitpunkt den Verkehr. Sie würden auch – so versprachen sie – die Kisten in ihrem Dorf sorgfältig aufbewahren, bis die Ebene wieder trockener sei. Die Männer haben ihr Humann gegebenes Wort gehalten, und die Kisten sind unverletzt nach Berlin gelangt, wo das Löwenrelief noch heute in den Staatlichen Museen ausgestellt ist[35] (vgl. Taf. 13).
Der Regen war natürlich auch für die Arbeiten in Sakçagözü ein schweres Hindernis. Man hatte Unterkunft im Gästezimmer des Gutshauses gefunden, dessen Boden nach Landessitte aus gestampfter Erde bestand, die – wie Humann berichtet – »von dem reichlich hereinlaufenden Regen zu Schlamm geworden war ... Zum Glück lag das Zimmer nicht zu ebener Erde, so daß das überflüssige Wasser durch verschiedene Löcher des Fußbodens in die untere Etage ablaufen konnte«. Aber statt nachzulassen, wurde der Regen heftiger; bald »regnete es in Strömen, so daß unsere Feldbetten in dem Zimmer wie in einem Morast standen und die aufgespannten Schirme nur mäßigen Schutz gewährten« – beschreibt Humann dieses Quartier[36]. Trotzdem wurden die Kisten fertiggestellt, und gewalkte, alte Hirtenmäntel lieferten dabei ein ideales Verpackungsmaterial.
Währenddessen war Puchstein mit Luschan unterwegs, um in dem Ort Sendschirli Nachforschungen über antike Denkmäler anzustellen, von deren Existenz er schon im vergangenen Jahr gehört hatte, ohne daß die Lage dieser Örtlichkeit

genauer fixiert werden konnte. Jetzt hatte man genauere Ortsangaben erhalten, so daß Humann anregte, die Pause in Sakçagözü zu einem Erkundungsritt zu nutzen.
Bei strömendem Regen ritten Puchstein und Luschan durch die bereits unter Wasser stehende Ebene zum Amanos-Gebirge zurück. Auf Grund der genauen Wegebeschreibung erreichten sie schon nach vierstündigem Ritt den Hüyük von Sendschirli (Zincirli). Zu ihrer Überraschung fanden sie am Südrande des antiken Wohnhügels mehrere Reliefs, die erst kürzlich freigelegt worden waren. Diese Arbeit war im Auftrag des Direktors der Kaiserlich-Ottomanischen Museen, Hamdi Bey, ausgeführt worden. Hamdi Bey hatte natürlich Kenntnis von dem Unternehmen des Jahres 1882 und von der Entdeckung des Nemrud Dağ erhalten, und er wünschte, Kommagene ebenfalls kennenzulernen. So war er nun in Begleitung des armenischen Bildhauers Osgan Efendi zur gleichen Zeit unterwegs, jedoch der Reisegruppe von Humann immer einige Tage voraus[37].
Damit wurde Hamdi Bey der Entdecker des Hüyük von Sendschirli (Zincirli); er gestattete später seinem Freunde Humann großzügig, hier Ausgrabungen durchzuführen, die im Jahre 1888 begannen und über deren überraschende Ergebnisse im zweiten Teil ausführlich berichtet werden wird.

Marsch von Sakçagözü zum Euphrat

Wie verabredet, trafen am Sonntag, dem 20. Mai, drei Wagen in Sakçagözü ein, einer davon sogar vierspännig. Mit Freude sah Humann, wie geschickt die kräftigen, gelenkigen Tscherkessen die Kisten auf ihre Wagen hoben, dort sicher befestigten und im Trabe davonfuhren. Der Regen hatte inzwischen nachgelassen, und so konnte Humann auch seinerseits das Kommando zum Aufbruch geben. Die allgemeine Richtung hieß: »Nach Osten!« Das nächste Ziel war der Verkehrsknotenpunkt Aintab (Gaziantep), den man nach einem flotten Ritt am Abend des kommenden Tages erreichte (Abb. 8).
Hier legte man einen größeren Halt ein; Briefe wurden geschrieben, Photoplatten entwickelt, Gips beschafft, weitere Lasttiere gemietet und vor allem auch bei den Behörden offizielle Besuche abgestattet. Der deutsche Botschafter in Konstantinopel, Herr von Radowitz, mit dem Humann seit vielen Jahren eng befreundet war[38], hatte von der Hohen Pforte die notwendigen Empfehlungsschreiben an die zuständigen Vilayets erwirkt. So waren durch den damals in Aleppo residierenden türkischen Generalgouverneur bereits alle nachgeordneten Dienststellen über die deutsche Expedition informiert. Daß sogar Offiziere zu Dienst- und Hilfeleistungen in Gaziantep abkommandiert wurden, war natürlich von größter Wichtigkeit für die zügige Abwicklung der vielen Dinge, die bei dieser Rast noch zu bedenken und zu erledigen waren[39].
Die Hauptsorge von Humann bestand in der Beschaffung von Gips. Eingeholte Erkundigungen hatten ergeben, daß östlich von Gaziantep bisher keine Lagerstätten bekannt geworden waren. In Gaziantep selbst war nur ein Zentner Gips aufzu-

treiben, der glücklicherweise noch nicht gebrannt war, und Humann brachte in Erfahrung, daß er am Euphrat, nicht weit von Birecik gebrochen worden sei. Immerhin dauerte ein Ritt bis zu dieser Lagerstätte etwa vier Tage. Doch gelang es Humann, einen Liefervertrag für 500 Okka (etwa 640 kg) abzuschließen, natürlich ungebrannt, um nicht etwa durch Nässe oder Regen zu verderben. Durch ihre bisherige Mitarbeit bei Humann beherrschten inzwischen Jani und Andrea die Kunst der Herstellung von Gips aus örtlichen Vorkommen, eine wichtige Voraussetzung für die geplanten Arbeiten auf dem Nemrud Dağ. Es wurde vereinbart, das Material direkt von Birecik nach Adıyaman zu transportieren und es bei dem dortigen Kaymakam abzuliefern. Humann bemerkt hierzu, daß eine nähere Anlieferung an den Nemrud Dağ nicht zu erreichen gewesen sei, weil niemand sich getraut habe, sich weiter in östliche Richtung vorzuwagen, »da jene Gegend für durchaus unsicher galt«[40].
In Gaziantep endete auch der Postverkehr mit der zivilisierten Welt; hier hörten also im Jahre 1883 sämtliche Post- und Telegraphen-Verbindungen auf, aber Humann trug weitsichtig Vorsorge, daß einmal wöchentlich ein Kurier die Postverbindung zum und vom Nemrud Dağ besorgen werde – eine Einrichtung, die auch tatsächlich funktioniert hat[41].
So trat man am nächsten Wochenende, am Sonnabend, dem 26. Mai, erneut den

8. Die Burg von Gaziantep. Zeichnung von Karl Humann.

Marsch an. Beobachtungen über die Besiedlung von Gaziantep in der Frühzeit hatte man nicht gemacht; doch verdanken wir dem Zeichenstift Humanns eine hübsche Skizze der ausgedehnten mittelalterlichen Burganlage, um die herum sich die moderne Stadtanlage ausgebreitet hat. Humann hatte sich entschlossen, im Gegensatz zu der Marschroute von Puchstein von Gaziantep direkt nach Osten an den Euphrat zu marschieren, wo in dem in der Nähe von Rumkale gelegenen Halfeti (Khalfete) der Kaymakam seinen Amtssitz hatte
Es wurde ein zügiger Ritt durch das fruchtbare Land mit seinen ansehnlichen Pistazien-Plantagen und den reichen Beständen an Nuß- und Obstbäumen. Als

man nach einer Mittagsrast um einen Berg herumritt, erblickten die Reiter unvermutet den Euphrat, und der sonst so nüchterne Humann wird bei diesem Anblick zum Poeten: »Unwillkürlich machten wir halt; denn man sieht nicht zum ersten Mal diesen Strom, ohne den Flügelschlag einiger Jahrtausende Menschengeschichte zu fühlen.« Dann aber berichtet er sachlich weiter: »In dankbarem Andenken an Sultan Murad, der viel für das Land getan, heißt der Strom heute Muradçay oder auch einfach Murad; seltener hört man hier die Bezeichnung Frat. Sein Wasser ist nur in den Frühlingsmonaten, wo er hoch anschwillt, lehmig, sonst klar; den höchsten Stand erreicht es gewöhnlich im April, wenn der Schnee im Norden schmilzt, wir fanden es schon zwei bis drei Meter niedriger. Im September ist der Wasserstand am niedrigsten, so daß dann an gewissen Stellen ein Mann bis zu den Schultern im Wasser den Fluß durchwaten kann«[42].
Als man sich in einem leerstehenden Gehöft für das Nachtquartier einrichten wollte, gab es plötzlich am gegenüberliegenden Ufer eine unvermutete Ansammlung von Menschen. Bald darauf legte auch ein Kelek, das ortsübliche Fahrzeug aus aufgeblasenen Tierhäuten, vom Ufer ab. Welche Überraschung für die ermüdeten Expeditionsmitglieder, als dem Fahrzeug der Kaymakam, der Kadi und weitere Würdenträger entstiegen, um ihren Begrüßungsbesuch zu machen und die Gesellschaft nach Halfeti einzuladen.

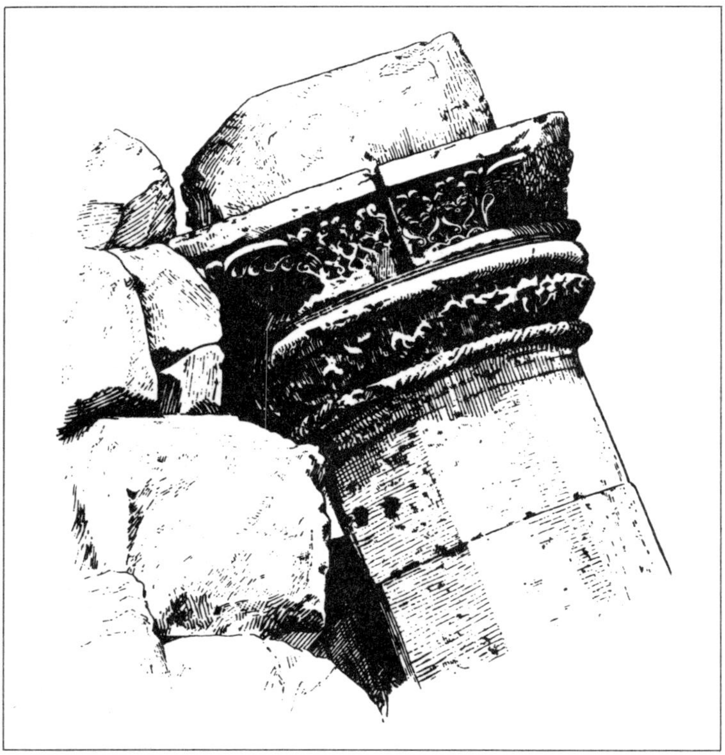

9. Pfeilerkapitell in Rumkale. Zeichnung von Karl Humann.

Dorthin setzte man am nächsten Morgen über und hielt einen geradezu prunkvollen Einzug. Wie Humann berichtet, standen auf allen Dächern neugierige Menschen, und als die Reisenden den Besuch des Kaymakam erwiderten, bildeten die hier stationierten Soldaten und Polizisten ein ehrenvolles Spalier.
Am nächsten Tage wurde der Felsanlage von Rumkale ein ausführlicher Besuch abgestattet. Die grandiose, dem anstehenden hohen Uferfelsen von Menschenhand abgerungene Festungsanlage fand man bis auf wenige Häuser verlassen vor. Bereits Helmuth von Moltke hatte nach seinem Besuch hier im April 1838 geschrieben: »Es ist schwer zu sagen, wo der Fels aufhört oder wo die Menschenarbeit anfängt«[43] und eine sehr ausführliche Beschreibung von der Burganlage gegeben. Als Richard Pococke ein Jahrhundert vor dem Besuch von Moltke die Festung Rumkale besuchte, konnte er noch von einigen sehr prächtigen Gebäuden auf der Berghöhe und einer kleinen, doch sehr schönen Kirche im gotischen Stil berichten[44]. Humann fand jedoch nur noch auf der höchsten Spitze »Säulen zu Hauf mit reichen Kapitellen«, von denen er ein Pfeilerkapitell mit seinem Zeichenstift festgehalten hat (Abb. 9).
Erkundigungen über die Wegverhältnisse hatten es geraten erscheinen lassen, den Ritt nach Samosata, der einstigen Hauptstadt des kommagenischen Königreiches, auf der östlichen Stromseite fortzusetzen. Hier nämlich, so hieß es, werde die Reitergruppe mit ihren Lasttieren schneller vorwärtskommen als auf dem gegenüberliegenden felsigen Terrain, wo außerdem hoch angeschwollene Zubringer des Euphrat den Marsch erschweren würden.
Als man die Uferhöhe des Euphrat in der Frühe des 26. Mai emporritt, erblickten die Reiter die weit hingelagerte Kette des Tauros, dessen höhere Gipfel schneebedeckt in den dunkelblauen Himmel ragten – ein unvergeßlich schöner Augenblick für jeden, der das Glück hat, ihn zu erleben! Da meinte Puchstein, in einer der höchsten pyramidenartigen Spitzen – allerdings noch weitab im Nordosten – den mit dem Tumulus gekrönten Nemrud Dağ erkennen zu können – ein erhebender Anblick! Bald jedoch setzte ein heftiges Gewitter ein, aber schließlich erreichte man – wenn auch trotz der Regenmäntel völlig durchnäßt – nach einem Ritt von 31 km das in Aussicht genommene Dorf Killik (Kilik), in dem die Reisenden bei dem Şeyh des Ortes, Fakas Ağa, gastfreundliche Aufnahme fanden.

Das Grabheiligtum von Sesönk

Von Killik aus setzten am folgenden Morgen, dem 1. Juli, Humann, Puchstein und Meister Jani auf das Westufer des Euphrat über, um die Grabanlage von Sesönk zu besuchen. Sie fanden die hohe, felsige Wand des westlichen Steilufers überall bearbeitet. Man sah »Höhlen, Gänge, Treppen, vielleicht auch Wohnungen, vielleicht auch Grabkammern, die in dem weichen Sandstein angelegt waren«.
Mühsam bahnte man sich den Weg hinauf auf das Plateau, das etwa 300 m über dem Euphrattal lag, und erreichte nach einem Anmarsch von etwa 7 km das

10. Der Tumulus von Sesönk. Ergänzungsskizze einer Säulengruppe von Karl Humann.

Denkmal von Sesönk. Den Namen ›Dreistein‹ hat die Grabanlage von den drei Säulenpaaren, die in unregelmäßigen Abständen neben dem fast ovalen Tumulus von 35 m Durchmesser auf der Südseite sowie im Nordwesten und im Nordosten aufgestellt sind. Auf seinem Rückmarsch vom Nemrud Dağ hatte Puchstein am 1. Juli dieses Hierothesion besucht, von dem Humann jetzt sofort einen Plan anfertigte und photographische Aufnahmen herstellte (Abb. 10–11).
Wie der Plan zeigt, führt im Norden ein in den Felsen eingehauener enger Dromos abwärts in eine unterirdische, unter dem Tumulus befindliche Grabkammer. Diese war aber nicht zugänglich, da der Dromos infolge Verschüttung nur teilweise begangen werden konnte. Bei Sesönk handelt es sich um die bescheidenste aller bisher in Kommagene bekanntgewordenen Grabanlagen. Leider wurden bislang noch keinerlei Inschriftenfunde gemacht; doch verweisen die unterirdische, durch einen Dromos zugängliche Grabanlage unter einem geschotterten Tumulus sowie die Ausgestaltung mit drei Säulenpaaren auf eine unmittelbare Ver-

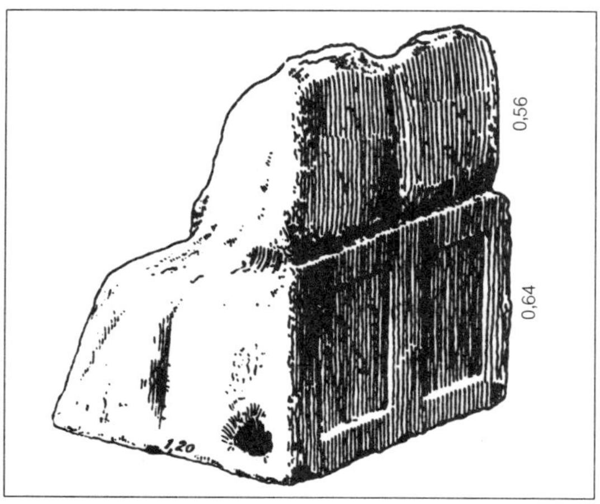

11. Statuengruppe von Sesönk.

wandtschaft mit dem Hierothesion auf dem Karakuş. Daß im Falle der Anlage von Sesönk eine derartige Charakterisierung höchstwahrscheinlich zu Recht besteht, darauf weist ein zunächst scheinbar unbedeutender Fund hin, den Humann und Puchstein bei dem Säulenpaar im Nordosten machten. »Hier stand nur noch eine Trommel in situ, während alle anderen bei dem Einsturz rings über den Boden verstreut worden waren. Mitten unter ihnen aber lag eine sehr verwaschene und arg verstümmelte Statuengruppe aus Kalkstein (Höhe 1,10 m), deren Formen nach spätgriechischer Kunstweise ausgedrückt zu sein schienen: zwei auf einfachen Schemeln nebeneinandersitzende bekleidete Figuren, deren Köpfe zerschlagen sind; diejenige links, anscheinend weiblich, hat den rechten Fuß etwas vorgesetzt und den rechten vom Gewande verhüllten Unterarm auf den Schoß gelegt; diejenige rechts läßt die linke Hand auf dem Knie ruhen und hält darin eine kurze Rolle[45]. Mit vollem Recht hat Puchstein diese Rolle als ein Baresman, das rituelle Bündel mit Zweigen, gedeutet, das in Kommagene vielfach von Göttern und von Königen getragen wird. Ferner machte Puchstein die Beobachtung, daß »sowohl die Tiefe der Gruppe (1,10 m) als auch ihre vorauszusetzende Breite derart zu den vermutlichen Dimensionen des Architravs stimmt, daß wir auch hier zu der Annahme berechtigt sind, daß die Doppelstatue einst von einem Säulenpaar getragen wurde. Neben ihr würde auf dem Architrav auch noch die Statuette eines ruhig stehenden Adlers Platz gehabt haben, welche sehr verwittert und mit zerschlagenem Kopfe unweit der Gruppe in einen Felsspalt gefallen und darin fest eingeklemmt war«[46]. In seiner Ergänzungsskizze ist Puchstein dann noch einen Schritt weiter gegangen und läßt die männliche Sitzfigur sogar eine königliche Tiara tragen. Zeitnot hinderte Puchstein und Humann daran, an Ort und Stelle die Trümmerstätte genauer zu untersuchen, und der von ihnen geäußerte Wunsch, daß »ein anderer Reisender das von ihnen Versäumte ausführen« möge[47], wartet seit nunmehr rund hundert Jahren immer noch darauf, erfüllt zu werden, um so vielleicht auch dieses kommagenische Denkmal von seiner Anonymität zu befreien und eine bedauerliche Lücke in unserem Geschichtsbild zu schließen.

Fortsetzung des Marsches nach Samosata

Große Freude herrschte am Abend bei den Mitgliedern der Expedition, als tatsächlich von Gaziantep her der brave Postbote Hüseyn sie in ihrem Quartier am Euphrat aufstöberte. Sofort wurde ein Ruhetag eingelegt, um die erhaltenen Briefe zu beantworten, neue zu schreiben, die Tagebücher fortzuführen und die Wegeskizzen zu vervollständigen. Hierbei legte Humann ganz besonderen Wert darauf, dem dringenden Wunsche des Altmeisters der antiken Geographie, Heinrich Kiepert, nachzukommen und eine exakte Routenaufnahme mit möglichst breit gefächertem Ausstrahlungsgebiet der weithin noch unbekannten Gegenden des östlichen Kleinasien zu liefern. So hielt Humann fortwährend mit der Bussole in der Hand jede auch noch so geringe Wegerichtung fest, oft auf Viertelkilometer genau notiert, schnitt sämtliche Berge, Hügel, Taleinschnitte und Dörfer der näheren Umgebung an und schrieb die Entfernungen nach Möglichkeit alle zehn Minuten auf, wobei er entsprechend den damaligen Hilfsmitteln weitgehend auf Schätzungen angewiesen war. Außerdem mußten ständig die Orts- und geographischen Angaben der Führer überprüft werden, deren Sorglosigkeit für die Richtigkeit der Ortsbezeichnungen Humann inzwischen aus eigener Erfahrung kennengelernt hatte. Im Vorjahre hatte Puchstein von Kiepert ebenfalls diesen Auftrag bekommen. In welche Not und Bedrängnis er durch diesen zusätzlichen Arbeitsauftrag geraten war, für den die Reisegefährten wenig Verständnis zeigten, hat er selbst in seinem Bericht geschildert[48]. Wie glücklich er jetzt war, den ›kartographischen Dienst‹ an den erfahrenen Humann abgeben zu können, läßt sich denken!

Kiepert selbst legte stets größten Wert darauf, daß sich nach Möglichkeit mindestens entweder der Ausgangs- oder der Endpunkt einer kartographischen Aufnahme an einer der Küsten der kleinasiatischen Halbinsel befand. Am liebsten sah er es natürlich, wenn eine Route durchgehend von Küste zu Küste führte. Denn inzwischen lag der gesamte Küstenraum von Kleinasien in exakter Vermessung vor, die von englischen Geographen auf Anordnung der englischen Admiralität für den Mittelmeerraum in der Mitte des Jahrhunderts durchgeführt und in musterhaft gedruckten Seekarten überall käuflich zu erhalten war.

Dieses Küstengerippe mit Leben zu erfüllen, hatte sich Kiepert zum Ziel gesetzt, und die Kiepertschen Kartenblätter von Kleinasien zeigen, welch großartige Leistung von ihm und seinem Sohn als Nachfolger vollbracht worden ist. Fehlte Kiepert gelegentlich eine besonders wichtige, historisch interessante Wegstrecke, dann machte er bei dem in Berlin im Ruhestand lebenden preußischen Generalfeldmarschall, dem Ehrenmitglied der Königlichen Akademie der Wissenschaften, dem Grafen Helmuth von Moltke, »dem Forschungsreisenden in Kommagene im Jahre 1839, dem Förderer der Nemrud Dağ-Expedition im Jahre 1883«, einen Besuch[49]. Darauf erhielt alsbald ein begabter und tüchtiger junger Offizier in der Generalstabsausbildung den entsprechenden Auftrag. Kiepert konnte anschließend die so gewonnenen Resultate schnellstens in die Karte Kleinasiens einarbeiten. Darüber hinaus zeugt aber auch heute noch manche wissenschaftliche Publikation von der ergebnisreichen Arbeit der jungen Offiziere.

Wie exakt Humann seine kartographischen Aufnahmen durchgeführt hat, berichtet er selbst voller Stolz am Ende seiner Schilderung des Unternehmens von 1882[50]. Hierbei nämlich legte er von seinem Ausgangspunkt Mudanya am Marmarameer über Ankara und Boğazköy bis nach Samsun am Schwarzen Meer eine Strecke von fast 1000 km zu Pferde zurück, und seine Aufnahme wich am Endpunkt Samsun nur 3 km von der englischen Admiralitätskarte ab.

Mit frischen Kräften ging es am 1. Juni nach dem Ruhetag weiter. Das nächste Ziel, Samsat (Samosata), hätte noch am gleichen Tag erreicht werden können, doch zog man es vor, frühzeitig nach einem Ritt von 30 km in Yazıca (Yazidje), und zwar in dem dortigen geräumigen, in Hausteinen aufgeführten Gästehaus, Quartier zu beziehen. Von hier aus konnte der Reitertrupp am nächsten Morgen

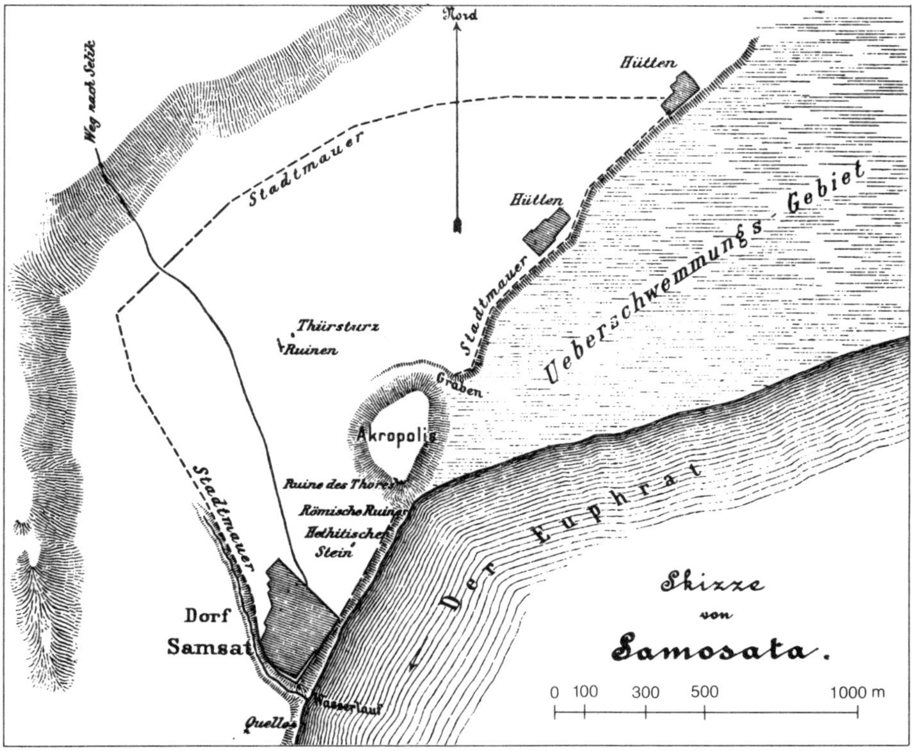

12. Skizze von Samosata. Aufgenommen von Karl Humann.

den Euphrat entlang reiten, wobei schon bald vor ihnen der weithin sichtbare Hüyük der einstigen Hauptstadt von Kommagene auftauchte.

An der Fährstelle angelangt, lag das Kelek am gegenüberliegenden Ufer abfahrbereit, und man teilte den Reitern mit, daß sich soeben ein Pascha aus Konstantinopel anschicke, überzusetzen. Große, freudige Begrüßung, als dem Kelek Hamdi Bey und sein Begleiter Osgan Efendi entstiegen, die soeben schon vom Nemrud Dağ zurückkehrten! Da gab Humann sogleich den Befehl, am hohen Ufer gegenüber dem Burgberg von Samosata die Zelte aufzuschlagen, und man blieb bei freundschaftlichen Gesprächen bis zum nächsten Morgen beisammen.

Nach einem herzlichen Abschied zog Hamdi Bey mit seiner Begleitung nach Urfa weiter, während Humann mit seiner Gruppe nach Samsat übersetzte. Die Pferde waren bereits am Vortage auf die gegenüberliegende Seite gebracht worden, um Zeit zu sparen. Humann verfertigte in Samosata sofort eine übersichtliche Skizze des antiken Stadtgebietes, das sich halbkreisförmig an den Euphrat anlehnt, während die 2 km lange Diagonale dem Ufer folgt. Hart am Ufer erhebt sich die ungefähr 45 m hohe Akropolis in Form eines elliptischen Hügels mit ringsum steil abfallender Böschung. Das Stadtgebiet, einstmals von einer noch heute teilweise vorhandenen Mauer umgeben, die von Ufer zu Ufer führt, nimmt eine Tiefe von etwa 1 km ein (Abb. 12).

13. Türsturz in Samsat. Zeichnung von Karl Humann.

Bei meinen verschiedenen Besuchen in Samsat war es immer wieder ein Erlebnis, auf dem Zickzack-Pfad, der sich allmählich gebildet hatte, langsam in die Höhe zu steigen. Anschaulich ließen sich dabei die aufeinanderfolgenden Schichten der sich ablösenden Besiedlungsperioden von der Prähistorie bis in das Mittelalter ablesen, charakterisiert durch sichtbare Scherbenfragmente. Wenn man dann auf der Höhe anlangte, überblickte man eine weite, ebene Fläche von etwa 300 x 150 m, auf der oft ein Hirte seine Herde weidete. Allein in der südlichen Ecke standen noch Reste von mittelalterlichem Gußmauerwerk mit einzelnen antiken Spolien.

Von den Beobachtungen, die Humann und Puchstein in Samosata gemacht haben, ist der Hinweis auf ein bereits richtig von ihnen als hethitische Skulptur gedeutetes Fragment wichtig, das ihnen auf einem Feld zwischen Burghügel und Dorf gezeigt wurde. Es handelt sich um den unteren Teil einer Stele mit großem Einsatzzapfen, auf der von einer nach links blickenden Figur, gekleidet in einen langen Chiton mit Fransen und in Schnabelschuhen, noch der Unterkörper erhalten geblieben war. Bei der Wiederverwendung der Stele hatte man leider rücksichtslos durch die Mitte der Platte eine Rille eingemeißelt und außerdem noch die vordere Hälfte der Figur abgespitzt. Ein Problem bietet auch die Lesung der auf den beiden Schmalseiten eingeritzten hethitischen Hieroglypheninschrift, die immer noch nicht ausreichend entziffert werden konnte[51].

Wir haben jedoch die Hoffnung, bald mehr über die Frühgeschichte dieser einst so blühenden Metropole am Euphrat zu erfahren. Den Nachweis einer bedeutenden seldschukischen Besiedlung auf dem Plateau des Burgberges erbrachten bereits die von Theresa Goell durchgeführten Grabungskampagnen[52]. Nachdem aber jetzt die lange geplante zweite Staustufe des Euphrat in Angriff genommen ist, wird in einigen Jahren auch die Akropolis von Samosata in den Fluten versinken. Bis dahin versucht eine Gruppe von Archäologen unter Leitung von Nimet Özgüç, Professorin an der Universität Ankara, zu retten, was noch zu retten ist. Wir dürfen hoffen, daß es gelingen wird, noch möglichst viele von den zahlreichen Fragen zu klären, die die Gründung und die Geschichte der Hauptstadt von Kommagene immer noch für uns aufwerfen[53].

Wenn für Humann der Nemrud Dağ auch das vordringlichste Reiseziel war, so nahm er sich in Samosata dennoch die Zeit, mit seinem Zeichenstift ein Fragment festzuhalten, das bereits Helmuth von Moltke bemerkt hatte und den sonst so sachlich berichtenden Offizier zu der enthusiastischen Bemerkung veranlaßte: »Seltsam ist es, mitten in Ackerfeldern alte Türbogen und Säulenschäfte stehen zu sehen. Ich fand einen Marmorfries von so schöner Arbeit, wie ich nie gesehen, Laubwerk, Vögel, Stiere, alles so wohlerhalten, als ob es erst fertig geworden wäre«[54]. Bei diesem Fragment handelt es sich um einen Türsturz aus Marmor, der uns anschaulich die Blüte von Samosata in frühchristlicher Zeit vor Augen führt, damals noch »eine große und volkreiche Stadt«, wie sie im 4. Jahrhundert ein Kenner des Landes charakterisiert[55] (Abb. 13).

Das Unternehmen Karakuş

Für die Expeditionsgruppe war jetzt der Nemrud Dağ, das ersehnte Marschziel, in greifbare Nähe gerückt. Als das Massiv der vom Nemrud Dağ gekrönten Ankar Dağları sich vor den Augen der Reisenden auftat, gab Humann den Befehl, die Zelte unmittelbar gegenüber dem Bergmassiv am Karakuş »auf grüner Weide« aufzuschlagen. Hier lockte die eingehende Untersuchung eines in der Landschaft weithin sichtbaren, kegelförmigen Tumulus, der im Osten, Süden und Nordwesten von je drei Säulen flankiert war. Heute stehen nur noch einige der Säulen aufrecht, die einstmals mit Reliefs sowie den Darstellungen von Stieren, Löwen und Adlern gekrönt waren. Besonders eindrucksvoll wirkt auf den Besucher auch heute noch die im Süden stehende Säule mit dem prachtvollen Bildnis eines 2,54 m hohen Adlers (Karakuş), nach dem die ganze Anlage ihren Namen erhalten hat (Farbtaf. XII; Abb. 14–17).

14. Der Tumulus Karakuş. Ergänzungsskizze einer Säulengruppe von Karl Humann.

15.–17. Die Säulen im Osten, im Süden (Adler) und im Nordwesten des Tumulus Karakuş. Zeichnungen von Karl Humann.

Humann begann am folgenden Morgen, dem 5. Juni, sofort mit dem Vermessen des Tumulus, während von Luschan fotografierte und Puchstein versuchte, eine von ihm bereits bei seinem Aufenthalt im vorhergehenden Jahre entdeckte Inschrift zu entziffern, die sich unmittelbar unter dem Säulenkapitell auf den beiden obersten Trommeln der Säule im Osten befand. Glücklicherweise konnte nach ersten, vorsichtigen Deutungsversuchen später auch noch ein Abklatsch angefertigt werden. Mit diesem vorzüglichen Hilfsmittel ließ sich tatsächlich die Inschrift fast lückenlos entziffern, und Puchstein war die Deutung der Anlage möglich.

In der Inschrift läßt der kommagenische König Mithradates die Besucher wissen, daß in diesem Grabhügel seine Mutter Isias zusammen mit seiner Schwester Antiochis und deren Tochter beigesetzt sind. Seit ich im Jahre 1938 zum ersten Mal das eindrucksvolle Bild der Anlage erlebte, haben mich die Probleme dieses Hierothesions immer wieder beschäftigt. Eine tiefe Auskerbung auf der Südseite des Tumulus, die auch auf der Farbtafel XII deutlich zu erkennen ist, warnte vor allzu großen Hoffnungen, eine noch unversehrte Grablegung der hier bestatteten Angehörigen des Königshauses freilegen zu können. Nach bisher allgemein üblicher Methode hätte versucht werden müssen, das Problem einer Freilegung durch einen Suchschurf in offener Baugrube zu lösen.

Bei einem Unternehmen dieser Art wäre es nicht zu umgehen gewesen, wegen der unbekannten Lage der vorauszusetzenden Grabkammern irgendwo im Tumulus den Suchgraben so breit anzulegen, daß man damit die bedeutende Landmarke des Karakuş zerstört hätte, ganz abgesehen von der Tatsache, daß diese Arbeiten sehr aufwendig gewesen wären. Auch der Gedanke an das Abteufen von Schächten wurde fallengelassen, da man kaum damit rechnen konnte, schon mit dem ersten oder zweiten Schacht auf die Grabkammer zu treffen. Außerdem war unbekannt, wie standfest das Aufschüttungsmaterial des Tumulus ist; weder die Form noch das Ausmaß des zur Sicherung notwendigen Schachtausbaues also waren von vornherein überschaubar.

Nach sorgfältiger Planung konnte man im August 1967 endlich die Ortung der Grabkammer in Angriff nehmen, und zwar mit Hilfe eines speziell für den Einsatz in ariden und halbariden Gebieten entwickelten Drehbohrgerätes. Das Instrument war auf einem geländegängigen, 16 t schweren Bohrwagen mit Allradantrieb montiert. Dem erfahrenen Oberbohrmeister, Heinrich Ölmann, gelang es nach mehreren vergeblichen Ansätzen schließlich, im Rückwärtsgang den Steilhang von Süden her zu bezwingen und das Bohrgerät auf der Höhe des Tumulus aufzurichten.

Der Bohrturm war klappbar, der Antrieb des Bohrgestänges erfolgte durch einen hydraulischen Motor. Am Bohrgestänge wurde ein der Festigkeit des Gebirges angepaßter Meißel angebracht. Je nach den Erfordernissen kann mit Preßluft oder auch mit Spülungen gebohrt werden, d.h.: Preßluft oder Wasser werden im Hohlgestänge nach unten auf die Bohrlochsohle gedrückt, und das Bohrgut steigt im Ringraum zwischen Gestänge und Bohrlochwandung zutage.

Bei den Bohrungen am Karakuş entschieden wir uns dafür, mit Preßluft zu bohren, da bei dem anderen Verfahren ein Eindringen von Wasser in die Grabkammer nicht ganz auszuschließen gewesen wäre. In kürzester Zeit war der Bohrturm ausgefahren, und der Meißel bohrte sich mit donnerndem Getöse in die Tiefe des Karakuş. Bereits nach wenigen Minuten lag ein erstes entscheidendes Ergebnis vor: Der Tumulus war – offensichtlich aus Gründen besserer Standfestigkeit – lagenweise aufgebaut. Schotterlagen in einer Stärke zwischen 50 und 100 cm wechselten in regelmäßiger Abfolge mit Schüttungen von Lehm. Es zeigte sich, daß die Schottermassen aus Granit, Porphyr, Basalt sowie aus Quarzit und Kalk bestanden. Dieses Aufschüttungsmaterial hatten die Erbauer der Anlage an den

18. Schnitt von Norden nach Süden (Schnitt 1) und von Westen nach Osten (Schnitt 2), der verdeutlicht, wie die von einem vollmechanisierten Drehbohrgerät durchgeführten Bohrungen zur Erortung der Grabanlage im Tumulus Karakuş geführt haben. Angefertigt von Eckart Fr. Schneider.

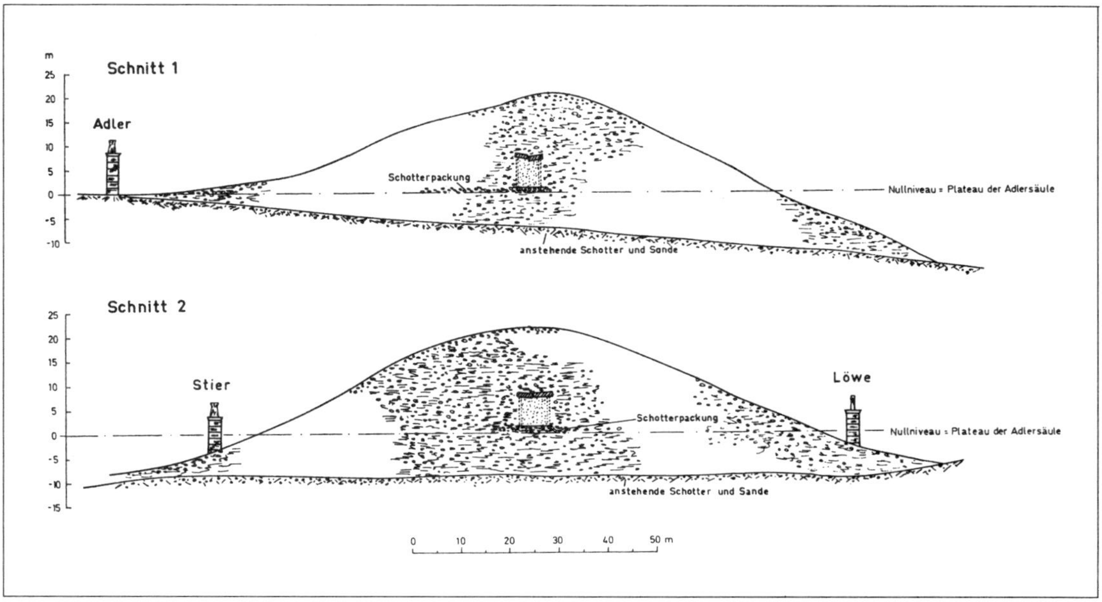

Flußterrassen des unterhalb des Karakuş dahinströmenden Kâhtaçay vorgefunden – es war vom Fluß im Laufe der Jahrhunderte aus dem Taurosgebirge herantransportiert worden.
Hatte Puchstein noch die Vermutung geäußert, daß bei dem Tumulus von Karakuş möglicherweise »dessen natürliche felsige Spitze in die künstliche Aufschüttung hineinreicht«[56], so ergab sich bereits bei der ersten Bohrung, daß der Tumulus auf dem fast ebenen Gelände einer vom Kâhtaçay gebildeten Flußterrasse errichtet worden war. Nach weiteren Bohrungen wurde der Standort des Bohrgerätes leicht verändert, weil wir argwöhnten, daß sich durch den Aushub in früheren Jahren und einer späteren allmählichen Erosion die jetzige Oberfläche verändert haben könnte.
Als sich der schwere Bohrmeißel zum fünfzehnten Male in die Erde senkte, änderte sich in 13 m Tiefe plötzlich das gewohnte Profil: Das Bohrgut bestand jetzt aus einem harten, dolomitischen Kalk, demselben Material, aus dem die Säulen gehauen sind und das ca. 500 m östlich des Karakuş ansteht. Bei 13,50 m war der Kalk durchbohrt, der Preßluftdruck fiel ab. Jetzt sank der Meißel rasch durch ein weiches, sandig-lehmiges Material bis auf 20 m Bohrtiefe, und darunter folgte wiederum Schotter.
Das zuletzt gewonnene Bohrergebnis unterschied sich vollkommen von demjenigen der vorangegangenen Bohrungen. Die Vermutung lag nahe, daß wir uns mit dieser Bohrung bereits dicht neben der Grabkammer befanden – möglicherweise hatte man das überkragende Dach getroffen. Jeweils ca. 2 m westlich und östlich der Bohrung 15 wurden sofort die Bohrungen 16 und 17 niedergebracht; sie hatten fast genau das gleiche Profil wie Bohrung 15: Die Lage der Kalksteinschicht differierte zwar um einige Dezimeter, die Schotterlage aber begann ebenfalls in 20 m Tiefe.
Die Grabkammer war gefunden, jedoch mit Lehm- und Sandmaterial angefüllt! Die unterschiedliche Tiefenlage der Kalkschicht – es handelte sich um die Kalksteinplatten, mit denen die Kammer abgedeckt war – deutete auf ein Verstürzen der Platten hin.
Die Bohrungen 19/20 und 21/22 sollten feststellen, ob noch Wände der Kammer vorhanden waren; sie wurden jeweils bei unverändertem Standort des Bohrgerätes, aber mit verschiedenen Neigungen durchgeführt. Die stärker geneigten Bohrungen trafen die abdeckenden Kalksteinplatten, den die Kammer ausfüllenden Lehm und die Schotter der Sohle an, die schwächer geneigten Bohrungen dagegen erfaßten nur die Lehme und Sande und die darunterliegenden Schottermassen der Sohlschicht.
Aus Abbildung 18 ist ersichtlich, wie durch die von uns vorgenommenen 22 Bohrungen systematisch die Anlage der Grabkammer erortet werden konnte und welche Vorstellungen sich allein aufgrund der Bohrungen darüber gewinnen ließen. So stellte sich heraus: Grabräuber hatten bereits gründliche, ja allzu gründliche Arbeit geleistet und mit einem überaus breit und tief angelegten Schurf von Süden her die gesamte unterirdische Grabanlage freigelegt. Offensichtlich hatte man es nicht nur auf das Inventar der Grabkammern abgesehen, sondern auch auf

das Steinmaterial, nämlich auf die kostbaren dolomitischen Quadern, von denen nur noch geringe Reste übriggeblieben waren, wie das Bohrergebnis zeigte[57]. Wer aber hatte Bedarf an diesem Material? Wer war hier am Werk gewesen? Jedenfalls eine Mannschaft, die technisch überaus qualifiziert gewesen sein mußte, die auch über Erfahrung im Auffahren von Schürfen verfügte; denn es erfordert großes Geschick, einen Schurf anzulegen, der gegen das Zentrum des Tumulus etwa 20 m Höhe hat.

Wer aber – so fragten wir uns – könnte wohl in den zurückliegenden Jahrhunderten in der Lage gewesen sein, eine derartige Arbeit so systematisch und mit solchem Aufwand durchzuführen? Und vor allem: Wer war an der Gewinnung des Steinmaterials interessiert, aus dem man die Grabkammern erbaut hatte? Alles spricht dafür, daß hier die XVI., in Samosata stationierte Legion am Werk gewesen ist – liegt doch in nächster Nähe des Karakus die großartige, von den Ingenieuren der Legion unter dem Kommando des Lucius Marius Perpetuus erbaute Brücke über den hier aus dem Gebirgsstock ausströmenden Fluß Chabinas, heute Cendere Suyu, der unmittelbar hinter der Brücke in den Nymphenfluß, heute Kâhtaçay, einmündet (Taf. 2–3).

Aus den auf der Brücke erhaltenen Inschriften erfahren wir, daß eine alte Brücke *a solo*, also von Grund auf, durch einen Neubau ersetzt wurde. Ehemals bildete an beiden Brückeneingängen auf jeder Seite eine Säule den Abschluß der Brüstung; doch sind von diesen Säulen heute nur noch drei erhalten. Die beiden Säulen auf der südwestlichen Seite tragen Ehreninschriften für den Kaiser Septimius Severus und seine Gemahlin Julia Domna mit dem Ehrentitel: *mater ka[str]orum*, frei übersetzt: die Soldatenmutter!

Auf der gegenüberliegenden Seite steht jetzt nur noch die Säule mit der Ehreninschrift für den Kaiser Caracalla, den Sohn und späteren Nachfolger des Septimius Severus. Die einstmals gegenüber errichtete Säule ist restlos abgetragen. Hier waren jedoch keine Steinräuber am Werk; vielmehr wurde die Zerstörung aufgrund eines kaiserlichen Befehls vorgenommen: Die fehlende Säule ist nämlich der sichtbare Beweis eines brüderlichen Zwistes im kaiserlichen Hause, in dessen Verlauf der auf seinen jüngeren Bruder Geta, den Liebling der Mutter, eifersüchtige Caracalla Blutschuld auf sich geladen hatte. Darüber hinaus mußte auf des Kaisers Befehl jede Erinnerung an seinen angeblichen Rivalen Geta im gesamten Bereich des Imperium Romanum getilgt werden. Es war in diesem Falle natürlich wesentlich einfacher, gleich die ganze Säule abzutragen, als lediglich die Steininschrift zu tilgen!

Der Bau der Brücke über den Chabinas erfolgte im Zusammenhang mit der Orientpolitik des Kaisers Septimius Severus am Ende des 2. Jahrhunderts n. Chr. Geplant waren umfassende militärische Operationen gegen die Parther, und für den reibungslosen Ablauf war es nötig, alle für den Vormarsch und den Nachschub notwendigen Straßen in Ordnung zu bringen. Das bezeugt nicht nur der Neubau der Brücke über den Chabinas, sondern auch eine Reihe von Meilensteinen, die in die gleiche Zeit gehören und über Straßenreparaturen berichten.

Die Brücke über den Chabinas imponiert noch heute als eine technische Meister-

leistung der römischen Ingenieurkunst. Mit einer Breite von 7 m des über die Brücke führenden Weges war sie jeder Beanspruchung gewachsen. Noch bis zum heutigen Tage befahren diese Brücke tagtäglich Fahrzeuge aller Art, natürlich auch schwere Lastwagen und Omnibusse, und es wurde mir berichtet, daß bei einem Manöver sogar Panzer und Tanks über die Brücke gerollt wären. Angesichts ihrer Gesamtlänge von ca. 120 m kann man sich ausmalen, welch gewaltige Mengen von Baumaterial die Brücke verschlungen haben muß[58], und da infolge des kaiserlichen Befehls größte Eile geboten war, lohnte es sich, einen Teil des benötigten Materials vom Karakuş her antransportieren zu lassen. Das war für die römische Bauleitung, die über Pioniere und gutes Gerät verfügte, nicht schwierig, zumal auch noch neben dem Transport über Land eine Verladung auf den Kâhtaçay bei günstigem Wasserstand im Bereich des Möglichen lag.
So hatte der Bohrmeißel, geführt von Oberbohrmeister Heinrich Ölmann, ein Problem gelöst, das mit Hacke und Spaten kaum hätte bewältigt werden können: Zu groß wären die Gefahren für die mit der Freilegung beschäftigten Arbeiter und zu hoch der Aufwand an Mitteln gewesen. Darüber hinaus hat sich gezeigt, welch neue Möglichkeiten sich der historisch-archäologischen Forschung eröffnen, wenn sich Wissenschaft und Technik vereint um die Lösung der Probleme bemühen.
Puchstein hatte in seinem Kommentar zu der Inschrift auf den Säulentrommeln im Osten des Karakuş bereits die Frage erörtert, wer wohl der Erbauer des Karakuş gewesen sein könnte. Dieser selbst nämlich bezeichnet sich in der Inschrift als Großkönig Mithradates, d.h. der von Mithras Geschenkte. Den Namen Mithradates aber trägt sowohl der Vater Antiochos' I. als auch dessen Nachfolger auf dem Thron von Kommagene, von uns einfachheitshalber mit Mithradates I. und II. unterschieden.
Nach Abwägung aller ihm bekannten Fakten hatte Puchstein entschieden, daß »mit aller Wahrscheinlichkeit« Mithradates I. in Frage komme, selbst wenn dieser Herrscher hier nicht – wie sonst üblich – mit seinem Beinamen »Kallinikos« d.h. der Schönsiegende, bezeichnet werde[59]. Doch heute läßt sich dieser Schluß von Puchstein nicht mehr aufrechterhalten. Der Beweis, daß Mithradates II. der Erbauer des Tumulus gewesen ist, ergibt sich nämlich aus einer Inschrift, die ich selbst zu meiner großen Überraschung bei meinem ersten Besuch des Tumulus, am Pfingstsonntag, dem 5. Juni 1938, im Licht der späten Nachmittagssonne entdeckte[60]. Diese Inschrift befand sich allerdings nicht auf einer Säulentrommel, sondern auf dem auffallend schweren Abakus der Säule im Nordwesten. Das ist wohl auch der Grund gewesen, warum sowohl Humann als auch Puchstein sie übersehen hatten, obwohl Puchstein ausdrücklich vermerkt, daß er die Säulen mit dem Fernglas untersucht, aber keine weiteren Inschriften entdeckt habe, die – wie er meinte – auch nicht zu erwarten gewesen seien[61]. Diese Annahme von Puchstein machte zunächst auch uns befangen, und so dachten wir, die starke Verwitterung und die unausgeglichene Meißelarbeit täuschten das Vorhandensein von Buchstaben lediglich vor. Doch intensive Beobachtung zeigte, daß auf dem Abakus tatsächlich eine Inschrift in griechischen Buchstaben eingehauen war.

Indessen wurde die erste Entdeckerfreude durch die Tatsache getrübt, daß die Beschaffung einer Leiter unter den im Jahre 1938 vorhandenen Gegebenheiten nicht möglich war, und wir mußten uns zunächst mit der Lesung einzelner Buchstaben und Silben sowie mit der Gewißheit bescheiden, daß eine weitere Inschrift auf dem Karakuş auf ihre Entzifferung wartete.
Diese gelang dann schließlich erst im Jahre 1979 Jörg Wagner, der mit Hilfe eines von ihm angefertigten Abklatsches den Nachweis führen konnte, daß der Tumulus von Karakuş einst auf Befehl Mithradates' II. errichtet worden war[62].
Doch zurück zu Humann und seinen Mitarbeitern! Nach getaner Arbeit marschierte man zur Römerbrücke, bei der Humann »trotz eines leise aber ständig niederrieselnden Regens« die Vermessungen durchführte. Den Expeditionsteilnehmern wurde als Quartier das Schulzimmer von Eski Kâhta zugewiesen. Doch verhinderten zahlreiche Besucher und viele hilfesuchende Kranke den geplanten frühen Aufbruch; denn natürlich hatte sich schnell herumgesprochen, daß auch ein Arzt die Expedition begleite. Wie Humann berichtet, schrieb man den 7. Juni, acht Uhr, als man endlich die Pferde besteigen konnte. Zügig ritt man in aufgelöster Marschgruppe dem ersten Rastplatz Horik entgegen, und besonders die Neulinge unter ihnen waren begierig, möglichst bald die Bergspitze zu erreichen. Es gab nur eine kurze Pause an der Quelle von Horik; bereits um zwei Uhr nachmittags erreichte die Reitergruppe die Quelle auf dem Hochplateau, an der die Zelte aufgeschlagen wurden.

Auf dem Nemrud Dağ

Die begeisterte Schilderung Humanns vom Nemrud Dağ und von der Anlage des Hierothesion habe ich bereits bei der Beschreibung des ersten Besuchs von Puchstein wiedergegeben[63]. Unmittelbar nach seiner Ankunft wies Humann jedem einzelnen Teilnehmer der Expedition seine Aufgabe zu, um einen möglichst reibungslosen Ablauf der zu bewältigenden Arbeiten zu gewährleisten. Zwei Arbeiter hatten Gras zu mähen, um die zur Verpackung der Gipsformen erforderliche Menge Heu zu gewinnen. Die Gipsformer Andrea Janini und Jani Laloudis begannen sofort auf der Westterrasse, die Formen für den Abguß der Reliefs vorzubereiten (Taf. 56). Der Tscherkesse Hasan Bey bekam den Auftrag, mit Lastpferden nach Adıyaman zurückzureiten und dort einzukaufen, was man für die Anfertigung von Kisten benötigte. Eine Gruppe von Arbeitern wurde angewiesen, den Platz vor dem Hauptaltar zu reinigen (Farbtaf. I). Humann selbst nahm sogleich die Vermessung in Angriff, von Luschan fotografierte, und Puchstein überprüfte noch einmal die von ihm im vergangenen Jahr bereits abgeschriebenen Inschriften, verglich die orthographischen Verschiedenheiten der Texte auf den beiden Terrassen, setzte die Abschrift der zahlreichen Fragmente der Weihinschriften auf der Rückseite der Ahnenreliefs fort und widmete sich der detaillierten Beschreibung der ganzen Anlage – ein überreiches Arbeitsprogramm!
Man kann sich gut vorstellen, wie aufmunternd es für das ganze Unternehmen

war, als bereits am 9. Juni abends der Sonderkurier Hüseyn mit der ersehnten Post von Gaziantep den Nemrud Dağ heraufgeritten kam. Der Stolz von Humann ist wohl berechtigt, wenn er berichtet, daß am folgenden Morgen, einem Sonntag, der abgehenden Post bereits Abzüge von den wichtigsten fotografischen Aufnahmen mitgegeben werden konnten – eine imponierende Leistung, wenn man bedenkt, daß eine Dunkelkammer unter einem Felsüberhang an der Quelle eingerichtet war und daß ja keine Filme zur Verfügung standen, sondern die Negative noch auf Glasplatten angefertigt wurden.

Mit großen Erfolgen kehrte Hasan Bey am 12. Juni von Adıyaman zurück. Er hatte neben dem Material für die Kisten auch noch einen tüchtigen Zimmermann als Hilfe mitgebracht; zuvor hatte er bereits die in Gaziantep für Adıyaman bestellten elf Zentner Gips, die tatsächlich schon dort lagerten, fürsorglich nach Eski Kâhta weitertransportieren lassen und überdies noch veranlaßt, daß der Gips nach und nach gebrannt und sofort auf den Nemrud Dağ heraufgeschickt werden sollte.

Das Wetter begünstigte zunächst einen zügigen Fortgang der Arbeiten, wenn es auch sehr heiß war. So zeigte z.B. das Thermometer am 12. Juni morgens um 5 Uhr schon eine Temperatur von 28° C an. Tags darauf gab es jedoch einen Temperatursturz. Schwere Gewitter zogen langsam von den Tälern hinauf auf die Höhen und kamen hier zu solchen Entladungen, daß die Arbeiter fluchtartig die Höhe verließen, zumal das Thermometer nur noch 4° C in der Nacht anzeigte. Danach stellte sich ein tobender Nordsturm ein, »so daß die Zelte sich zu Kugeln aufblähten, Stricke rissen, Pfosten brachen und zum Schlafen keine Ruhe blieb«[64].

Als wir im Jahre 1954 auf dem Nemrud Dağ die Arbeiten fortsetzten, erlebten wir im August ein ähnliches Toben der Elemente. Das Thermometer fiel sogar unter Null; als die sich wie um eine Windrose drehenden und von allen Seiten auf unser kleines Zeltlager einstürmenden Winde immer heftiger wurden, erwartete ich jeden Augenblick, daß ich mitsamt meinem Zelt durch die Lüfte gewirbelt würde. Alles kam darauf an, ob die Zeltgestänge einem solchen Toben der Elemente standzuhalten vermochten. Plötzlich gab es Geräusche am Zelteingang. Die Maultiertreiber baten um die Erlaubnis, mit ihren Tieren in die geschützten Täler hinabsteigen zu dürfen. Bisher hatten sie die von der Kälte bedrohten Maultiere mit ihren Leibern zu schützen versucht. Jetzt verließ sie die Hoffnung, sich gegen den aufkommenden Frost wehren zu können, und bald hörte ich in einer plötzlich einsetzenden Windstille das Klappern der talwärts reitenden Tiere.

Mit einem Male schwang sich durch die dunkle Weite ein hohes Tremolo. Ich glaubte, meinen Ohren nicht zu trauen. Aber der weithin hallende Ton hielt an; er kam aus der Richtung einer anstehenden Felspartie, wo unsere Arbeiter unter einem Felsüberhang ihr Nachtquartier aufgeschlagen hatten. Hasan, der berühmte Vorsänger, bei uns als Wasserträger eingestellt, sang in der kalten, stürmischen Nacht die Heldenlieder, die sich seit Generationen in seiner Familie vom Vater auf den Sohn vererbt hatten; er sang das alte Epos des großen Alexander, dessen Ruhmestaten auch in diesen weltabgeschiedenen Tälern noch unvergessen sind. Dann intonierte Hasan seine beliebten Schelmenlieder, von den Arbeitern mit

Händeklatschen begleitet, und er setzte sein Konzert solange fort, bis »die rosenfingrige Eos erwachte«. Inzwischen hatte sich der Sturm gelegt, und unsere Arbeiter erhoben sich vergnügt von ihrem harten Lager; sie schienen geradezu erfrischt zu sein – von Mißmut über die schlaflose Nacht keine Spur!
Da hatte Humann es schwerer; er berichtet, daß sich die von ihm eingestellten Dörfler beim Einbruch der Kälte zum großen Teil abgesetzt hätten und in die Täler hinabgestiegen wären. Auch bei den Expeditionsteilnehmern machten sich Ermüdungserscheinungen bemerkbar, aber mit Aufbietung aller Kraft wurde das festgelegte Programm bis zum Ende durchgeführt. Die Zahl der abgegossenen Reliefs nahm ständig zu; Kisten wurden gezimmert und einzelne Gipse bereits verpackt. Schließlich standen 28 Kisten zur Mitnahme bereit, und man legte den Abmarsch für Sonntag, den 24. Juni fest.
Die jetzt noch zusätzlich benötigten Tragtiere trafen pünktlich ein; so konnte die ansehnliche Karawane am Abend unweit des Karakuş an einer kühlen Quelle ihr nächstes Lager aufschlagen. In aller Frühe ging es am folgenden Tage weiter, und Humann erlebte – wie er vermerkt – »eine geradezu unangenehme Überraschung«[65], als man eben dabei war, einen kleinen Bachlauf zu überqueren. Denn sein geübtes Auge erspähte an einer Wand des Wasserlaufes anstehenden Gips: das Material, dessen Beschaffung so viele Mühen und Schwierigkeiten bereitet hatte und das von weither antransportiert werden mußte! Humann stellte fest, daß der Gips überdies von guter Qualität war – aber nun kam seine Entdeckung ja zu spät!

Untersuchungen in Perre (Pirun)

Weil sich natürlich die Karawane mit den Lasttieren nur langsam fortbewegte, ritten Puchstein und Luschan voraus, um in Perre noch einige Untersuchungen durchzuführen und zu fotografieren. Da Puchstein in der Publikation über Perre nur kurze allgemeine Hinweise gegeben hat, möchte ich hier schon einige Bemerkungen zu den Forschungsarbeiten vorausschicken, die Naumann und ich bei Beginn unserer Expedition nach Kommagene im Jahre 1938 dort ausgeführt haben. Das klare und kühle Wasser ist heute zur Attraktion für das kleine Dorf geworden, und wir haben erlebt, daß Scharen von Besuchern aus Adıyaman und

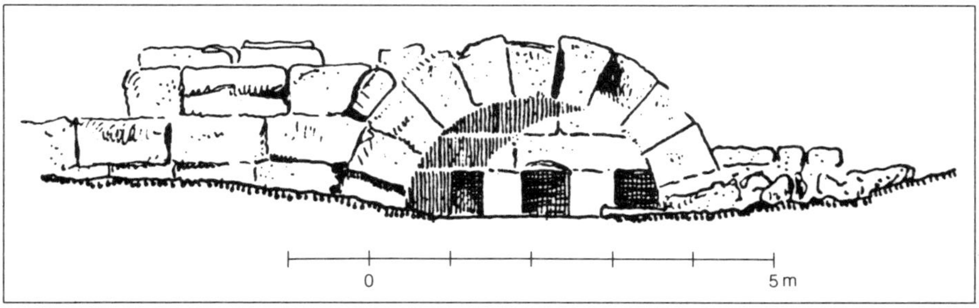

19. Gewölbe über den Wasserkanälen von Perre (Pirun). Zeichnung von Rudolf Naumann.

der näheren Umgebung hierher fahren, um sich zu einem fröhlichen Fest rings um die Quelle zu lagern. Zwei noch aus antiker Zeit stammende Kanäle münden in ein Gewölbe aus großen Quadern; dort schöpfen Kinder und junge Frauen den ganzen Tag über das Wasser für ihre Haushalte, während andere wiederum gleichzeitig ihre Wäsche waschen. Deutlich erkennt man über dem Kanal die Reste eines aus großen Platten gepflasterten Weges, der sich unter den Häusern des heutigen Dorfes verliert.

Die Gebäude der jetzigen Siedlung gruppieren sich um das Gewölbe herum, und man kann die Bedeutung der einstigen Bischofsstadt nur erahnen, in der einst die Karawanen einen willkommenen Rastplatz fanden, wenn sie nach Überquerung des Taurosgebirges noch einen Halt einlegten, bevor sie nach Samosata am Euphrat weiterzogen. Im Dorf selbst konnten wir nur wenige Spolien aus antiker Zeit feststellen. Daß jedoch in den Gebäuden und unter dem jetzigen Bodenniveau noch zahlreiche bemerkenswerte Zeugnisse aus antiker Zeit erhalten geblieben sind, bewies uns ein Fund, auf den man kurz vor unserer Ankunft gestoßen war. Es handelte sich um einen Mosaikfußboden, von dem noch größere Teile eines Feldes mit der Darstellung einer Henkelamphora sowie eine Reihe von Feldern mit verschiedenen Schlingbandmotiven erhalten geblieben waren[66].

In den seither vergangenen Jahren sind weitere Teile dieses Mosaikfußbodens

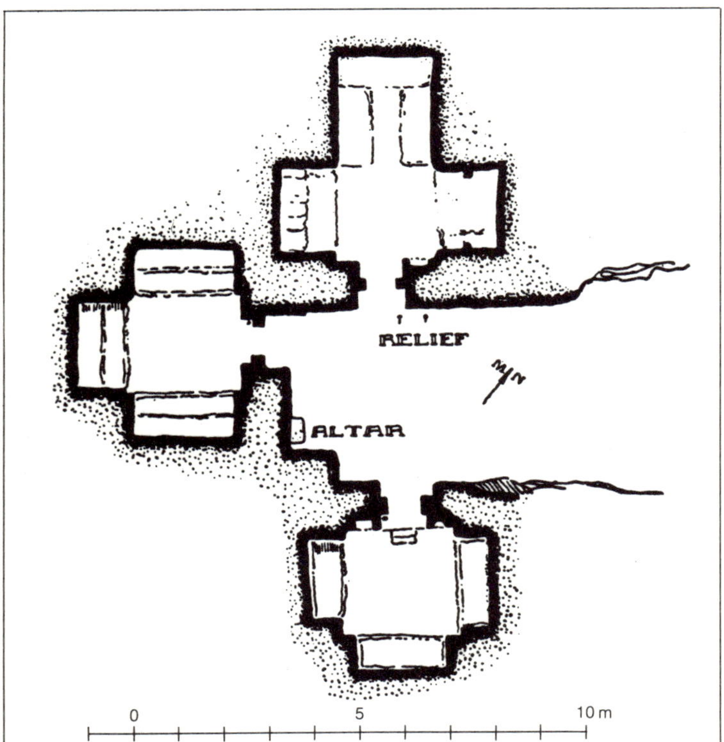

20. Nekropole von Perre. Grundriß eines Grabbezirks, gezeichnet von Rudolf Naumann.

von den Einwohnern freigelegt worden, die von Hasan Candemir und Jörg Wagner im Jahre 1975 untersucht worden sind. Sie konnten nachweisen, daß es sich bei dem Bauwerk um eine dreischiffige Basilika mit einem etwa 10 m breiten Mittelschiff und je 3 m breiten Seitenschiffen handelt. Die Motive der Mosaiken weisen darauf hin, daß der Fußboden in das 5. Jahrhundert n. Chr. zu datieren ist[67].

Mehr als diese heute noch im Dorfe Pirun selbst sichtbaren Überreste zeugt die große Nekropole auf dem Ost- und Nordostabhang eines der Ortschaft vorgelagerten Felsrückens von der ehemaligen Bedeutung der Stadt Perre. Vielerorts im kommagenischen Raum sind uns mittlerweile Reste von kleineren und größeren Felsnekropolen bekanntgeworden; die Anlage von Perre-Pirun aber ist ein besonders anschauliches Beispiel für die Mannigfaltigkeit der gewählten Bestattungsformen.

»Freistehende Sarkophage wechseln mit einfachen Grabnischen, über denen meist ein Rundbogen ausgehauen ist. Oft hat man in den Boden der Nische das Grab eingearbeitet, zuweilen war auch ein heute fast stets fehlender Sarkophag in die Nische hineingestellt. Nicht selten sind im ansteigenden Fels die Nischen in langer Flucht hintereinander angeordnet. Einfache in den Felsen gehauene Treppen ermöglichten einen bequemen Zugang zu den einzelnen Gräbergruppen.

21. Nekropole von Perre. Ansicht des Grabbezirks Abbildung 16, gezeichnet von Rudolf Naumann.

In dem beigegebenen Grundriß (Abb. 20) ist ein solcher in sich abgeschlossener Gräberbezirk wiedergegeben. Durch einen etwa 3 m breiten Felsgang, der ursprünglich vielleicht auch verschließbar gewesen sein mag, gelangt man zu der aus drei Grabkammern bestehenden Anlage; die Grabkammern waren durch Türen verschlossen; in den Kammern, deren Höhe etwa durchschnittlich 2 m beträgt, sind die Totenbetten aus dem Felsen herausgearbeitet. Eine weitere Ausgestaltung scheinen die Grabkammern nicht erfahren zu haben.
Auf dem Vorplatz sind in dem Felsen neben der dem Eingang gegenüberliegenden Kammer drei kleinere Altäre in verschiedener Höhe und Größe gebildet (vgl. Abb. 20), wie wir sie auch neben einzelnen Grabnischen bemerkten. Neben der Nordkammer sieht man in einer aus dem Felsen gearbeiteten Nische das Relief einer ziemlich roh ausgeführten Darstellung einer sitzenden Frauenfigur, bei der infolge mutwilliger Zerstörung vom Kopf nur noch die allgemeinen Umrisse erkennbar sind (Abb. 21). Die Arme liegen leicht gewinkelt und leblos auf den Knien und dürftige Faltenwürfe zeigen, daß die Darstellung eines hochgegürteten Gewandes beabsichtigt war. Die beigegebene Skizze (Abb. 21) sucht die Örtlichkeit zu veranschaulichen, von der wir keine Fotografie aufnehmen konnten. Die lange Reihe der in die Felswand unter dem Relief eingeschlagenen Löcher stammt offenbar von Hirten, die für das Vieh ein Schutzdach anbringen wollten. Bis auf den Reliefgrund ist eine weitere bildliche Darstellung zerstört, die gerade noch die Figuren eines Mannes und einer Frau erkennen läßt. Beide Personen waren stehend etwa in Lebensgröße dargestellt. Zwei kleine Bogen, die den Reliefgrund nach oben abschließen und anscheinend auf Pfeilern ruhten, sind ebenfalls sehr beschädigt worden[68]. Soweit unsere Beobachtungen.

Rückkehr nach Alexandrette (Iskenderun)

In Adıyaman trafen alle Teile der Humann-Expedition zusammen, freundlich begrüßt von den Vertretern der türkischen Regierung. Auf dem Rasen vor der Stadt wurde ein Zeltlager aufgeschlagen; dort konnte man die zahlreichen Besucher empfangen, denen man natürlich anschließend einen Gegenbesuch schuldig war. So verzögerte sich der Aufbruch am nächsten Morgen, und man konnte erst gegen Mittag losreiten. Bei der Frage, auf welcher Route man nach Iskenderun zurückkehren solle, ob über Besni oder über Maraş am Fuß des Tauros entlang, um anschließend die Ausläufer des Gebirges zu überqueren, entschied sich Humann für die zweite Alternative. Es handelt sich im großen und ganzen um genau jene Strecke, auf der in den vergangenen Jahren der asphaltierte Straßenzug von Adıyaman nach Gölbaşı angelegt worden ist. Bei Gölbaşı erreicht man heute die Europastraße E 391, die nach Norden über Malatya zum Schwarzen Meer führt und nach Süden ihren Anschluß zu den Küsten des Mittelmeeres findet.
In den zurückliegenden vierzig Jahren konnte ich gut mitverfolgen, wie sich allmählich das türkische Straßennetz entwickelte. Wofür man heute nur eine Stunde und oft noch weniger braucht, waren nicht nur zur Zeit der Expedition

von Humann anstrengende Tagesmärsche nötig, sondern dies war auch noch der Fall, als ich mit meinen Mitarbeitern die Forschungen in Kommagene fortsetzte, wovon im Verlauf dieser Darstellung noch zu berichten sein wird.
Humann fand freundliche Aufnahme in Marasch (Maraş), das man am 30. Juni erreichte und wo der Expedition von den türkischen Regierungsvertretern ein Haus mit Stallungen zur Verfügung gestellt wurde. Hier erholte man sich von den Strapazen, und zur Freude aller Teilnehmer kehrte der Koch vom Gemüsemarkt mit lange entbehrten Genüssen zurück, mit denen er die Tafel bereicherte. Die Rasttage in Maraş wurden ausgenützt, um noch Abgüsse und Fotografien von einigen Denkmälern mit spätheth itischen Hieroglyphen in der Stadt anzufertigen[69]. Mit frischen Kräften nahm man schließlich am 6. Juli von Maraş Abschied, um das Amanosgebirge zu überqueren, was denn auch ohne jede weitere Schwierigkeit gelang. Befreit konnte Humann aufatmen, und man spürt etwas von dem großen Glücksgefühl, wenn man in seinen Aufzeichnungen liest: »Am Sonntag, dem 8. Juli, zogen wir nun wieder auf bekannten Pfaden. Welch wohltuendes Gefühl für mich, zum ersten Mal reiten zu können, ohne Bussole und Notizbuch in der Hand zu halten, ohne den ganzen Tag die Minuten zu zählen, jede Wendung und Biegung, jedes Tal und jeden Hügel visieren und notieren zu müssen«[70]. Als man glücklich am 9. Juli in Alexandrette (Iskenderun) einzog, da konnten die Expeditionsteilnehmer wohlgemut von ihren Tieren steigen. In 27 Reisetagen hatten sie – nach Humanns Messungen – 746 km zurückgelegt, hatten ihre Untersuchungen auf dem Nemrud Dağ planmäßig und in erstaunlich kurzer Zeit ausgeführt, und so hofften sie jetzt alle auf eine baldige Rückfahrt.
Aber da stellte sich ein letztes Hindernis ein, über das ich Humann noch einmal selbst berichten lassen möchte: »Von Alexandrette sollte jeden Freitag ein Dampfer nach Smyrna fahren, abwechselnd ein französischer und ein russischer. Da aber in Ägypten und Palaestina die Cholera ausgebrochen war, hatten die Dampfer ihren Fahrplan geändert, und zwar derart, daß gerade in der Woche unserer Ankunft überhaupt kein Dampfer kam und wir somit gezwungen waren, zehn Tage in Alexandrette, diesem verrufensten Fiebterneste, zu warten. Wir deponierten alles, was wir nicht zum Leben brauchten, in den Magazinen des deutschen Vizekonsulats und zogen mit den Zelten, Feldbetten und Kochgeschirr ins Gebirge. Etwa 300 m hoch fanden wir an einem klaren Bache ein ebenes Stückchen Terrain und ließen uns da häuslich nieder. Alexandrette, von einem strahlenden Kranze der schönsten Sümpfe umgeben, lag wie zu unsern Füßen, und morgens und abends konnten wir sehen, wie ein dichter Schleier sich langsam hob und dann sich senkend die Ebene einhüllte. Des Tages ritten wir manchmal zu kleinen Besorgungen hinunter. Dies idyllische Leben dauerte bis Freitag den 20. Juli, wo ein russischer Dampfer erschien. Nachdem ich erst die 32 Kisten mit der verschiedenen Ausbeute an Formen und Originalbruchstücken als Frachtgut für Triest, dann unsere Koffer an Bord gebracht hatte, wobei ich von den Lokalbehörden und dem Chef der Douane die zuvorkommendste Behandlung erfuhr, lichtete man nachmittags den Anker. Wir selbst kamen nach ruhiger Fahrt am Dienstag, dem 24. Juli wieder in Smyrna an, von wo die einzelnen Teilnehmer der Expedi-

tion, die genau 12 Wochen gedauert hatte, sich zerstreuten. Alle Kisten sind unverletzt in Berlin angelangt«[71].
Humann konnte um so glücklicher sein, weil überdies auch die leidige Geldfrage zufriedenstellend gelöst worden war. Noch am 20. Dezember 1882 hatte ihm Alexander Conze nach Smyrna geschrieben: »Unser Pergamonantrag ist in amtlichem Gange, der Kronprinz hat sich seiner wieder kräftig angenommen. Radowitz ist ganz von allen Einzelheiten informiert. Wie wir Mittel für Nemrud Dağ und Saktschegözü beschaffen sollen, wissen bis jetzt nur die Götter, aber ich denke, wir erfahren es auch bald«[72]. Dank Conzes unentwegter Bemühungen konnte in der Tat die Finanzierung sichergestellt werden und Humann ihm am Ende der Expedition in einem Brief aus Marasch sogar mitteilen: »Ich habe noch heidenmäßig viel Geld«[73] – sicherlich nicht zuletzt auch ein Verdienst der sorgsamen Kassenführung von Humann!
Für Humann und Puchstein hieß es nach ihrer Rückkehr, die wissenschaftlichen Ergebnisse auszuwerten, die man bei der Expedition nach Kommagene erzielt hatte. Puchstein fiel dabei die größere Arbeitslast zu. Eine Reihe von Problemen ließ sich relativ schnell klären, andere hingegen erforderten viel Geduld und Nachforschungen aller Art. Interessant ist ein Brief von Alexander Conze an Humann vom 25. Februar 1885; aus dem Zusammenhang geht hervor, daß Humann eine ›Reinschrift‹ seines Manuskriptes bereits angekündigt hatte, und nun ermahnt ihn Conze sehr eindringlich, den Bericht »selbst den pergamenischen Arbeiten voranzusetzen«. Conzes Schreiben schließt mit dem Hinweis: »Wir dürfen mit dieser Sache nicht hängenbleiben«[74].
Die stattliche Publikation erschien in Berlin im Jahre 1890 unter dem schlichten Titel: ›Reisen in Kleinasien und Nordsyrien – ausgeführt im Auftrage der Kgl. Preußischen Akademie der Wissenschaften, beschrieben von Karl Humann und Otto Puchstein‹. Der Textband enthielt den Bericht Humanns über die Expedition von 1882 nach Ankara und Boğazköy, ebenso den über Puchsteins erste Reise zum Nemrud Dağ im gleichen Jahre und schließlich den über ihre gemeinsame Expedition von 1883. Dazu waren in einem gesonderten Atlas in Großformat auf 53 Tafeln die im Lichtdruckverfahren hergestellten ausgezeichneten Fotografien beigegeben sowie die von Heinrich Kiepert ausgewerteten Routenaufnahmen der beiden Verfasser.
Besondere Erwähnung verdient noch die Widmung dieses Werkes, die von der Gesamtheit der Königlichen Akademie der Wissenschaften ausging und in der es heißt: »Ihrem Ehrenmitgliede Grafen Helmuth von Moltke, dem Forschungsreisenden in Kommagene im Jahre 1839, dem Förderer der Nemrud-Dagh-Expedition im Jahre 1883«. Der greise Feldmarschall, geboren 1800, verbrachte seinen Lebensabend in Berlin; er hat diese große Ehre, die ihm mit der Widmung der Publikation zuteil wurde, noch erlebt und sicherlich auch zu würdigen gewußt.

Teil II: Forschungen in Kommagene zwischen 1888 und 1938

Vorbereitungen für die Ausgrabungen in Sendschirli (Zincirli)

3

Nach der so erfolgreich verlaufenen Expedition von Humann und Puchstein hätte eigentlich die Erforschung von Kommagene eine zügige Fortsetzung finden müssen. Hatte doch Hamdi Bey großzügig seine Rechte an einer weiteren Untersuchung von Sendschirli (Zincirli) an Humann, mit dem er freundschaftlich verbunden war, abgetreten.

Natürlich wurde Humann, kaum zu Hause in Smyrna angelangt, zunächst wieder von Pergamon in Anspruch genommen. Dann kam im Oktober 1883 Alexander Conze zu einem längeren Besuch mit der Absicht, einen Abstecher auf die der Küste Kleinasiens vorgelagerte Insel Lesbos zu unternehmen, um Humann ›ganz im Stillen an Ort und Stelle von dem zu informieren, was dort ins Auge zu fassen ist‹[1]. Conze hatte bereits im Jahre 1865 seine Beobachtungen unter dem Titel ›Reise auf der Insel Lesbos‹ veröffentlicht, und es lag ihm am Herzen, hier exakte archäologische Untersuchungen in die Wege zu leiten. Um das besondere Interesse für dieses romantische Eiland zu verstehen, muß man sich vergegenwärtigen, daß seit kurzer Zeit Troja-Ilion durch die großartigen Ausgrabungen von Heinrich Schliemann greifbare Wirklichkeit geworden war. In Homers Ilias aber spielt die zum Reich des Priamos gehörende Insel Lesbos eine große Rolle. Sie wurde von Achilles erobert, und es ergaben sich eine Reihe von Problemen für die Ilias-Topographie.

Für die Verwirklichung seines Projekts hatte Conze natürlich zunächst an Humann gedacht. Aber dieser war mit Aufgaben aller Art überlastet. Da traf es sich günstig, daß ein junger deutscher Architekt sich ebenfalls sehr für die Forschungsarbeit auf Lesbos interessierte; es war Robert Koldewey, der später als Ausgräber von Babylon Weltruhm erlangte[2].

Lesbos, Assos und das Kleinasienprojekt von Robert Koldewey

4

Koldewey kannte Lesbos von gelegentlichen Ausflügen, die er von Assos aus unternommen hatte, wo er auf Einladung der jungen Amerikaner Francis Henry Bacon und Joseph Thacher Clarke bei den dortigen Ausgrabungen mitarbeitete. Clarke schwebte eine umfassende Darstellung der dorischen Architektur vor, und Bacon sollte dazu die topographischen Arbeiten sowie die notwendigen Skizzen und Zeichnungen anfertigen. Die Finanzierung glaubten sie mit den von jedem ersparten 500 Dollar durchführen zu können. Das erwies sich aber bald als völlig verfehlt. Da kamen sie zu dem ebenso kühnen wie wagemutigen Entschluß, über den Bacon selbst folgendes berichtet: »Auf der Überfahrt nach England überschlugen wir die Kosten von alle dem, was wir vorhatten, und fanden, daß wir nicht genug Geld hätten, um es auf dem gewöhnlichen Wege auszuführen. Wir beschlossen deshalb, in England ein Boot zu kaufen, auf dem wir hausen konnten, und mit ihm über den Kanal zu segeln, den Rhein hinauf, die Donau hinunter ins Schwarze Meer, dann über Konstantinopel und die Dardanellen in den Archipel und dort kreuzend die alten griechischen Stätten zu besuchen. All dies führten wir aus!«[3]. – Bacon und Clarke gingen mit jugendlichem Elan an die Ausführung ihrer Pläne. Bei einem Besuch in Assos waren sie von dieser in der Troas auf einem Plateau über dem Meere liegenden Stadt so begeistert, daß sie beschlossen, hier eine Ausgrabung zu wagen. Freunde aus dem Kreis der Bostoner Architekten-Gesellschaft, der Studienstadt von Bacon, stifteten die benötigten Gelder.

Die Wahl von Assos als Objekt einer Ausgrabung war sehr glücklich gewählt, die Stätte gut überschaubar, da man es mit einem in sich geschlossenen Stadtbild zu tun hatte. Trotzdem waren die beiden Ausgräber mit den im Jahre 1881 erzielten Ergebnissen nicht recht zufrieden. Das änderte sich, als Bacon dann Robert Koldewey verpflichtete. In einem großartigen Prachtband wurden von ihnen gemeinsam die Ergebnisse dieser Ausgrabung veröffentlicht; Koldeweys exakte Aufnahmepläne bildeten dabei eine solide Grundlage für die künstlerischen Zeichnungen, die Bacon für die Rekonstruktion der antiken Gebäude erstellte[4].

Die Forschungsarbeit in Assos hatte den jungen Koldewey, im Jahre 1883 erst 28 Jahre alt, so begeistert, daß er der Zentraldirektion des Deutschen Archäologischen Instituts im Jahre 1884 ein weitgespanntes Projekt für die Erforschung von Kleinasien und die den Küstenraum begleitenden Inseln unterbreitete. Natürlich wurde Humann um seinen Rat gefragt. Welche großartigen Möglichkeiten boten

→ 1. Ein Steilhang neben einer kühlen Quelle wurde terrassiert und ein luftiges Zeltlager für die Ausgräber mit Blick in das Tal des Nymphenflusses errichtet.

↓ 2. Blick aus dem Flußtal des Chabinas auf die kühne Bogenkonstruktion der Brücke; über sie führt seit 1800 Jahren die bunt belebte Nord-Süd-Route des Landes.

↓ 3. Wie die auf der Brücke angebrachten Inschriften berichten, wurde dieses strategisch wichtige Bauwerk von der XVI. in Samosata stationierten römischen Legion 198/200 n. Chr. errichtet.

←4. Stele (Höhe 3,22 m) mit dem Bildnis des Asarhaddon, des »großen und mächtigen Königs von Assyrien« (Zeile 15 der Keilinschrift auf dem königlichen Gewand).

→ 7. Breitseite eines Eckorthostaten mit dem Kriegsgott; für die Schmalseite vgl. Taf. 9.

→→ 8. Bildnis eines Gazellenträgers auf einem wiederhergestellten Orthostaten.

↓ 5. Ein Sphingenpaar aus Basalt diente als eindrucksvolles Postament für eine Säule.

→ 6. Statue des Wettergottes Hadad (Höhe 2,85 m), nach der altaramäischen Inschrift von König Panamu geweiht.

→ 9. Orthostat des Wettergottes mit dreistrahligem Blitzbündel und Hammer (links); die Göttin mit Spiegel (rechts) ist auf der Schmalseite eines Eckorthostaten (vgl. Taf. 7) dargestellt.

↓ 10. Kunstvolle Orthostaten mit Spuren von scharlachroter Bemalung aus Hilani IV in Sam'al zeigen Musikanten mit Saiteninstrumenten und kleinen Becken auf ihrem Zug zum König.

← 12. Darstellungen auf den beiden Schmalseiten der Stele mit König Asarhaddon (Taf. 4), vielleicht einheimische, mit Assyrien verbündete Fürsten.

→ 13. Relief mit der Darstellung einer Löwenjagd aus einer Palastanlage in der Ebene von Sakçagözü, eine besonders eindrucksvolle Repräsentation der königlichen Macht.

→ 11. Nach der aramäischen Inschrift ist auf diesem Orthostaten König Barrakab, Sohn des Panamu, dargestellt; vor ihm steht sein Sekretär mit den Schreibutensilien.

↓ 16. Orthostat in Karkamiş mit schreitender Chimäre – ein geflügeltes Mischwesen mit Löwenkörper, dessen Schwanz in einem Vogelkopf endet. Auf den Schultern des Löwen sitzt noch ein bartloser menschlicher Kopf mit Göttermütze.

← ↑ 14. und 15. Zwei Orthostaten aus Basalt in Karkamiş, Teil eines Zuges von hohen Würdenträgern (oder Offizieren ?) auf dem Wege zu einer Audienz bei dem König, der auf einer der nächsten Reliefplatten dargestellt war.

↑ 17. Die Burganlage von Arsameia am Euphrat (heute Gerger) erhebt sich auf einem massiven Felsklotz am Steilufer des Flusses.

← 18. Die Oberburg von Gerger wurde im Mittelalter umgebaut. Ursprünglich stand hier das Heiligtum einer Muttergottheit, und einige Könige von Kommagene erwählten es als ihre Ruhestätte.

→ 19. Auf der Oberburg von Gerger befindet sich das weithin sichtbare Relief des kommagenischen Königs Samos in einer 4 m hohen, aus dem anstehenden Felsen herausgearbeiteten Nische.

→ 20. Einer der großen, bei den Ausgrabungen freigelegten Räume mit Kreuzgradgewölbe auf der Yeni Kale. Durch das rechte Tor betritt man eine Treppe hinauf zum Zwinger.

↓ 21. Die Burganlage von Arsameia am Nymphenfluß, einstmals Residenz der Könige von Kommagene und später der mamlukischen Gouverneure, heute Yeni Kale in Eski Kâhta.

← 22. Arabische Bauinschriften zu Ehren des mamlukischen Sultan Malik al-Aschraf Khalil aus dem Jahre 692 (= 1293 n. Chr.) über dem Torbogen von Turm 4 der Yeni Kale.

←23. Ein steiler, getreppter und teilweise überdeckter Gang führt von der Yeni Kale zu dem während der Mamlukenherrschaft erbauten Taubenschloß und dem Nymphenfluß.

→ 24. Im Schutz überhängender Felsen wurde das Taubenschloß errichtet; ähnliche Brieftaubenstationen ermöglichten eine schnelle Postverbindung.

sich hier für die künftige Erforschung Kleinasiens! Welch ein erfolgreiches Gespann hätten der erfahrene Humann und der arbeitsfreudige Koldewey für die vielen Aufgaben bilden können, die Kleinasien als ›Neuland der Kulturgeschichte‹ zu bieten hatte! Aber bei Humann fand das von Koldewey vorgelegte Programm nicht nur keine Gegenliebe, sondern stieß auf völlige Ablehnung!
Das bekümmerte Alexander Conze sehr, der sich auch in dieser Situation wieder als guter Menschenkenner zeigte. Er schrieb zwar an Humann: »Zwei Leute wie Sie Beide sollten sich, meine ich, gern haben müssen«[5], aber er kam dann zu dem Entschluß, Koldewey die Arbeit auf Lesbos zu übertragen. Um alle Komplikationen zu vermeiden, wurde dieses Unternehmen der Abteilung Athen des Archäologischen Instituts unterstellt, während Humann weiterhin als fachlicher Berater mitwirken sollte[6]. So war Koldewey für die Forschungsarbeit in Kleinasien verloren; er ist zwar nach der Erkrankung von Humann noch einmal für ihn in Sendschirli (Zincirli) eingesprungen (vgl. S. 101), aber diese Arbeit blieb nur eine Etappe auf seinem Weg zum weltberühmten Ausgräber von Babylon.

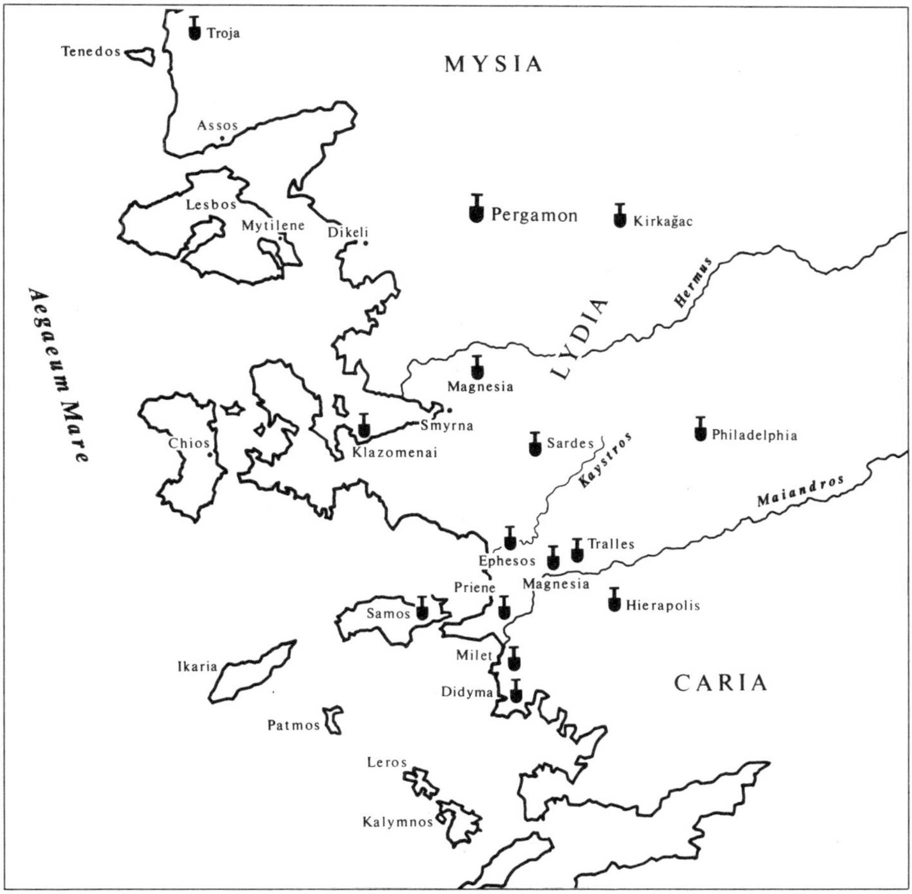

22. Westküste Kleinasiens mit den Arbeitsplätzen von Humann.

Planung für das Unternehmen Sendschirli (Zincirli)

5

Bei der Ausarbeitung des Manuskriptes über Kommagene ließ Humann trotz seiner Inanspruchnahme durch Pergamon die Frage nach einer Fortführung der Forschungen in Kommagene nicht los, vor allem als im Jahre 1886 die Feldarbeiten zu einem vorläufigen Abschluß gelangten. Seit Beginn der Ausgrabungen im Jahre 1878 »war im Anschluß an die Entdeckung des Pergamonaltars die Akropolis im wesentlichen freigelegt worden: die kostbare Altarterrasse, darüber die gefüllte Terrasse der Athena Polias mit dem bisher ältesten Tempel der Stadt, das Gebiet der berühmten Bibliothek, das gewaltige Traianeum, die Gruppe der östlich der Straße gelegenen zierlichen Paläste und massigen Kasernen, am Westabhang die kühne Theaterterrasse mit dem eigenwilligen Bühnengebäude und dem eleganten ionischen Tempel«[7].
Humann, inzwischen dank der Fürsorge von Alexander Conze zum ›Auswärtigen Direktor der Berliner Museen‹ ernannt, konnte jetzt gezielt an die Verwirklichung des Projektes Sendschirli (Zincirli) gehen, das für mehrere Grabungskampagnen geplant werden sollte.
Das schwierigste Problem war die Finanzierung, die nach Möglichkeit ohne langwierigen Instanzenweg gesichert werden sollte. Das war nämlich immer der Fall, wenn man Forschungsprojekte – wie etwa Pergamon – im Rahmen des Archäologischen Instituts oder der Königlichen Museen durchführte. Denn diese Institutionen waren an einen festen Etat gebunden, der alljährlich neu beantragt und bewilligt werden mußte.
Nach behutsamen, jedoch mit Geschick und Enthusiasmus durchgeführten Vorverhandlungen konstitutierte sich am 10. Juni 1887 ein ›Comité behufs Erforschung der Trümmerstätten des alten Orients‹, dem neben den in Berlin wirkenden Professoren Curtius, Dillmann, Erman, von Kaufmann, Sachau und Schrader noch der Geheime Regierungsrat Dr. Reiss und Dr. Jagor angehörten. Nachdem man sich über die Grundzüge der künftigen Arbeit geeinigt hatte, wurde für die praktische Durchführung ein ›Executivausschuß‹ aus den Herren von Kaufmann, Reiss und Sachau gebildet, für den man in Dr. von Bleichröder einen tatkräftigen Schatzmeister zu gewinnen wußte.
Die Aufgabe war ebenso eindeutig wie schwierig. Es galt, »weitere Fachmänner und opferfreudige Laien für die vorschwebende Idee zu interessieren und besonders durch Beschaffung eines Betriebsfonds die Ausführung von Ausgrabungsarbeiten zu ermöglichen«[8]. Den Bemühungen dieser Männer war über Erwarten

schnell Erfolg beschieden. »Zahlreiche Freunde und Gönner hatten ihre Mitwirkung und Unterstützung zugesagt und waren bereit, dem Comité als Mitglieder und Stifter unter Zeichnung namhafter Beträge beizutreten. Demzufolge wurde in einer Versammlung vom 26. Februar 1888 nicht nur die definitive Bildung des ›Orient-Comités‹ beschlossen und die Statuten desselben festgesetzt, sondern es konnte auch bereits der von Herrn Dr. von Luschan ausgearbeitete Plan für die erste seitens des Comités zu entsendende Expedition zur Genehmigung vorgelegt werden«[9].

So war also das schwierigste Problem glücklich gelöst worden. Für die Zukunft des »auf unbestimmte Zeit« gegründeten Orient-Comités und die Stiftung der benötigten Geldmittel war es natürlich von großem Wert, daß Kaiser Friedrich in den wenigen Tagen seiner Regierung noch Zeit gefunden hat, in einem Handschreiben die neue Vereinigung wissen zu lassen, daß »Allerhöchstderselbe mit großem Interesse davon Kenntnis zu nehmen geruht habe, daß das Orient-Comité eine Expedition nach Nordsyrien beschlossen habe«, ebenso wie sein Sohn und Nachfolger, Kaiser Wilhelm II., ein »allergnädigster Förderer der Pläne des Orient-Comités geworden ist«, wie der Vorsitzende Conze in der ersten vom Orient-Comité veröffentlichten Publikation mitteilte[10].

Nach entsprechender Absprache mit Hamdi Bey, dem Entdecker der Ruinenstätte Sendschirli (Zincirli), wurde auch bei der türkischen Regierung der offizielle Antrag für die Durchführung einer Ausgrabung im Frühjahr 1888 gestellt.

Trotz aller Vorbereitungen fand Humann noch die Zeit, im Sommer 1887 bei der gründlichen Bestandsaufnahme von Hierapolis zu helfen. Hier sollten durch den deutschen Gelehrten Conrad Zichorius mit den Stipendiaten des Archäologischen Instituts Walter Judeich und Franz Winter alle noch vorhandenen Bauwerke, Inschriften und Denkmäler bearbeitet werden. Als Humann in Berlin um die notwendige Genehmigung zur Mitarbeit nachsuchte, wurde diese natürlich gewährt; aber gleichzeitig kam von Conze in einem Brief vom 6. Juli 1887 die Ermahnung: »Ich freue mich, daß Sie mit der Exkursion nach Hierapolis einen Schritt in die alte Gegend Ihrer Wahl tun. Nachher lassen Sie aber bitte Pergamon in sein älteres Recht treten, erst den Pergamonbericht ausarbeiten, möglichst kurz und ohne Pläne, aber bitte bis 10. August«[11].

So konnte Humann tatkräftig in Hierapolis mitwirken[12], dem seit antiker Zeit beliebten Heilbad im Herzen von Anatolien, wo schon die römischen Kaiser Erholung und Heilung suchten. Heute ist der Ort unter dem Namen Pamukkale bekannt und begeistert alljährlich viele Besucher aus aller Welt mit seinen heißen Thermalquellen, die im Laufe der Jahrtausende die in der Landschaft weithin sichtbaren Sinterterrassen gebildet haben.

Das Unternehmen Sendschirli (Zincirli) im Jahre 1888

6

Mit aller Sorgfalt bereitete Humann das neue Kommagene-Unternehmen vor. An alles war gedacht, um an Ort und Stelle keinerlei Zeit zu verlieren. Humann berichtet: »Zur Reise wurde für Zelte, Feldbetten, Küchen-Ausrüstung, photographische Utensilien und vor allem Werkzeug Sorge getragen, wurden Aufseher, Steinmetzen, Zimmermann, Schmied und Koch engagiert, durchweg zuverlässige Leute.

Bei den zur Verfügung stehenden Mitteln konnte ich auf eine drei- bis viermonatige Kampagne mit durchschnittlich hundert Arbeitern rechnen. Ich nahm an Werkzeug mit: 20 Spitzhacken, 12 Platthacken (dazu 100 Reserve-Stiele), 55 Schaufeln, 12 Schiebkarren, 57 Tragkörbe, 2 Winden, 2 eiserne Hebebäume, 2 schwere Hämmer, 3 Taue, 1 Flaschenzug, 1 schweren Wagen mit eiserner Achse, 1 Feldschmiede, ferner Handwerkszeug für Schmied, Zimmermann und Steinmetzen, Nägel, Stricke usw. Ich hatte also für 170 und mehr Leute Werkzeug und konnte außerdem Verschlissenes leicht ersetzen«[13].

Am 31. März stieg die ganze Mannschaft in Izmir an Bord zur Fahrt nach Iskenderun, von wo es am 5. April auf jetzt schon bekannten Wegen nach Sendschirli weiterging. Man langte dort am 8. April an und mußte feststellen, daß die von Hamdi Bey vor fünf Jahren freigelegten und durch Puchstein und Luschan besichtigten Reliefs (vgl. S. 44) inzwischen wieder verschüttet waren.

Unverzüglich ging es an die Arbeit. Neben Humann wirkte als erprobter und bewährter Freund der Arzt Felix von Luschan mit sowie Franz Winter, der nun bei der Abteilung Athen des Archäologischen Instituts tätig war. Schon am Montag, dem 9. April, wurden die ersten Spatenstiche getan. Das Ergebnis am ersten Abend war beachtlich. Die Reliefs waren wieder freigelegt, und man entdeckte darüber hinaus noch vier weitere.

Das Glück der Ausgräber war groß! Humann berichtet, daß am zweiten Abend bereits sechsundzwanzig Reliefplatten mit Darstellungen von Göttern und Menschen, Tieren und Fabelwesen aller Art geborgen waren, ein wahres Bilderbuch, für das es damals keinerlei Parallelen gab.

Bevor wir uns mit diesem ›Bilderbuch‹ beschäftigen, verdient ein sehr wichtiges Ergebnis hervorgehoben zu werden. Schon bald nach Beginn der Freilegungsarbeiten stieß man nämlich zwischen zwei vorspringenden Mauern auf einen Weg, und es zeigte sich, daß zu dem westlichen Teil der Mauer fünf der von Hamdi Bey aufgefundenen Reliefs gehörten, die drei weiteren standen an der östlichen

Mauer, daneben entdeckte man noch ein viertes Relief in Sturzlage. Ein großer Teil der übrigen Reliefs befand sich glücklicherweise ebenfalls noch an seinem ursprünglichen Aufstellungsort (Abb. 23).

So war man mit Recht darauf gespannt, wohin der Torweg führte. Mit seiner Freilegung konnte am dritten Tage begonnen werden, nachdem die Arbeiter den ganzen Vorplatz von Schutt gesäubert hatten, den man mit Karren und Tragkörben an den Fuß des Hügels transportierte.

Als man den vorderen Teil des Torweges freilegte, setzten sich die Reliefplatten fort, aber sie waren jetzt von anderer Art. »Rechts und links« – so berichtet Humann – »standen drei Reliefplatten, deren je zwei einen Löwen darstellten, den Kopf nach außen, d.h. nach Süden gewendet, während dahinter auf der dritten Platte ein löwenköpfiger Jäger stand. Auf dem Plattenpflaster, das den Torweg füllte, ragte noch der Prellstein hervor, gegen den einst die Torflügel anschlugen; indessen waren keine Zapfenlöcher für diesen vorhanden«[14].

Man war begierig, wie es im Inneren des Tores aussehen würde. Erwartungsgemäß, so fährt Humann fort, »erweiterte der Raum sich wieder, die Rückseiten der vorspringenden Tormauern zeigten nur aufrecht stehende Platten ohne bildliche Darstellungen; aber bald stießen wir auf große umgestürzte und gebrochene Blöcke, deren Bruchflächen verrieten, daß sie einem einzigen riesigen Steine angehörten. Das oberste oben abgerundete Stück zeigte einen prachtvoll gearbeiteten assyrischen Kopf mit der Mitra und daneben verschiedene kleine Götter-Embleme in Flachrelief. Als das Stück vom Lehm gereinigt war, sahen wir zu unserer freudigen Überraschung, daß die Rückseite mit Keilschrift bedeckt war, die sich auf den unteren Stücken fortsetzte. Bald war alles herausgeholt, zusammengestellt, und wir hatten nun eine herrliche, fast intakte 3,45 m hohe assyrische Königs-Stele vor uns, nur daß keiner von uns sagen konnte, wen sie darstellte.

Als die Stele stürzte, lag schon etwa 1 m hoher Schutt auf dem Pflaster des Hofes, vielfach mit Holzkohle und dem rot gebrannten Lehm durchsetzt. Eine Feuersbrunst wird das Dach und die übrige Holzkonstruktion der Toranlage zerstört haben; im Sturz rissen sie einen Teil der Lehmwände mit; dann sprengte die Glut der unten weiter brennenden Trümmer die Stele, sie stürzte auf den Aschenhaufen, und fernere Sturzmassen sowie der allmählich wachsende Humus bedeckten sie. Wir fanden noch viele intakte, gebrannte Ziegel von 36 zu 26 zu 6 cm, aber kein Metall, das bei der Dachkonstruktion gedient haben könnte«[15].

Die große Stele war in sechs große und eine Anzahl kleinerer Stücke zerbrochen, alle lagen mit der Bildfläche nach unten. Als man die Fragmente reinigte, zeigte sich, daß nicht nur die Rückseite, sondern auch der untere Teil der Vorderfläche beschrieben war – ebenfalls in Keilschrift. So blieb den Ausgräbern zunächst verborgen, um welche Dynasten es sich handelte, da von den in der ersten Kampagne mitarbeitenden Gelehrten niemand imstande war, die Keilschrift zu lesen.

Wenn der dargestellte Herrscher zunächst auch noch anonym blieb, so ließ sich doch schon nach kurzer Zeit die Frage klären, wo dieses Denkmal aufgestellt gewesen war. Denn man fand im Zuge der weiteren Freilegung auch den mächtigen Sockel mit dem Zapfenloch für das monumentale Königsrelief: 1,11 m hoch,

23. Zeichnerische Wiedergabe des Burgtores in Sam'al. Ansicht von Nordosten. Karl Humann.

1,60 m lang und 1,15 m breit. Diese Maße entsprechen einem Rauminhalt von mehr als zwei Kubikmeter und einem Gewicht von mehr als 5 Tonnen! Ohne weitere Fundamente stand dieses Postament auf dem Lehmschutt einer früheren Mauer, und zwar an der westlichen Schmalseite eines weiten Torbogens. Die Skizze von der Gestaltung des Burghofes (Abb. 23) zeigt, daß die Stele nicht, wie man zunächst erwarten würde, symmetrisch in der Achse des Hofes aufgestellt war, sondern nach Norden verschoben ist. Diesen merkwürdigen Befund versuchte Luschan dadurch zu erklären, »daß der ursprüngliche Grundriß des Tores, so wie er uns heute wieder vorliegt, zur Zeit der Aufstellung des Monoliths durch Zubauten und Verkleisterungen bereits verdunkelt und verändert war«[16].
So brachte schon die erste Woche ein über Erwarten reiches Ergebnis. Aber leider zeigten sich die Wettergötter dem Unternehmen nicht gnädig. Die in Islâhiye bestellten Baracken waren nicht geliefert, man wohnte noch in Zelten. Humanns Schilderung läßt uns die Lage der Ausgräber miterleben, wenn er am Ende der ersten Arbeitswoche berichtet: »Die freudige Erregung über die reichen Funde ließ uns vergessen, daß der Weststurm unsere Zelte zerriss, daß es in unsere Betten regnete, in denen wir mit dem Regenschirm unter einem Arm schliefen, und daß wir in den Zelten im Schmutze wateten«[17].
Außerdem gab es einen Kälteeinbruch. Das Thermometer fiel auf 7°. Aber die Ausgrabungen gingen planmäßig weiter, und in den nächsten Wochen waren durchschnittlich 100 Arbeiter beschäftigt. So konnte allmählich die gesamte Toranlage freigelegt werden. Der untere Torweg, der auf den Vorhof in den Innenhof mit der Königsstele führt, war mit einem Pflaster aus regelmäßigen Platten belegt. Der Vorhof selbst und ebenso der obere Torweg wiesen dagegen nur einen erdigen Fußboden auf. Wie man sich die Rekonstruktion dieser Toranlage vorzustellen hat, davon soll im Zusammenhang mit der Darstellung der Stadtanlage noch berichtet werden (vgl. S. 112).
Natürlich stand zunächst der Grabungskomplex im Mittelpunkt der Arbeit, bei dem durch Hamdi Bey die ersten Reliefs freigelegt worden waren. Eines Tages

aber besuchte man den etwa einen Kilometer entfernt liegenden Friedhof, um den »Stein mit der Sonne« näher in Augenschein zu nehmen. So nämlich war schon im Jahre 1883 ein Grabstein von einem Müller in Sakçagözü charakterisiert worden, auf dessen Hinweise Puchstein und Luschan ihren Abstecher nach Sendschirli unternommen hatten (vgl. S. 44). Bereits nach wenigen Spatenstichen zeigte sich, daß es sich bei der ›Sonne‹ um ein Rad mit sechs Speichen handelte. Bald kam als Oberteil der Darstellung ein Streitwagen mit dem Wagenlenker und einem Schützen zum Vorschein, der seinen Pfeil, zum Abschuß bereit, schon auf den gespannten Bogen gelegt hat. Die Freude über dieses wohlerhaltene Relief war um so größer, weil an seinem ursprünglichen Aufstellungsort des äußeren Burgtores das anpassende Stück mit dem Gespann aufgefunden worden war. Unter den Füßen des Pferdes zeigt die Darstellung den von Pfeilen getroffenen Gegner, der noch versucht, ein Geschoß aus seinem Gesäß zu ziehen (vgl. Abb. 24).

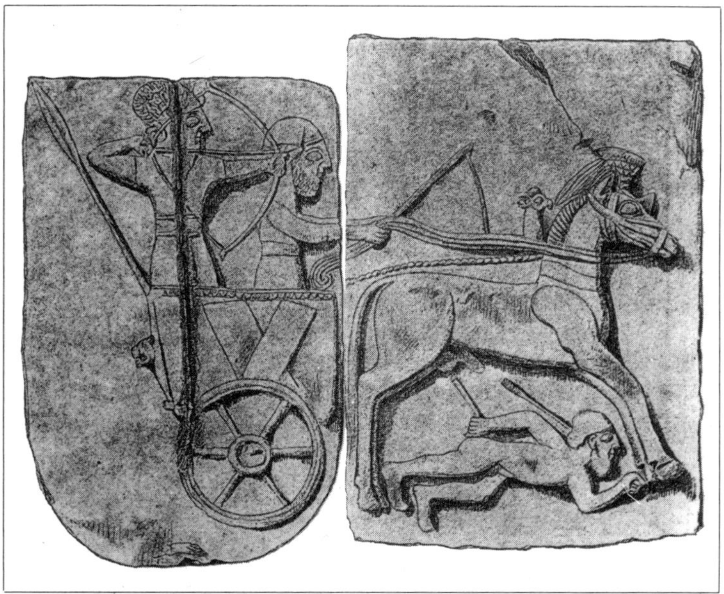

24. Zwei Orthostaten vom Burgtor in Sam'al. Kriegswagen mit Bogenschütze und verwundetem Krieger.

Bei diesem Marsch zum Friedhof aber gab es noch ein weit bedeutungsvolleres Ergebnis. Humann fiel ein niedriger Damm auf, der mit kleinen Steinen bedeckt war und den er zunächst »für den Rest einer Straße hielt; da sie indes im Bogen lief« – so berichtet Humann – »kam mir der Gedanke, daß wir es mit einer kreisförmigen Umwallung zu tun hätten, was sich dann beim Begehen bestätigte. Der Wall, im Mittel 200 m vom Hügel entfernt, hatte eine Länge von über 2 km oder 1/2 Wegstunde (Abb. 26).

Natürlich mußte derselbe Tore gehabt haben, und nichts lag näher, als zunächst dasjenige zu suchen, welches unserem ausgegrabenen Tore gegenüberliegen muß-

te. In der Tat lagen hier die Trümmer eines kolossalen Löwen«[18]. Sofort setzte Humann eine Arbeitsgruppe an, die bereits in geringer Tiefe auf Mauerreste stieß; dazu wurden acht Platten mit Reliefs gefunden und der Kopf eines ›Kolossal-Löwen‹. Ein weiteres Vordringen in die Tiefe verhinderte jedoch das schon bald einsetzende Sumpfwasser (Abb. 27).
Diese Entdeckung eröffnete für die Aufgabe, die man sich mit der Ausgrabung in Sendschirli gestellt hatte, neue Perspektiven von ungeahnten Ausmaßen. Zunächst aber suchte man die Probleme zu klären, die sich bei der weiteren Freilegung des Torbaues ergaben. Hier sah man sich gewaltigen Schuttbergen gegenüber; leider führte vom Torbau aus keineswegs eine Hauptstraße nach der Mitte des Hügels, wie man es zunächst wohl erhofft hatte.
Für die Lebensbedingungen der Ausgräber bedeutete es eine große Erleichterung, daß endlich die bestellten Baracken geliefert und aufgestellt werden konnten; denn »das Wetter« – berichtet Humann – »blieb zunächst kühl, es regnete viel, aber glücklicherweise meist des Nachts, und kleine Regenschauer bei Tage führten keine nennenswerte Arbeitsunterbrechung herbei. Gegen Mitte Mai erst wurde das Wetter gut, um aber gleich darauf in Schwüle auszuarten, mit der sofort Schlangen, Skorpione, Taranteln und Millionen von Stechmücken erschienen«[19].
Humann wurde das erste Opfer der Unbilden, und Luschan stellte eine ernste Lungenentzündung fest, die ihn an das Bett fesselte. Aber es läßt sich denken, daß Humann kein geduldiger Patient war. So kam es am 1. Juni zu einem Rückfall. Zu allem Unglück traf ein Telegramm von Hamdi Bey ein mit der Bitte, ihn am 7. Juni in Alexandrette zu treffen. Nichts charakterisiert Humanns Persönlichkeit besser als die Tatsache, daß er trotz seines schlechten Gesundheitszustandes darauf bestand, den beschwerlichen Ritt anzutreten. Dagegen konnte Felix von Luschan als verantwortlicher Arzt nichts anderes tun, als ebenfalls mitzureiten. Hamdi Bey war natürlich von den Erfolgen, über die Humann berichten konnte, sehr erfreut. Aber er fühlte sich nicht imstande, über die Frage zu entscheiden, wie mit den bisher gemachten Funden zu verfahren sei. Diese Entscheidung konnte nur der dafür zuständige Minister in Konstantinopel treffen. Die Situation in Sendschirli erforderte eine rasche Klärung. So entschied sich Humann, mit dem nächsten Dampfer nach Konstantinopel zu fahren, während Luschan die Aufsicht bei den Arbeiten in Sendschirli übertragen wurde.
Über Erwarten schnell ließen sich in Konstantinopel alle Probleme lösen. Das dort geschlossene Abkommen sah vor, daß die acht, von Hamdi Bey bereits freigelegten Reliefs, vermehrt um die anschließenden Fundstücke auf der östlichen Hälfte des Torbaues, nach Konstantinopel zu transportieren seien, während die 23 Reliefs auf der westlichen Hälfte sowie die Kleinfunde in das Eigentum der Königlichen Museen übergehen sollten.
Glücklicherweise fand Humann in Konstantinopel sofort eine Passage zurück nach Iskenderun, und er läßt uns wissen, daß sein Schiff dort bereits am 11. Juni wieder anlegte. Hier stieg er sofort zu Pferde und traf am 13. Juni wieder im Ausgrabungslager ein – eine großartige Leistung!

Wie aber sah es unterdessen in Sendschirli aus? Hier hatten inzwischen die malariaträchtigen Mücken verheerend gewirkt. Von allen Mitarbeitern war nur noch Dr. von Luschan gesund, alle übrigen erkrankten ebenso wie ein Teil der einheimischen Arbeiter.

Unter enormen Schwierigkeiten hatte Luschan inzwischen die Ausgrabungen fortgeführt und auch begonnen, die für den Versand benötigten Kisten herstellen zu lassen. Tscherkessen waren bereit, den Transport bis zur Verladung in Iskenderun zu übernehmen. So konnte sich gleich nach der Rückkehr Humanns die erste Kolonne von 12 Ochsenwagen in Marsch setzen. Aber bereits nach einem Kilometer brach der erste Wagen zusammen, weitere erwiesen sich als untauglich, und es gab Schwierigkeiten mit den örtlichen Behörden. Am meisten machte allen das Klima zu schaffen; es blieb stickig und heiß während der Nächte, und das Thermometer zeigte morgens früh schon 30° und stieg auf 42°–45° am Nachmittag. Alle diese Schwierigkeiten ließen in Humann den Entschluß reifen, an das Ende der Grabungskampagne 1888 in Sendschirli zu denken. »Wir mußten uns sagen« – schreibt er –, »daß es nicht weiter ginge, und kündigten an, daß dies die letzte Arbeitswoche sein solle (vom 16. bis 22. Juli), was den Leuten frischen Mut gab«[20].

So wurde für Montag, den 23. Juli, planmäßig der Abmarsch vorbereitet. Alle Mitarbeiter waren »leidlich im Stande, die Pferde zu besteigen«. Ohne weitere Schwierigkeiten überquerte man das Taurosgebirge. Auf die Nachricht, daß erst in zehn Tagen mit der Ankunft eines Dampfers zu rechnen sei, zog es Humann vor, lieber auf einer vorspringenden Kuppe bei einem kaltes Wasser spendenden Brunnen 6 km vor Iskenderun ein Lager aufzuschlagen, als in die sumpfige, malariaverseuchte Ebene hinunterzusteigen. Hier konnte man »im Anblick des blauen Meeres der Ruhe pflegen«, bis der angesagte russische Dampfer am 3. August einlief. Als er am 4. August ablegte, traf in Berlin bereits das Telegramm an den Vorsitzenden des Orient-Comités, Professor von Kaufmann ein: »Alle Mann eingeschifft, leidlich gesund, 82 Kisten an Bord«[21]. Am 8. August erreichte der Dampfer den Hafen von Konstantinopel; dort warteten schon die Leichterschiffe, um – wie von Hamdi Bey beauftragt – die kostbare Fracht zu übernehmen und sicher an Land zu bringen.

Die Ergebnisse der weiteren Ausgrabungen in Sendschirli (Zincirli) 7

Mit berechtigtem Stolz und voller Optimismus hatte Humann am Ende seines Berichtes über die Forschungskampagne von 1888 geschrieben: »Das erstrebte Ziel war erreicht, wir hatten den gesuchten hittitischen Bau gefunden und nicht einmal tief unter der Oberfläche; man konnte mit Mut in eine neue Kampagne treten; denn der Hügel war keine unergründliche Schuttmasse mehr, sondern sein Schleier gelüftet, und es handelte sich darum, ihn weiter zu heben«[22].
Das Vertrauen, das man von seiten des Orient-Comités Humann entgegengebracht hatte, war vollauf gerechtfertigt. Die Berlin zugesprochenen Funde erhielten im Herbst 1888 noch eine Bereicherung, weil Hamdi Bey bereit war, die Fragmente der großen, in Sendschirli im Torbau gefundenen Stele gegen eine monumentale Statue des Dionysos einzutauschen; diese war in Tralles bei einer Versuchsgrabung gefunden worden, die Humann im Auftrage des Orient-Comités im Oktober 1888 durchgeführt hatte. Bei der in Berlin sofort vorgenommenen Restaurierung zeigte sich, wie wichtig es gewesen war, die Verpackung der einzelnen Fragmente mit jeder nur möglichen Sorgfalt durchzuführen, um die scharfen unversehrt gebliebenen Bruchkanten nicht zu gefährden. Daher gelang die Zusammensetzung so vorzüglich, daß die Bruchstellen kaum zu sehen sind.
Bei der sorgfältigen Reinigung der Stelen-Vorderseite stellte sich heraus, daß auch der untere Teil des königlichen Gewandes mit Keilschrift bedeckt ist. Diese läuft über die Körper von zwei Gefangenen, die in verkleinerter Darstellung am unteren Bildrand erscheinen. Der König führt sie vor sich her an einer durch die Nase gezogenen Schnur, die er mit seiner linken Hand, zusammen mit einem Streitkolben, hält. Einer der Gefangenen kniet vor dem König und beide strecken, um Gnade flehend, ihre Hände dem siegreichen Herrscher entgegen.

Die Stele des Königs Asarhaddon

Jetzt in Berlin löste sich das große Geheimnis der Persönlichkeit des Herrschers. Die Entzifferung der Keilschrift ergab sogleich, daß der assyrische König Asarhaddon dargestellt war, »der große und mächtige König, der König von Assyrien«, wie ihn die Inschrift nennt. Daß die Stele trotz der Brandkatastrophe so vorzüglich erhalten geblieben ist, liegt in der Hauptsache an dem Material, »ein außerordentlich gleichmäßiger, fast völlig blasenfreier und daher sehr harter Dolerit, d.h.

grobkörnige vollkristallische Gemenge der den Feldspat-Basalt zusammensetzenden Mineralien: Plagioklas, Augit, Olivin nebst Eisenerzen und wenig Apatit«, so lautete die Analyse, die Felix von Luschan seiner Beschreibung des Denkmals beigegeben hat[23].

Um so erstaunlicher ist die handwerkliche Leistung der Künstler, die trotz des außerordentlich schwer zu bearbeitenden Materials dieses königliche Denkmal geschaffen haben. Seine Höhe beträgt 3,22 m (mit Einsatzzapfen 3,46 m), seine Breite 1,35 m. Daß man bei der Härte des Materials eine unterschiedliche Dicke in Kauf genommen hat, die unten links 62 cm, rechts nur 52 cm beträgt und sich weiterhin nach oben auf 50 cm verjüngt, fällt bei der monumentalen Ausführung überhaupt nicht ins Gewicht.

Asarhaddon (Taf. 4 und Abb. 25) in aufrechter Haltung, den linken Fuß leicht vor den rechten gesetzt, wendet sich nach rechts. Wenn auch der Kopf im Profil dargestellt ist, so blickt er doch, wie in assyrischer Darstellungsweise beliebt, den

25. Federzeichnung vom Porträt des Königs Asarhaddon; rechts oben zwölf Göttersymbole (vgl. Tafel 4).

Beschauer an, da die Augenpartie wie von vorn gesehen gestaltet ist. Das Kopfhaar verdeckt eine Mitra, bei der auf einem größeren, kegelartig gestalteten Gebilde noch ein kleinerer Kegel aufsitzt. Bei der Erklärung dieser Kopfbedeckung assyrischer Könige vermutete man gelegentlich, sie sei aus Metall gefertigt worden, natürlich in erster Linie aus Gold oder Silber. Mit Rücksicht auf die klimatischen Verhältnisse und auf die selbst heute noch in den Landschaften am Euphrat und Tigris üblichen turbanartigen Kopfbedeckungen hat Luschan folgende Erklärung vorgezogen. »Der König« – schreibt er – »trägt eine hohe kegelförmige Filzkappe und hat über dieselbe ein mächtiges Turbantuch gewunden, dessen eines Ende hinten lose über den Nacken hängt und mit seiner reichgeschmückten Kante bis an die Hüften herabreicht. Die vier kleinen flachen Vorragungen in der Stirngegend und die etwas größere vor dem Ohr müssen als vorquellendes Haupthaar aufgefaßt werden«[24]. Bei den drei breiten Streifen mit den kreisförmigen Verzierungen könnte man leicht an Spangen aus Metall denken, aber Luschan verweist hierfür auf eine ähnliche Darstellung des assyrischen Königs Sargon mit den gleichen Streifen auf seiner Kopfbedeckung. Auf diesen war jedoch noch die blaßrötliche Farbe erhalten geblieben, mit der sie und ebenso das frei den Nacken entlang hängende Turbantuch angelegt waren, ein Beweis dafür, sie »als gewebte Binden aufzufassen«.

Schwerer ist es jedoch zu entscheiden, wie man sich die runden Scheiben vorzustellen hat. Sind es aufgestickte beziehungsweise eingewebte Verzierungen oder vielleicht eher aufgenähte Metallscheiben gewesen, die das Licht reflektierten ebenso wie der große Ohrring mit drei Knöpfen und die sicherlich goldenen Armreifen des Königs, ein Schmuck, den der Künstler auch bei unserer Stele nicht vergessen hat.

Mit gleicher Sorgfalt gestaltete der Bildhauer auch das bis auf die Schultern herabfallende Haupthaar: zunächst in sieben Lagen quergelegt und dann unterhalb des Ohres in acht spiralig gedrehten Löckchen fortgesetzt, die in gleichgroße Knoten unterteilt sind. Ist es Zufall oder Absicht, daß auch der Bart die gleiche Anzahl Löckchen aufweist? Es scheint so, als ob die Oberlippe in der Mitte ausrasiert dargestellt und das Ende des Schnurrbarts als kleine Locke nach oben gedreht war.

Die königliche Gewandung besteht aus einem langen Unterkleid mit kurzen Ärmeln, das bis auf die Fußknöchel reicht; darüber trägt der Herrscher noch ein Obergewand mit breitem Saum, das in zwei Touren den Körper von der Schulter bis zu den Füßen bedeckt und von einem gedrehten Gürtel gehalten wird.

Während die rechte Hand einen becherartigen Gegenstand hochhält, umfaßt die linke das Zepter unterhalb eines breiten, sich nach unten verjüngenden Knopfes; auf ihm sitzen vier Scheibchen, die nach oben zu immer kleiner werden. Es ist bereits darauf hingewiesen worden, daß der König in der geschlossenen Faust auch noch die Enden der Stricke hält, mit denen die Gefangenen gefesselt sind.

Neben der königlichen Darstellung hat der Bildhauer auf dem Oberteil der Stele in dem freien Raum neben dem Kopf des Herrschers in flachem Relief sehr kunstvoll zwölf kleine Bilder herausgearbeitet, Darstellungen von Göttern und Göttinnen, Gestirnen und Sternbildern (Abb. 25). Mit einem Hinweis darauf, wen diese Symbole darstellen, beginnt die königliche Inschrift. Sie wurde zuerst von Eberhard Schrader in Abschrift und Übersetzung in Band I der Sendschirli-Publikation veröffentlicht; später konnten bestehende Unklarheiten im Text geklärt und neue Lesungen vor allem im Oberteil der sehr schwer zu entziffernden Rückseite gewonnen werden, die einer Reihe von Gelehrten zu verdanken sind. Schließlich hat in einer neuen Publikation, die alle sich auf Asarhaddon beziehenden Inschriften umfaßt, Riekele Borger eine neue Umschrift des Keilschrifttextes nebst Übersetzung veröffentlicht[25]. Da es sich um ein für die Geschichte von Sendschirli wichtiges Schriftzeugnis handelt, das gleichzeitig auch ein besonders interessantes Dokument aus der Zeit darstellt, in der Assyrien seinen Herrschaftsbereich aus der mesopotamischen Tiefebene heraus über den Euphrat bis an den Küstenbereich des Mittelmeeres und über die syrisch-palästinensische Landbrücke bis in den ägyptischen Raum ausdehnte, sollte seine Wiedergabe in deutscher Sprache an dieser Stelle nicht fehlen. Zum besseren Verständnis und um die Übersicht zu erleichtern, habe ich die Inschrift ihrem Inhalt nach gegliedert. Diese Zusätze sind kursiv abgesetzt, damit sie sich gegenüber dem originalen Text besser abheben. Fragezeichen im Text weisen auf unsichere Lesungen oder unklare Bedeutungen hin.

Übersetzung Vorderseite:

1. Einleitung mit namentlicher Nennung der Gottheiten, die auf der Stele mit ihren Symbolen dargestellt sind

Assur, den Vater der Götter, der mein Priestertum liebt;
Anu, den Starken, den Uralten, der mich berief;
Enlil, den erhabenen Herrn, der meine Regierung festigt;
Ea, den Klugen, den Weisen, der meine Geschicke bestimmt;
Sin, den strahlenden Nannar (›Leuchte‹), der meine Vorzeichen günstig macht;
Šamaš, den Richter des Himmels und der Erde, der meine Entscheidung trifft;
Adad, den ehrfurchtgebietenden Herrn, der meine Truppen bereichert;
Marduk, den Herrscher der Igigi und Anunnaki, der mein Königtum groß macht;
Ištar, die Herrin des Kampfes und der Schlacht, die an meiner Seite einherschreitet;
die ›Siebengötter‹, die kriegerischen Götter, die meine Feinde überwältigen;
die großen Götter allzumal, die das Geschick bestimmen,
die dem Könige, den sie lieben, Macht und Sieg verleihen.

2. Schmückende Beinamen des dargestellten Königs Asarhaddon, d.h. Assur (der Gott) hat einen Bruder gegeben, sowie seine Titel und sein Machtbereich

Asarhaddon, der große und mächtige König, König des Weltreichs, König von Assyrien,
Statthalter von Babel, König von Sumer
und Akkad, König von Karduniaš, ihrer aller,
König der Könige von Ägypten, Patros und Kuš,
der ihre große Gottheit fürchtet,
erhabener ›Drache‹ (Alleinherrscher), geliebt von Assur, Šamaš,
Nabû und Marduk, König der Könige,
der Schonungslose, der die Frechen (?) verzehrt,
der angetan ist mit Schreckensglanz,
der den Kampf nicht fürchtet, vollkommener Held,
der den Widerstand nicht verschont, großmächtiger Fürst,
der Könige an Zügeln hält, grimmiger Löwe,
der seinen Vater, der ihn erzeugte, gerächt hat,
der König, der unter dem Beistande des Assur, des Šamaš, des Nabû und des Marduk,
seiner göttlichen Helfer,
geradewegs

einherschritt,
sein Verlangen erreichte,
alle ihm nicht Botmäßigen, die ihm nicht gehorsamen Könige, wie Schilfrohr
zerknickte und mit seinen Füßen zertrat,
der die großen Götter mit Speiseopfern versorgt,
der mit der Furcht vor den Göttern und Göttinnen vertraut ist.

Übersetzung Rückseite:

3. Verdienste des Königs um die Tempel der Götter und ihren Kult werden über alle Maßen belohnt

– – – – – (Text zerstört) – – – – –
der den Tempel restaurierte und sein notwendiges Zubehör herstellte,
der Esagila und Babel wieder aufbaute und ihre religiösen Ordnungen beschützte,
der die geraubten Landesgötter aus Assur
an ihren Ort zurückbrachte, der König, dessen Opfergaben
die großen Götter lieben, dessen Priestertum sie in den Tempeln für ewig
beständig sein ließen, welchem sie ihre schonungslosen
Waffen zum Geschenk seiner Herrschaft gegeben haben,
der König, dessen Herrschaft der Herr der Herren Marduk
überragender und größer machte als die der (übrigen) Könige der vier Weltufer,
dessen Füßen sie die Länder allzumal unterwarfen,
der ihnen Tribut und Abgaben auferlegte, der seine Feinde besiegt,
seine Gegner zu Grunde richtet, der König, dessen Einherschreiten (gleich der) Sintflut, dessen Handeln
tollwütiger Ansturm ist;
liegt eine Stadt vor ihm, so läßt er einen Trümmerhaufen hinter sich[26], (ein König wie)
eine lodernde Flamme, ein Feuer ohne Ermatten;

4. Die erlauchte Abstammung des Königs
a) von königlichen Ahnen

Sohn des Sanherib, Königs des Weltreichs, Königs von
Assyrien, des Sohnes von Sargon, Königs des Weltreichs, Königs von Assyrien,
Statthalters von Babel, Königs von Sumer und Akkad, Nachkomme (und Glied) der ewigen Dynastie
des Bêl-bâni, des Gründers des Königtums über Assyrien, dessen ›Kern‹ (?)
Baltil ist;

b) von Göttern, die ihn unüberwindlich machten und ihn über alle seine Feinde siegen ließen

aus dem Munde des Assur, des Šamaš, des Nabû und des Marduk, der großen Götter,
kam meine Königsherrschaft hervor – ich bin mächtig, übermächtig, ein Held, herrlich, kräftig,

geehrt, gewaltig, der ich unter allen Königen meinesgleichen nicht habe; erwählt von Assur, Nabû und Marduk, berufen von Sin, Günstling des Anu, Geliebter der Königin, Ištar, der Göttin des gesamten Alls, die schonungslose Waffe, die das Feindesland zittern macht, (bin) ich; der König, tüchtig im Kampfe und in der Schlacht, der die Ortschaften seiner Feinde vernichtet, seine Gegner tötet, seine Widersacher zerstört, die ihm nicht Botmäßigen unterwirft, der alle Leute insgesamt beherrscht, Assur, Šamaš, Nabû und Marduk, meine erhabenen Herren, deren Befehl nicht abgeändert wird, haben mir ein Königtum ohnegleichen als Schicksal bestimmt. Ištar, die Herrin, die mein Priestertum liebt, gab mir einen mächtigen Bogen und einen starken Pfeil, der die Unbotmäßigen fällt, in meine Hände, ließ mich meinen Herzenswunsch erreichen und unterwarf alle Unbotmäßigen meinen Füßen. Als der große Herr Assur, um die Herrlichkeit meiner mächtigen Taten den Leuten zu zeigen, mein Königtum herrlicher gemacht hatte als das der übrigen Könige der vier Weltufer, den Ruf meines Namens groß gemacht hatte, mir ein ›zorniges‹ Zepter zum Zerschmettern der Feinde in meine Hände gelegt hatte, mir jedes Land, das gegen Assur verbrecherisch, leichtfertig oder frevelhaft vorging, überantwortet hatte, um es zu plündern und auszurauben und (auf diese Weise) das assyrische Gebiet zu vergrößern, habe ich, nachdem Assur und die (übrigen) großen Götter, meine Herren, den Befehl zum Aufbruch gegeben hatten, ferne Wege, steile Berge und gewaltige Sandmassen, Orte des Durstes, willfährig und wohlbehalten zurückgelegt.

5. Die Eroberung von Ägypten auf Befehl der Götter und die Unterwerfung des Landes

(Unter den Truppen) des Taharka, des Königs von Ägypten und Kuš, Gegenstandes des Fluches ihrer großen Gottheit, richtete ich von Išhupri bis nach seiner Residenz Memphis, eine Strecke von 15 Tagen Landes, täglich ohne Aufhören, ein gewaltiges Blutbad an. Ihm selbst brachte ich fünf Mal mit der Spitze meines Pfeiles eine unheilbare Wunde bei. Seine Residenz Memphis belagerte und eroberte ich in einem halben Tage mittels Untergrabung, Breschen und Leitern; ich verwüstete, zerstörte es und verbrannte es mit Feuer. Seine Frau, seine Nebenfrauen, Ušanahuru, seinen Kronprinzen, und seine übrigen Söhne und Töchter, seinen Besitz, seine Habe, seine Pferde, seine Rinder und sein Kleinvieh führte ich in unzähligen Mengen nach Assyrien. Die Wurzel von Kuš riß ich aus Ägypten aus. Niemand ließ ich dort zurück, um mir zu huldigen. Über ganz Ägypten setzte ich Könige, Statthalter, Verwalter, Hafeninspektoren, Vorsteher und Führer von neuem ein. Stiftungsopfer und feste Opfer für Assur und die (übrigen) großen Götter, meine Herren, setzte ich für ewig fest. Tribut und Abgaben an meine Herrschaft legte ich ihnen Jahr für Jahr, nie endend, auf.

6. Das Denkmal des Königs – ein Dank an die helfenden Götter

Ein Denkmal mit meinem Namen ließ ich herstellen, den Ruhm des Heldentums meines Herrn Assur, meine mächtigen Taten, die (ich verrichtete, da) ich unter dem Beistand meines Herrn Assur einherschritt

und meine siegreichen Eroberungen ließ ich darauf schreiben; zum bewundernden Anschauen durch alle Feinde
richtete ich es für ewig auf.

7. Warnung vor jeglicher Beschädigung des Denkmals

Wer dieses Denkmal von seinem Orte entfernt, meinen geschriebenen Namen
auslöscht und seinen eigenen Namen hinschreibt, wer es mit Staub bedeckt, ins Wasser
wirft, mit Feuer verbrennt oder an einen finsteren Ort verbringt, dessen Männlichkeit möge Ištar, die Herrin des Kampfes und der Schlacht,
weiblich machen und ihn gebunden zu den Füßen seines Feindes niedersitzen lassen.

8. Bitte an seine Nachfolger um Pflege des Denkmals

Ein späterer Fürst möge das Denkmal
mit meinem Namen finden, man möge es ihm vorlesen, er möge es mit Öl salben, ein Opfer spenden und das Wort meines Herrn Assur beachten.

Zeitliche Einordnung des Denkmals

Mit diesem großartigen Denkmal und seiner Wiederherstellung in Berlin hatten die Ausgräber ein Dokument gewonnen, das nicht nur von allgemeiner Bedeutung war, sondern darüber hinaus eine genaue zeitliche Einordnung erlaubt und für Sendschirli und seine Geschichte eine sichere Datierung ermöglicht. Denn man geht wohl nicht fehl in der Annahme, daß unser Denkmal eine Art Siegesmonument darstellt. Es zeigt den König Asarhaddon, der von 681–669 v. Chr. regierte, auf dem Höhepunkt seiner Machtentfaltung, nämlich nach seinem zweiten Zug nach Ägypten. Den ersten hatte er im siebten Jahr seiner Regierung unternommen, erst auf dem zweiten gelang ihm im zehnten Jahr die Eroberung von Memphis, als er mit seinem »zornigen Zepter« seine Widersacher zerschmetterte. Hierbei wurden – wie der Text berichtet – alle Möglichkeiten militärischer Technik angewandt, Laufgräben gezogen und die Mauern untergraben. Nachdem alle diese Vorbereitungen getroffen waren, begann der große Sturmangriff, der bereits nach einem halben Tag – so ist wohl die zeitliche Angabe in der Inschrift zu deuten – mit der Einnahme von Memphis, der ägyptischen Hauptstadt, endete. Daß sich unter den Gefangenen auch der Kronprinz und der königliche Harem befanden, wurde einer besonderen Erwähnung für wert gehalten. Da von dem ägyptischen Pharao Taharka gesagt wird, er sei durch Pfeile verstorben, die Asarhaddon mit seinem »mächtigen, von Ištar verliehenen Bogen« auf ihn abgeschossen habe, ist auf dem Denkmal vielleicht der in Gefangenschaft abgeführte Ušanahuru als einer derjenigen Könige dargestellt, die »an Zügeln« gehalten werden (vgl. Zeile 24). Denn die Uräus-Schlange weist den König als ägyptischen König, als Pharao, aus.

Wen der andere gefangene Gegner darstellt, ist nicht mit Sicherheit zu sagen. Anonym bleiben auch die beiden Persönlichkeiten, von denen einer die linke und der andere die rechte Schmalseite schmückt (vgl. Taf. 12). Felix von Luschan hat dieses Problem ausführlich diskutiert. In ihnen keine assyrischen Würdenträger zu sehen, möchte er daraus schließen, daß ihre Darstellung sie in einer zu demütigen Stellung zeigt. Diese passe eher auf einheimische Könige, die »rechtzeitig ihren Frieden mit Asarhaddon gemacht oder erneuert hatten«[27]. Entgegen den Erwartungen von Asarhaddon war die Befriedung Ägyptens nicht gelungen. Der König rühmt sich in der Inschrift zwar der völligen Unterwerfung des Landes, dessen gesamte Verwaltung an von ihm eingesetzte Beamte übertragen worden sei. Doch war schon im 12. Jahr seiner Regierungszeit ein dritter Feldzug nach Ägypten nötig; dabei starb Asarhaddon. Daraus ergibt sich, daß der Auftrag zur Herstellung der Stele 670 v. Chr. erteilt und sie vor dem Tode des Königs im Jahre 668 v. Chr. aufgestellt worden ist.

Die Entdeckung der Statue des Gottes Hadad

Die im Jahre 1888 erzielten Erfolge stellten natürlich die Fortführung der Ausgrabungen nicht in Frage. Die verheerenden Auswirkungen der klimatischen Verhältnisse im Jahre 1888 verlockten aber dazu, mit der Arbeit früher im Jahre einzusetzen, und so fand die zweite Kampagne vom Januar bis Juni 1890, die dritte von Oktober 1890 bis April 1891 und eine vierte im Jahre 1894 statt. Nach mehrjähriger Pause wurde in Sendschirli zum letzten Mal von Januar bis Juni 1902 gearbeitet.
Anstelle von Humann, dessen Gesundheitszustand sehr zu wünschen übrig ließ, wurde schon 1890 die Leitung dem Arzt und Forscher Felix von Luschan übertragen, der sich hervorragend bewährte. Robert Koldewey – der mit seinen Leistungen in Assos und auf Lesbos große Anerkennung gefunden hatte, inzwischen erste Erfahrungen in Mesopotamien sammeln konnte und mit seiner Ausgrabung in Neandria, der 20 km von Assos entfernt liegenden Bergstadt, erfolgreich gewesen war – übernahm die schwierige Aufgabe, Probleme der Topographie und Architektur zu lösen. Als Koldewey nach Vorexpeditionen in Mesopotamien 1899 mit seiner Lebensarbeit in Babylon einsetzte, wurde Gustav Jacoby sein Nachfolger in Sendschirli.
Daß Koldewey nicht nur Architekt, sondern auch ein Künstler auf seinem Gebiet war, dafür sind seine Zeichnungen und Pläne der beste Beweis. Koldewey verdanken wir die »steingerechten Aufnahmen« von Sendschirli, »die für Koldewey wie für seine Schüler einfach das zeichnerische Protokoll einer Ausgrabung darstellen, so genau und so plastisch wie nur möglich ausgeführt«, mit diesen Worten charakterisiert Walter Andrae, einer seiner Mitarbeiter in Babylonien, die Arbeit und Aufgabe eines Grabungsarchitekten[28].
Als die zweite Kampagne 1890 begann, gab es gleich am Anfang überraschende Entdeckungen, die ausschließlich der Tatkraft des neuen Leiters zu verdanken

waren. Über die Vorgeschichte und das Unternehmen selbst hat Felix von Luschan die folgende Schilderung veröffentlicht:

»Nachdem man mir schon 1883 im Vorbeireiten von fabelhaften Altertümern erzählt hatte, die bei Gerdschin im Sumpfe lägen, war ich nicht erstaunt, daß auch 1888, als wir zu längerer Arbeit in Sendschirli installiert waren, das kaum 7 km von Gerdschin entfernt ist, diese Erzählungen von neuem auftauchten und täglich verlockender wurden. Besonders ein ›großes Kamel‹, das am Fuße des Hügels frei sichtbar sei, kehrte in allen Schilderungen wieder und würde an sich schon genügt haben, meine Neugier und mein Pflichtgefühl zu wecken – aber monatelang saßen wir in Sendschirli, Gerdschin täglich vor Augen, ohne doch den Ort erreichen zu können; denn das Jahr war ein ganz ungewöhnlich nasses, die Sümpfe waren höher und ausgedehnter als seit Menschengedenken, und die Versicherung, daß es völlig unmöglich sei, nach dem Hügel zu gelangen, erschien nur zu glaubwürdig. Erst am 26. Juni, nachdem das Schleuder-Thermometer seit langer Zeit 35 und 40° C und darüber gezeigt hatte und die glühende Sommerhitze die Wassermassen etwas zum Schwinden gebracht zu haben schien, konnten Franz Winter, ich und ein einheimischer Führer daran denken, den Ort zu besuchen. Auf einem Umwege von 15–16 km, der uns in weitem Bogen an Farfar-Burnu und Kömürler vorbei um den Hügel herum geführt hatte, konnten wir uns unserem Ziele auch wirklich bis auf Büchsenschußweite nähern, aber der Sumpf, der Gerdschin von allen Seiten umgibt, wurde immer grundloser, so daß die Pferde, klüger oder mindestens weniger neugierig als wir, nur schwer vorwärts zu bringen und in großer Gefahr waren zu ersticken; aber unser einheimischer Freund war von der Hoffnung auf ein gutes Trinkgeld für das ›große Kamel‹ mindestens ebenso angeregt als wir vom Entdeckungsfieber und versicherte uns, wir würden die Pferde nicht zu bezahlen brauchen, wenn sie auch hier zu Grunde gingen; er hätte auch selbst, um ganz sicher zu sein, sein eigenes Pferd zu Hause gelassen und ein fremdes gewählt – auch wäre die Umkehr so nahe am Ziele doch gar zu schimpflich gewesen, und so erreichten wir schließlich, wenn auch nach vielen vergeblichen Versuchen und mit vieler Bedrängnis, doch wieder festen Boden und den Rand des Hügels. Die zitternden und ganz verstörten Pferde wurden angepflöckt, wir aber kletterten sofort nach der bezeichneten Stelle an der anderen Seite des Hügels – doch von dem großen Kamel war keine Spur zu erblicken; ein Steinwurf unseres Führers bezeichnete uns eine Stelle weit draußen im Sumpfe, die wegen der Tiefe des Wassers, die wir auf 2–3 m schätzten und wegen des undurchdringlichen Schilfbestandes für uns völlig unerreichbar war. Weder zu Fuß noch zu Pferde, weder in einem Boote noch schwimmend oder tauchend wäre irgendeine Möglichkeit gewesen, an die Stelle zu gelangen, und wir waren alle drei einig, unseren Tag als gründlich verloren zu betrachten. Um unser Gewissen zu beruhigen, kletterten wir noch auf die Höhe des Hügels, bemerkten, daß die Steine auf der Kuppe natürlicher Fels wären, fanden auch allerhand Scherben von altem Geschirr und Splitter von Obsidian und Feuerstein, wie deren immer auf der Oberfläche der syrischen Schutthügel umherliegen, ruhten noch einige Minuten auf einem großen walzenförmigen Dolerit-Block und traten mißmutig und erschöpft den Heimweg an. Wer lange im Orient war und, wie ich, aus Prinzip immer jeder Andeutung eines Einheimischen nachgegangen ist, der weiß auch, daß auf fünfzig oder hundert Mythen immer erst eine Sache zu kommen pflegt, von der man schließlich denkt, es sei doch der Mühe wert gewesen, ihr nachzuforschen; aber auch die wahre Herkunft und die Entstehung einer an sich wertlosen Nachricht richtig erkannt zu haben, ist immerhin ein Resultat, wenn auch ein negatives; nur daß diesmal die Frage nach dem großen Kamel trotz aller Mühe und Anstrengung offen gelassen werden mußte, erschien uns hart und unverdient.

Inzwischen hatten in Sendschirli unsere Arbeiter unter der Leitung unseres ersten Zimmermannes gestanden und die Gelegenheit zu einer großen Schlägerei benutzt, die später noch Wochen hindurch den Lokalbehörden Anlaß zu Verhören und Verhaftungen gaben, und Franz Winter hatte einige Tage nachher in Folge der übermäßigen Anstrengung einen Anfall von perniziösem Fieber, der sein Leben in Gefahr brachte und mich lange mit schwerer Sorge um seine Gesundheit erfüllte.

Das ist die Geschichte von Gerdschin und dem großen Kamele im Jahre 1888. Erfreulicher gestaltete sich ihre Fortsetzung im Jahre 1890. Da waren wir am 27. Januar in Sendschirli wieder eingetroffen; der vorhergehende Winter war ungemein trocken gewesen, auch hatte die neue Regenzeit noch nicht begonnen, so daß eine Trockenheit und Dürre herrschte, an die sich die bekannten ältesten Greise nicht zu erinnern vermochten; tatsächlich waren die Sümpfe zwischen Sendschirli und Gerdschin fast völlig ausgetrocknet, so daß man beinahe in gerader Linie hinüberreiten konnte. Ein so seltener Zufall mußte rasch benutzt werden, und sobald die Ausgrabung in Sendschirli etwas in Gang und ich dort einigermaßen abkömmlich war, ritt ich mit dem alten Führer nach Gerdschin hinüber – offen gestanden weit weniger in der Hoffnung, wirklich etwas irgend nennenswertes dort zu finden als vielmehr, um mein Gewissen endgültig von der drückenden Last des großen Kamels zu befreien. Wir erreichten diesmal den Hügel in wenig mehr als einer halben Stunde und ohne jegliche Schwierigkeit; mein einheimischer Freund war etwas vorausgesprengt und bald im haushohen Schilfe verschwunden, aber schon meldete ein jubelnder Zuruf, daß diesmal unser großes Kamel wirklich gefunden ist. Es liegt völlig frei und trocken am Boden des Sumpfes und erweist sich in der Tat als ein höchst merkwürdiges Bruchstück einer menschlichen Kolossal-Statue, mit den Schultern und dem Untergesicht, von drei- bis vierfacher Lebensgröße und zweifellos sehr hohem Alter. Andere Bruchstücke können nicht fehlen und schon in den nächsten Minuten ist ein großer, fast halbkugliger Block gefunden mit den Augen und der doppelt gehörnten Kappe des Gottes und bald auch ein Bruchstück von seinem walzenförmigen Leibe, mit altsemitischer Inschrift bedeckt. Da fällt mir die Dolerit-Walze auf der Kuppe des Hügels ein, auf der Franz Winter und ich uns vor anderthalb Jahren oben niedergelassen hatten. Natürlich wird sie sofort gesucht und ist an der alten Stelle bald wiedergefunden: Sie gehört wirklich zu der Statue und ist fast in ihrer ganzen Länge mit vierundzwanzig Zeilen Inschrift bedeckt! Wie wir das beide damals hatten übersehen können, ist sonderbar genug, doch mögen der damals so schwierig gewesene Ritt, die herrschende Gluthitze und die giftige Sumpfluft zu unserer Entschuldigung angeführt sein. Auch war die Inschriftfläche, welche sicher seit Jahrhunderten völlig frei und allen Einflüssen des Wetters preisgegeben da lag, durchaus mit einer harten, stellenweise über einen halben Zentimeter dicken Flechtenkruste bedeckt, so daß es zunächst gar nicht möglich war, auch nur einen einzelnen Buchstaben zu erkennen und es fast einstündiger Arbeit bedurfte, um auch nur den Anfang der ersten Zeile abschreiben und lesen zu können.

Immerhin war das Übersehen von damals jetzt wieder gut gemacht, und am Abend konnte ich den erstaunten Genossen berichten, daß wir die neue Kampagne mit der Auffindung einer alten Kolossal-Statue mit der größten bisher überhaupt bekannten altsemitischen Inschrift aus dem 8. oder 9. vorchr. Jahrhundert inauguriert hätten.

Die Geschichte und Vorgeschichte dieses Fundes aber habe ich ausführlicher erzählt, als es sich vielleicht für ein Buch von so ernstem Charakter und von so großem Formate geziemt –, aber ich habe dies nicht ohne Absicht getan, nicht nur der inneren Bedeutung des Fundes selbst wegen, sondern weil so recht deutlich daraus zu ersehen ist, wie der Reisende im Oriente jeder, auch der abenteuerlichsten Spur nachgehen muß und wie, wenn auch sein Bemühen in der Regel erfolglos bleibt, schließlich doch ab und zu ein großer Erfolg für alle früheren Enttäuschungen Ersatz bietet.

Über das weitere Geschick der Statue kann ich mich um so kürzer fassen. Es zeigte sich bald, daß in den letzten Jahrzehnten niemand die Bruchstücke wirklich gesehen hatte; seit Generationen hatte der Sumpf nie so weit trocken gelegen und nur unbestimmte Gerüchte hatten sich in den Nachbardörfern erhalten und vom Vater auf den Sohn vererbt. Jetzt aber stand die Regenzeit vor der Türe, ja, die ersten starken Regen hatten sich inzwischen eben eingestellt, und so war es völlig klar, daß nur ein rascher unverweilter Transport auf sicheren Boden die Statue vor abermaligem Untergange retten konnte. Die Einsprüche unseres türkischen Regierungskommissars, daß ich kein Recht hätte, Altertümer aus Gerdschin zu transportieren, weil unsere Erlaubnis nur für Sendschirli laute, waren bald beseitigt; aber die mir damals allein verfügbaren acht Zugochsen erwiesen sich als zu schwach, um auch nur den Wagen, auf den das Schulterstück gelegt war, ziehen zu können. So beschlossen wir, da weiterer Aufschub verhängnisvoll geworden wäre, und weitere Zugtiere nicht sofort aufzutreiben waren, die Steine auf Schlitten zu legen und von Menschen ziehen zu lassen. Mit achtzig unserer besten Arbeiter, einem rasch gezimmerten niederen Schlitten und den nötigen Tauen und anderen Werkzeugen zog Robert Koldewey am zweitnächsten Morgen aus, und am Abend war das Schulterstück bereits in unserem Lager. Die ersten Regen hatten den Boden glatt und schlüpfrig gemacht, so daß der Schlitten (auch ohne den sinnreichen, schon den alten Ägyptern bekannten Kunstgriff, durch fortwährendes Ausgießen von Wasser vor dem Schlitten die Reibung zu mindern) saftig einherglitt und unsere braven Leute ihre Verwendung als Zugtiere gar nicht übel vermerkten.

Inzwischen war es Robert Koldewey auch gelungen, das etwa 90 Zentner schwere walzenförmige Stück mit dem größten Teile der Inschrift ohne Unfall von der Kuppe nach dem Fuße des steilen Hügels hinunterzuschaffen; bevor am nächsten Tage die Sonne unterging, war auch dieser mächtige Block, von hundert Mann gezogen, in Sendschirli angelangt und wurde unter dem Jubel der aufgeregten Bevölkerung nach unserem Lager gebracht. Bald nachher langte auf dem Ochsenkarren auch noch ein weiteres Bruchstück der Statue mit dem Reste der Inschrift an, das etwas weiter nördlich im Sumpfe gelegen hatte und den Nachforschungen des ersten Tages entgangen war. So war die Statue glücklich auf trockenes Land gebracht worden und konnte im nächsten Frühjahre mit den Funden aus Sendschirli nach der Küste gebracht und nach Berlin versandt werden, wo sie in der Abteilung vorderasiatischer Altertümer zur Aufstellung gekommen ist. Nach den fehlenden Armen und nach dem untersten Stücke mit dem Gewandsaum und den Füßen war lange Zeit eifrig gesucht und hohe Belohnung auf deren Zustandebringen gesetzt worden – doch vergebens. Wohl aber wurden bei dieser Gelegenheit an derselben Stelle noch drei große Bruchstücke von drei weiteren, ähnlichen, aber kleineren Bildwerken aufgefunden und von uns nach Sendschirli transportiert, so daß sich in Gerdschin ein ganzes Pantheon ältester Skulpturen ergeben hat. Wenige Tage aber, nachdem deren Bergung so glücklich gelungen, setzten die Winterregen mit aller Macht ein, der Weg nach Gerdschin wurde bald wieder unpassierbar; die Fundstätte war rasch wieder von Wasser bedeckt, und Jahrzehnte werden vielleicht vergehen, bevor sie wieder vorübergehend zugänglich wird«[29].
Die wie die Asarhaddon-Stele ebenfalls aus Dolerit gefertigte monumentale 2,85 m, ursprünglich etwa 4 m, hohe Statue (vgl. Taf. 6) trägt eine mit Stierhörnern geschmückte Kopfbedeckung, die den Dargestellten als Gott kennzeichnet; er ist mit einem faltenlosen Ärmelrock bekleidet, den ein Gurt unterteilt. Hier beginnt die altaramäische Inschrift mit einer Länge von insgesamt 34 Zeilen.
Welche Gottheit dargestellt war, darüber gab es kein langes Rätselraten. Denn zu den Teilnehmern der Expedition gehörte auch Julius Euting, der nach der Reinigung der Statue sofort die Entzifferung in Angriff nehmen konnte. Diese ergab schon in der ersten Zeile die Lesung, daß die Statue dem Gott Hadad geweiht sei von dem König Panamu[30]. Leider war der Text nur schwer zu entziffern, an vielen Stellen auch hoffnungslos zerstört[31]. Glücklicherweise ist der Beginn der Inschrift inzwischen mit Sicherheit gelesen, es heißt: »Ich bin Panamu, Sohn des QRL (Karal bzw. Kural?), der König von Ja'udi, der ich diese Statue dem Hadad für meine Fortdauer errichtet habe«. Es folgt eine Aufzählung der übrigen Landesgötter, deren Hilfe Panamu seine Herrschaft und das Land seine Fruchtbarkeit verdanke. Und dann bekennt der Herrscher dankbar (Zeile 12): »Und was ich von den Göttern erbitte, das haben sie mir im Überfluß gegeben«. Aus dem folgenden Text ist noch zu erkennen, daß Hadad dem König den Auftrag gegeben hatte zu bauen. Was gebaut werden sollte, ist leider nicht erhalten. Vielleicht, so könnte man vermuten, einen Tempel für den Gott. Und weiter erfährt man von der Weisung des Hadad, ihm die Statue zu errichten. Im folgenden werden Anordnungen für die

Fortdauer des Hadad-Kultes getroffen, mit reichlichen Opferschlachtungen, bei deren Vollzug die Nachfolger des Königs dem Gott Hadad den Wunsch vortragen sollen: »Möge die Seele des Panamu mit dir essen und möge die Seele des Panamu mit dir trinken« (Zeilen 17 und 22). Wer aber diese Opfer unterlasse, von dem werde sich Hadad abwenden. Von dem folgenden Teil sind leider nur noch Bruchteile zu entziffern, die schwer in einen geordneten Zusammenhang zu bringen sind und bisher keine sicheren Deutungen erlauben.

Da die Arme des Gottes nicht mehr aufzufinden waren, bleibt fraglich, ob er – wie sonst in Babylonien und auf späteren Darstellungen üblich – Blitzbündel und Doppelaxt in seinen Händen hielt. Ebenso ungeklärt ist, ob die Gestalt des Gottes einst auf einem Stier stand, da auch das Unterteil der Statue verloren gegangen ist. Als der »ehrfurchtgebietende Herr« ist Hadad (Adad) in der Inschrift auf der Stele des Asarhaddon genannt, gewissermaßen als eine Art Schutzgott der Soldaten. Im allgemeinen stellt er die Gottheit dar, der sich die Menschen seit jeher in aller Schutzlosigkeit ausgeliefert fühlten; er ist der Gott, der über die Naturkräfte regiert, die der Mensch im Sturm und den Sintflutregen, denen die Überschwemmungen folgen, fürchten gelernt hat. Ihm zur Seite steht Atargatis als die Göttin, die den Schoß der Erde öffnet, damit die Saaten gedeihen.

In späterer Zeit wurde der Tempel in Hierapolis-Bambyke in Nordsyrien zentraler Mittelpunkt dieser beiden Gottheiten, deren Vielfalt in der Schrift ›De dea Syria‹, die Lukianos von Samosata zugeschrieben ist, ausführlich geschildert wird. Vor kurzem wurde in dem nordsyrisch-kommagenischen Grenzgebiet eine kleine Sitzstatue der Göttermutter aufgefunden, die sich jetzt im Museum von Gaziantep befindet und die Monika Hörig als Ausgangspunkt einer weitgefaßten Untersuchung gedient hat. In dieser Arbeit ist der religiöse Mischungsprozeß verfolgt, der das erste Jahrtausend v. Chr. charakterisiert, und seine weitere Entwicklung in den nachfolgenden Jahrhunderten[32].

Bei dem zweiten Fund handelt es sich um ein weit bescheideneres, heute im Garten desselben Museums aufgestelltes Denkmal, das auf der Vorderseite das Relief eines Gottes zeigt. In der griechischen Inschrift, die entsprechend ihren Buchstabenformen in das 2./3. Jahrhundert n. Chr. zu datieren ist, wird gesagt, daß die Weihung dieses Denkmals »(ein Mann mit Namen Gennes) für die (Gebete und Gelübde) erhörenden Götter Zeus-Adad und Apollon angefertigt hat«[33].

Hadad und Zeus sind also hier zu einer Einheit verschmolzen, die aramäische Gottheit mit der griechischen vereint bzw. die griechische mit der aramäischen. Das besondere an dieser Weihung ist aber ihre Herkunft. Sie soll aus dem Dorfe Pınarbaşı stammen, das bei Islâhiye, also in nächster Nachbarschaft von Sendschirli, liegt, eine besonders interessante Bekundung für das Fort- und Nachleben des Gottes Hadad[34].

Ungeklärt sind noch die Fragen, die mit dem Aufstellungsort der Statue in Gerdschin (Gercin) zusammenhängen. Sicherlich ist das Denkmal nicht von Sendschirli dorthin transportiert worden, sondern hatte dort seinen ursprünglichen Standplatz. In welcher Form hier die Verehrung des Hadad erfolgte, könnte sicherlich durch eine Untersuchung an Ort und Stelle noch geklärt werden.

Sendschirli (Zincirli) - die Königsresidenz Sam'al

8

Während Euting damit beschäftigt war, am Ort der Ausgrabung die von König Panamu gesetzte Inschrift auf der Statue des Gottes Hadad zu entziffern, hielt Eduard Sachau am 17. April 1890 vor der Königlichen Akademie der Wissenschaften einen bedeutsamen Vortrag. Darin teilte er die ersten Ergebnisse seiner mühsamen Entzifferungsversuche mit, die ihm bei dem Fragment einer den Museen in Berlin zugeteilten Statue gelungen waren. Der ebenfalls altaramäische Text befand sich, ähnlich wie bei der Hadad-Statue, auf dem Unterteil des Monuments. Das Fragment hatte man Luschan schon 1888 als »Stein mit Tscherkessen-Patronen« angezeigt. Es war in zweiter Verwendung auf dem Friedhof Tahtalı Pınarı zwischen Sendschirli und Gerdschin eingegraben. Der Patronengurt erwies sich als das mit Quasten verzierte rockartige Kleidungsstück, auf dem das Schriftfeld von 23 Zeilen in erhabenen Buchstaben abgesetzt war. Leider ist nur das erste Drittel der Zeilenanfänge gut erhalten geblieben; Schwierigkeiten macht schon die Lesung des mittleren Teils, während das Ende durch Absplitterungen und Verwitterung sehr gelitten hat.

Immerhin waren die Ergebnisse, die Sachau den Mitgliedern der Akademie mitteilen konnte, von größter Wichtigkeit. Bei der Statue handelte es sich um das Fragment einer Darstellung des Königs Panamu, die ihm von seinem Sohne Barrakab (Bar-Rekub) errichtet worden war[35]. Dieser Panamu aber wurde Herrscher über Sam'al tituliert[36].

Damit war eine grundlegende Erkenntnis gewonnen. Denn Panamu gehört zu den Fürsten, die nach Ausweis der assyrischen Tributlisten ihre Abgaben an den assyrischen König Tiglatpilesar III. zu liefern hatten, der von 746–727 v. Chr. regierte. Daraus ergab sich neben dem antiken Namen Sam'al für die Ausgrabungsstätte erstmals die Möglichkeit einer chronologischen Einordnung nicht nur für den Herrscher und seine Regierungszeit, sondern auch für die mächtige Stadtanlage, mit deren Freilegung die deutschen Forscher so intensiv beschäftigt waren.

In der schwierigen Frage der Identifizierung ist man sich darin einig, daß die beiden Panamu genannten Herrscher nicht identisch sein können. Ohne Zweifel muß der Stifter der Hadad-Statue zeitlich früher als der König gleichen Namens angesetzt werden, der ein Zeitgenosse von Tiglatpilesar III. gewesen ist. Aber wie weit Panamu I. von Panamu II. zeitlich zu trennen ist, darüber gehen die Meinungen noch auseinander[37].

Die Inschrift vermittelt uns eine Fülle von historischen Informationen, und es ist daher um so mehr zu bedauern, daß für das volle Verständnis und – natürlich um so mehr – für die eindeutige Übersetzung viele Unklarheiten bestehen bleiben[38].
»Diese Statue hat Barrakab für seinen Vater Panamu aufgestellt« – so beginnt der Text, dem dann eine leider nicht mehr erhalten gebliebene chronologische Angabe folgte. Anscheinend hat die Errichtung dieser Statue einen doppelten Zweck; sie sollte einmal Barrakabs eigene Thronbesteigung verewigen und außerdem das Andenken seines Vaters Panamu II. ehren, gefallen »zu Füßen seines Herrn Tiglatpilesar, des Königs von Assyrien, in der Schlacht. . .« (der Name nicht mehr erhalten; es handelt sich um den Feldzug gegen Damaskus). »Und es beweinten ihn seine Verwandten, die Könige, und es beweinte ihn das ganze Heer seines Herrn, des Königs von Assyrien. Dann nahm sein Herr, der König von Assyrien ..... seine Seele; und er errichtete für ihn ein Denkmal am Wege und überführte meinen Vater von Damaskus nach Assyrien. Ich aber, Barrakab, der Sohn des Panamu, mich hat auf Grund der Gefolgstreue meines Vaters und meiner eigenen mein Herr (auf den Thron) meines Vaters Panamu gesetzt« (Zeile 16 ff.).
Im ersten Teil war die innenpolitische Situation dargestellt, die zur Thronbesteigung seines Vaters Panamu II. geführt hatte. Die von Benno Landsberger vorgeschlagene Deutung, daß es sich hierbei um Auswirkungen der von Sardur III. von Urartu angeführten antiassyrischen Koalition handelt, hat viel Wahrscheinlichkeit für sich[39]. Dabei hätten sich in Sam'al zwei Parteien gebildet, eine gegen, die andere für Assyrien. In der großen Schlacht von 743 blieb Assyrien siegreich, und es erscheint denkbar, daß jetzt Panamu II. zur Regierung kam, während sein Vorgänger auf dem Thron (wer es war, läßt sich bisher nur vermuten) zusammen mit 70 Angehörigen des königlichen Hauses ihr Leben lassen mußten. Nach Öffnung der Gefängnisse und Befreiung der Gefangenen (vgl. Zeile 8) »machte mein Vater« – so läßt uns Barrakab wissen – »es besser, als es früher gewesen war. (Sam'al) war reich an Weizen und Gerste, Getreide und Durra (Bedeutung unklar) in seinen Tagen; und damals aß und trank . . .«; hier ist wiederum eine Lücke im Text, aber sicherlich ist zum Ausdruck gebracht worden, daß in der Periode des neuen Wohlstands niemand in Sam'al hungerte und dürstete. Fortan war Panamu II. ein treuer Waffengefährte seines Oberherrn, des assyrischen Königs Tiglatpilesar III., und er hatte das Vorrecht, Streitwagen an Streitwagen inmitten der assyrischen Heeresformation »vom Aufgang der Sonne bis zum Untergang« beim Angriff durch die Lande zu jagen[40].
Glücklicherweise ist inmitten der Schuttberge eine sehr repräsentative Darstellung des Königs Barrakab erhalten geblieben (vgl. Taf. 11) und außerdem vor dem Palast K ein Orthostat mit dem Bild des Königs und seiner berühmten Bauinschrift, deren Übersetzung hier wiedergegeben werden soll[41]: »Ich bin Barrakab, der Sohn des Panamu, der König von Sam'al, der Knecht Tiglatpilesars, des Herrn der vier Weltgegenden. Aufgrund der Ergebenheit meines Vaters und meiner eigenen haben mich mein Herr Rakkab-El und mein Herr Tiglatpilesar auf den Thron meines Vaters gesetzt. Und das Haus meines Vaters war . . . als alle[42]; und ich jagte dahin Streitwagen an Streitwagen[43] mit meinem Herrn, dem König von

Assyrien inmitten mächtiger Könige, Besitzern von Silber und Besitzern von Gold. Und ich übernahm mein Vaterhaus und machte es schöner als das Haus irgendeines der mächtigen Könige. Und es neideten meine Brüder, die Könige, alles, was die Schönheit meines Hauses ausmachte. Meine Väter, die Könige von Sam'al hatten kein schönes Haus; sie hatten das Haus des Kilamuva; aber dieses war für sie Winterhaus, und es war (zugleich) Sommerhaus; und ich baute dieses Haus«[44]. – Welche Ergebnisse die Ausgrabungen zu diesen Angaben geliefert haben, soll im folgenden kurz skizziert werden.

Die Stadtanlage von Sam'al

Als die Ausgrabungen im Januar 1890 erneut einsetzten, sah man sich großen Problemen gegenüber. Es ist Robert Koldeweys Verdienst, daß er nicht nur ausgegraben hat, sondern daß er darüber hinaus in Band II der Sendschirli-Publikation mit seiner Darstellung des Ausgrabungsbefundes, seinen detaillierten Zeichnungen und Rekonstruktionen ein Werk geschaffen hat, von dem Walter Andrae, selbst ein Meister seines Fachs, urteilt, es sei »zur immer gültig gebliebenen Lehrfibel« geworden[45].

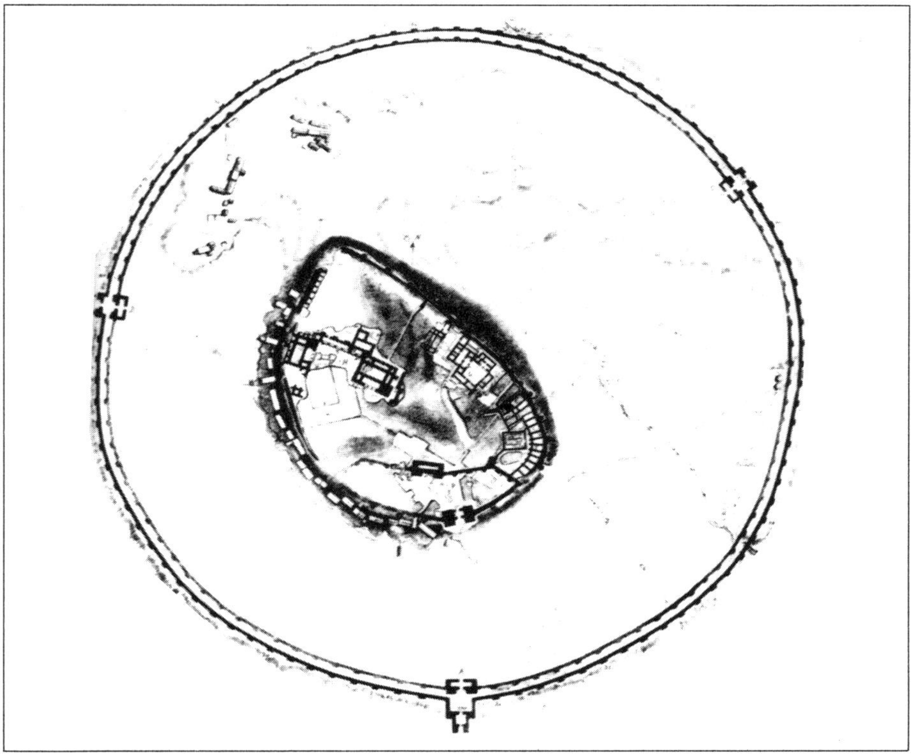

26. Plan der Stadt und Burg in Sam'al von Robert Koldewey.

Die Abbildung 26 ist eine Wiedergabe des Stadtplans von Sam'al. Den dominierenden Burghügel umgibt eine fast kreisrunde doppelte Stadtmauer mit einem Durchmesser von etwa 720 m. Diese besteht aus einem doppelten Mauerring mit einem Zwischenraum von 7,30 m. Von den Mauern ist nur das Fundament erhalten geblieben, der Oberbau aus Lehmziegeln war völlig verschwunden, so daß bei Beginn der Ausgrabungen die Straße nach Maraş auf dem Fundament der Stadtmauer verlief. In nahezu regelmäßigen Abständen ist die Mauer mit Türmen verstärkt und, nach den Berechnungen von Koldewey, in Form eines regelmäßigen Hundertecks angeordnet.

27. Schematische Skizzen der Reliefs auf den Orthostaten des südlichen Stadttores in Sam'al.

Die Ausgräber haben zunächst angenommen, daß der Bau der Mauern verschiedenen Perioden angehöre, und zwar datierten sie die innere Mauer in das 13. Jahrhundert v. Chr., während der äußere Ring ein halbes Jahrtausend später, im 8. Jahrhundert v. Chr., vorgesetzt worden sei. Auf die Unhaltbarkeit dieser Theorie hat Rudolf Naumann hingewiesen und den überzeugenden Beweis geführt, daß beide Ringe nicht sehr weit zu trennen sind, wahrscheinlich sogar der gleichen Zeit angehören. »Der stärkere und höhere Steinsockel der äußeren Mauer erklärt sich als Schutz gegen Untergrabung und Zerstörung durch Rammböcke und Widder, was bei der inneren nicht die wichtige Rolle spielte, weil nach der Zerstörung der ersten Linie diese Maschinen kaum über den Schuttwall herangebracht und wirksam eingesetzt werden konnten. Daß die innere Mauer über 500 Jahre in Benutzung geblieben sein kann, ist unwahrscheinlich, wenn man den Verlauf der Geschichte in diesen fünf Jahrhunderten betrachtet. Ebenso unwahrscheinlich ist es, daß man sich nach dieser Zeit noch so genau an das ältere Vorbild gehalten haben soll, wie es hier der Fall ist«[46].
Nach den Ergebnissen der Stilforschung gehören die beim südlichen Stadttor aufgefundenen Orthostaten (vgl. Abb. 26) der ältesten Periode künstlerischen Schaffens an, deren Beginn für das 10. Jahrhundert v. Chr. angesetzt wird. Man wird daher auch die Erbauung der Doppelmauer von Sam'al in diese Zeit zu datieren haben.
Drei Tore führten in das Stadtgebiet hinein. Unsere Abbildung 28 vermittelt eine gute Vorstellung von der grandiosen fortifikatorischen Anlage, wie sie sich für das südliche Tor ergibt. Sie zeigt, wie die äußere Mauer nach außen vorliegt, so daß mit der dahinter liegenden Innenmauer ein geschlossener Torhof entsteht.

28. Rekonstruktion des südlichen Stadttores in Sam'al von Robert Koldewey.

Wichtiger Bestandteil des Festungssystems sind die flankierenden Türme. Zur Frage der Höhe dieser Türme äußert Koldewey: »Daß die Türme die Mauer überragten, ist unwahrscheinlich. Der für die Verteidigung so wichtige Umgang auf der Mauerkrone würde zu häufig unterbrochen werden und Durchgänge auf dem oberen Turmteil nach Art späterer Befestigungen (Pompeji) darf man hier wohl schwerlich annehmen. Die Türme stellen also eine Verstärkung der Mauer dar sowie eine Erweiterung des Wallganges und ermöglichen die Flankierung der Kurtine«[47].

Ob die unteren Teile der aufgehenden Lehmziegelwände beim äußeren Tor mit plattenförmigen Blöcken gegen Beschädigungen und Witterungseinflüsse geschützt waren, ließ sich nicht mehr feststellen. Diese sogenannten Orthostaten mit und auch ohne Reliefdarstellung standen entlang den Mauern auf einem Fundament aus Hausteinen. Bei dem äußeren Tor sind aber selbst diese Läufer des Fundamentes nicht mehr erhalten, doch ist es wenigstens noch gelungen, den Grundriß festzustellen (vgl. Abb. 23). Etwas günstiger war der Zustand des inneren Tores; hier war ein Teil des Läuferfundamentes noch erhalten. Da die acht schon 1888 entdeckten Reliefs (vgl. oben S. 89) unmittelbar vor diesem Mauerstück lagen, werden sie sicherlich auch hier einstmals aufgestellt gewesen sein. Felix von Luschan hat diesem Komplex dann noch einen neunten Orthostat zugewiesen, der in der Wand eines Hauses im Dorf verbaut war (Relief d auf Abb. 27).

Die Abbildung 27 vermittelt eine gute Vorstellung von den Reliefs, die keinem einheitlichen Thema zuzuordnen sind. Sicherlich kommt ihnen nicht nur eine schmückende Funktion zu. Der apotropäische Charakter, ein Schutz gegen alles Böse und Unheil, ist unverkennbar, wie die dämonischen Wesen (Abb. 27 a u. b) zeigen. In diesen Bereich gehören auch die zwei riesigen Laibungslöwen, über 2 m hoch und über 3 m lang, auf zwei anpassenden Blöcken gearbeitet. Ihnen hat Koldewey einen Platz im inneren Burgtor zugewiesen (vgl. die Rekonstruktion Abb. 28). Ein ebenfalls beliebtes Thema sind die verschiedenen Jagdszenen, während man bei anderen Orthostaten an die Symbolisierung von Sternbildern gedacht hat[48].

Das westliche und nordöstliche Stadttor entsprechen in Anlage und Ausführung dem Südtor; noch in ihrer ursprünglichen Aufstellung wurden eine Reihe von Orthostaten freigelegt, jedoch ohne Reliefschmuck.

Das Südtor auf der Akropolis

Genau umgekehrt verhielt es sich mit der Toranlage, die den Zugang zu der Akropolis bildete. Hier hatte die Ausgrabung 1888 eingesetzt, hier waren die mit Reliefs verzierten Orthostaten aufgefunden, die teilweise noch auf der tragenden Läuferschicht ruhten. Auf der kleinen Fläche von ungefähr 200 qm sind 40 mit Reliefs geschmückte Orthostaten noch erhalten geblieben, ein einzigartiger Glücksfall.

29. Rekonstruktion der Burg in Sam'al von Robert Koldewey.

Die zeichnerische Wiederherstellung auf Abbildung 29 gibt einen guten Eindruck von dem gepflasterten Eingang und der Anordnung der Orthostaten, die teilweise auf einem Fundament von drei Schichten standen. Die von Koldewey entworfene Rekonstruktion zeigt eine Ansicht des Bauwerks von der Innenseite, d.h. von der Burgseite aus (Abb. 30). Ein solider Mauerring sicherte die Burganlage auf allen Seiten.

Im Vorderasiatischen Museum in Berlin ist eine Rekonstruktion des inneren Burgtores aufgebaut, so daß es möglich war, die vier monumentalen Torlöwen ebenso wie die Berlin zugeteilten Orthostaten in ihrer ehemaligen Anordnung wieder aufzustellen und so dem Besucher ein eindrucksvolles Bild der Architektur der Residenz Sam'al vor Augen zu führen.

Bei der Schilderung des Ausgrabungsbeginns war schon auf die überwältigenden Funde, das reiche ›Bilderbuch‹ der reliefgeschmückten Orthostaten hingewiesen worden (vgl. oben S. 88). Als kleine Kostprobe mag eine Folge von Orthostaten von der Osthälfte des Burgtores dienen, die zu den schönsten der ganzen Serie gehören[49]. Beginnen wir mit einem Eckblock, auf dem – wie die Ausgräber meinten – ein ›Krieger‹ dargestellt ist, gleichsam als wolle er zum Kampf aus der Burg herausmarschieren (vgl. Taf. 7). In der linken Hand hält er einen auffallend großen Schild, bei dem zwei kreisrunde Scheiben durch einen breiten Steg mitein-

30. Rekonstruktion des Burgtores in Sam'al von Robert Koldewey (von innen gesehen).

ander verbunden sind. Die Bewaffnung besteht aus einem Speer, der größer ist als der ›Soldat‹, und einem Schwert, das an einem Gurt befestigt zu sein scheint. Als Kopfbedeckung dient ein kegelförmig gestalteter Helm mit einer scheibenartigen Bekrönung. Das Haupthaar ist im Nacken als Doppelzopf zusammengefaßt, am Ende aufgerollt; Kinn- und Backenbart sind sorgfältig gesträhnt, und es scheint so, als ob auch ein buschiger Schnurrbart auf der Oberlippe nicht fehlte.
Wie üblich, ist im Gegensatz zur frontalen Darstellung des Körpers das Gesicht im Profil gesehen, mit Ausnahme des in Vorderansicht dargestellten länglich ovalen Auges, das den Betrachter, Respekt einflößend, anblickt.
Auf der westlichen Schmalseite dieses Blockes erscheint eine weibliche Figur, kostbar gekleidet mit einem langen, vielfach gegürteten Gewand, das vom Hals, mit einer dreieckigen Perlenkette geziert, bis zu den Füßen reicht (Tafel 9). Auffallend ist der lange Schleier, der – von der Haube gehalten – den Rücken herabfällt, jedoch derart, daß die Frisur, die ganz der des Kriegers entspricht, noch sichtbar bleibt (vgl. Abb. 34 u. Taf. 9 rechts).
Dieser Orthostat hatte die Ausgräber schon am ersten Tag erfreut, wie Humann in seinem summarischen Bericht vermerkt: »Es war ein Mädchen dargestellt, das einen Spiegel hielt«. Als »weibliche Figur« bezeichnet sie Luschan bei seiner Beschreibung. Dieser Erklärung steht die anschließende Platte entgegen. Hier ist ohne weiteres der ›Wettergott‹ erkennbar, der in der hoch erhobenen linken Hand das dreistrahlige Blitzbündel hält und mit der rechten den Hammer schwingt (Taf. 9 links).
In seiner Kleidung ähnelt er sehr dem in nächster Nähe stehenden ›Krieger‹; er trägt ein ebenso gearbeitetes Schwert und einen Helm gleicher Art, unter dem jedoch das zu einem Zopf geflochtene Haupthaar mit aufgeringeltem Ende weit den Rücken herunterfällt. Als Koldewey später in Babylon arbeitete, fand man ein Relief in gleicher Darstellung wie in Sendschirli. Da es ebenfalls aus Dolerit angefertigt war, ist seine Herkunft aus Sam'al sehr wahrscheinlich, wobei allerdings die Frage offen bleibt, ob verschleppt oder geliefert.

Abb. 31 Abb. 32 Abb. 33 Abb. 34

31.–34. Vier Orthostaten vom Burgtor in Sam'al.

So drängt sich die Erklärung auf, daß neben dem ›Wettergott‹ eine Göttin mit einem Spiegel in der linken und einem Granatapfel in der rechten Hand steht, wahrscheinlich die oft zusammen mit dem Wettergott dargestellte hethitische Muttergöttin Kupapa, wie eine Göttin mit Spiegel auf einem Relief im benachbarten Karkamiş durch die Beischrift benannt ist[50].
Leider ist die folgende Darstellung viel schlechter erhalten (Abb. 32); sie läßt eine anscheinend eher thronende als sitzende weibliche Figur erkennen, deren Gesicht und Hände völlig zerstört sind. Daß es sich um ein möglicherweise auch in den kultischen Bereich gehörendes Relief handelt, macht der benachbarte Wettergott ebenso wie der anschließende Orthostat wahrscheinlich, dessen Darstellung außergewöhnlich gut erhalten geblieben ist: ein geflügelter Dämon. Man hat den Eindruck, daß ihn der Künstler besonders sorgfältig, fast liebevoll behandelt hat. Auf dem menschlich gestalteten Körper, der mit einem kurzärmligen, eng anliegenden Rock bekleidet ist, sitzt der Kopf eines Raubvogels mit stark gekrümmtem Schnabel; die breiten Schwingen setzen auf dem Rücken an, während die Ohren des geflügelten Dämons an die eines Säugetieres erinnern (Abb. 31). Hier liegt also eine durchaus zusammengehörige Anordnung der Orthostaten vor, die einen Zug der Götter darstellen. Man wird daher in diesen Kreis der Götter auch den ›Krieger‹ einzureihen haben der den Zug auf dem Eckblock anführt, wenn wir ihn auch nicht benennen können[51].
Man geht sicher nicht fehl in der Annahme, daß diesen übernatürlichen, außerirdischen Wesen der Schutz der im Inneren der Stadtanlage sich erhebenden Burg und ihrer Bewohner zugedacht war. Unverkennbar ist auch ihr apotropäischer Charakter, d.h. die ihnen anvertraute Aufgabe, alles von außen her andrängende Böse abzuwehren und zu verhüten. Bei anderen Themen auf den Orthostaten – bespannte Streitwagen, symmetrische Darstellungen von Ziegen oder Steinböcken oder verschiedene Jagdszenen – muß man wiederum, wie schon bei der Beschreibung des Südtores (vgl. oben S. 112) die Frage stellen, ob sie wirklich nur, wie verschiedentlich angenommen, dekorativen Zwecken dienten oder nicht

doch eine uns nicht ohne weiteres verständliche religiöse oder kultische Funktion hatten.

Die Akropolis von Sam'al und ihre Bauten

Es ist ein schwieriges Unterfangen, in Kürze die vielfältigen Ergebnisse darzustellen, die wir den Ausgrabungen in Sendschirli verdanken. ›Sternstunden‹ bei den Ausgrabungen und besondere Höhepunkte während der Arbeit sind bereits auf den vorangehenden Seiten geschildert worden, und es sollen jetzt noch zusammenfassend die Ergebnisse beschrieben werden, die sich für die Besiedlung der Akropolis ergeben haben.
Dabei ist zu bedenken, daß die Ausgrabungen in Sendschirli keineswegs, wie man zunächst erhofft hatte, zu Ende geführt werden konnten. Denn in den bisherigen Ausgrabungen hat man nur gut die Hälfte der Oberfläche der Akropolis untersucht!
Was aber trotzdem bisher geleistet und erreicht wurde, führten eindrucksvoll der von Koldewey angefertigte Plan und die Rekonstruktion vor Augen, die auf den Abbildungen 29 und 35 beigegeben sind[52]. Durch die bereits diskutierte Anlage des befestigten und mit den reliefgeschmückten Orthostaten verzierten Burgtores gewann man den Zutritt. Um zu den höher gelegenen Wohn- und Palastbauten zu gelangen, mußte man ein weiteres Tor passieren. Im Palastbezirk selbst ergab

Erklärungen zu den Farbtafeln IV – XI (Seiten 117–120)

IV. Der große, steinerne Löwe ist wieder auf seinem ursprünglichen Platz neben dem Feueraltar auf der Ostterrasse aufgestellt.

V. Aussicht vom Nemrud Dağ auf das Felsenmeer der kommagenischen Berglandschaft.

VI. Die große Kultinschrift auf der Rückseite der Thronsessel der monumentalen Götterfiguren auf der Westterrasse.

VII. und VIII. Die Köpfe der Göttin Kommagene (VII.) und des Gottes Mithras (VIII.) waren ebenfalls von ihren Sitzen auf der Westterrasse herabgestürzt und wurden wieder aufgestellt.

IX. Unter dem Schotter hinter den Thronsesseln auf der Ostterrasse fand sich fast unversehrt der Porträtkopf des Königs Antiochos I. (vgl. Tafel 58).

X. Blick auf die stark zerstörte Westterrasse mit den wiederaufgestellten Köpfen.

XI. Der von der Statue auf dem Thronsessel herabgestürzte Kopf des Königs Antiochos I. auf der Westterrasse.

→ V

↓ VI

↓ VII

→ VIII

↓ IX

← X

XI

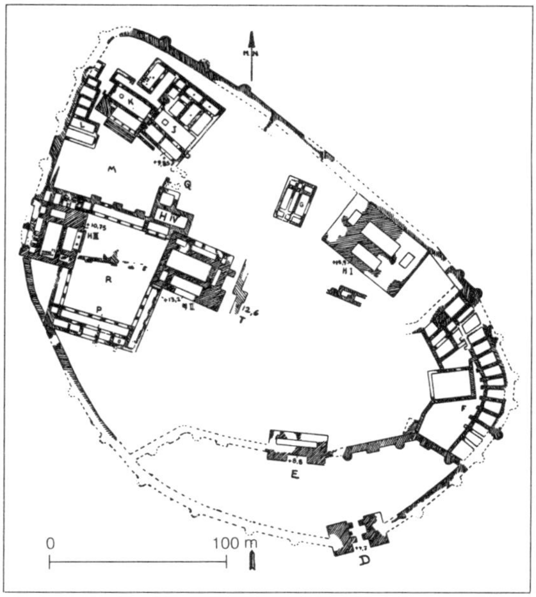

← 35. Plan der Burg von Sam'al von Robert Koldewey mit Ergänzungen von Rudolf Naumann.

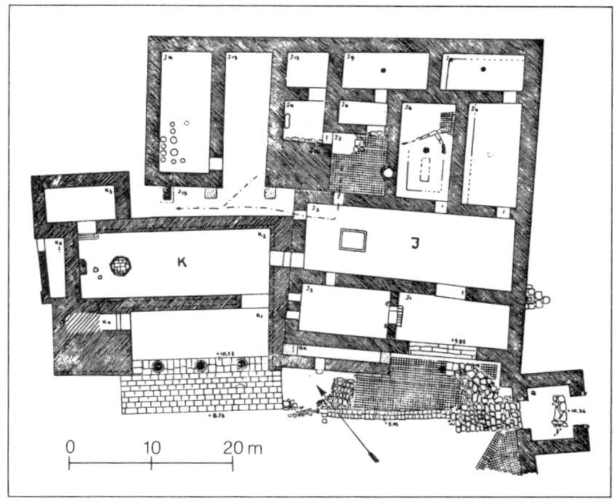

↑ 36. Die Paläste J und K in Sam'al.

sich der glückliche Befund, »daß die einheimische Palastform in mehreren dem Grundriß nach gut erhaltenen Exemplaren gefunden worden ist, an welchen man sowohl den Ursprung der Bau-Idee als auch deren Weiterbildung im Laufe der Zeit vorzüglich beobachten kann«, charakterisiert Koldewey einen Bautyp[53], der als Hilani bezeichnet wird. Diese Wohnform spielte im 2. Jahrtausend v. Chr. noch keine Rolle, findet sich aber in den nachfolgenden Jahrhunderten in verschiedenen Residenzstädten im nördlichen Syrien. Die einfachen Grundtypen sind – wie Rudolf Naumann es in seinem Werk über die ›Architektur Kleinasiens von ihren Anfängen bis zum Ende der hethitischen Zeit‹ formuliert hat – »Einzelbauten ohne Höfe oder Lichthöfe . . . d.h. Gebäude, welche eine Vorhalle mit ein, zwei oder drei Stützen an der Front aufweisen und hinter dieser einen querliegenden Hauptraum mit Herdplatz besitzen, um den sich kleinere Räume gruppieren. An einer Seite der Vorhalle liegt ferner gewöhnlich, jedoch nicht immer, ein Treppenhaus, und häufig sind die Frontwände und Torlaibungen der Gebäude mit Orthostaten und Tierplastiken versehen, und die Stützen stehen auf skulpierten Postamenten. Dieser Bautypus ist ähnlich auch die Grundform des Tempels, und es ist charakteristisch, daß es sich um einen in sich geschlossenen Baukomplex handelt, der nicht durch Anfügen weiterer Räume beliebig vergrößert werden kann wie der hethitische und auch der mesopotamische Palast«[54].

Im kommagenischen Raum hat sich dieser Grundtypus durch die Jahrhunderte bis heute fortgesetzt. Als wir ein Depot und das Ausgrabungshaus in Eski Kâhta errichteten, wurde diese praktische Hausform auch von uns beibehalten, allerdings haben wir uns doch, entgegen den antiken Gewohnheiten, nicht gescheut, praktische Zu- und Anbauten vorzunehmen.

Koldewey war der Meinung, daß sich die bei den Palastbauten zugrunde gelegte Form der Hilani I–IV (so wurden die Bauten numeriert) aus den von Türmen flankierten Festungstoren entwickelt hätte, die auch im Falle der Gefahr als letzter Zufluchtsort mit guten Verteidigungsmöglichkeiten gedient haben könnten. Für die in dieser Art und Weise bewohnten Toranlage glaubte Koldewey, wichtige Hinweise im Alten Testament zu finden[55].
Diese Deutung wurde zwar vielfach diskutiert, hat jedoch keine Anerkennung gefunden.
Wann die Besiedlung der Akropolis einsetzte, darüber liegen noch keine gesicherten Erkenntnisse vor. Jedoch erweisen Kleinfunde, daß sie bis in das 3. Jahrtausend zurückreicht, wie Fragmente von Gefäßen der sogenannten Habur-Keramik ebenso zeigen wie die weiblichen Tonpuppen aus der gleichen Zivilisationsstufe. Auch eine Reihe von Siegelfunden sind noch in das 3. Jahrtausend zu datieren.
Als Art Vorstufe der Hilani I–IV ist der Palast J anzusehen, der 1902 noch im Nordwestbezirk der Akropolis von Sendschirli freigelegt wurde; er gliedert sich augenscheinlich in den offiziellen, den intimen und den Wirtschaftsteil[56]. Naumann möchte in dem 8 m breiten Eingang (vgl. Abb. 36) noch eine oder zwei Stützen ergänzen, wenn auch in der Ausgrabung Hinweise dafür fehlten; er vermutet, daß die Anordnung eines Treppenhauses im rückwärtigen Trakt anzeige, daß nur dieser Teil ein zweites Geschoß getragen habe, da man für den vorderen Teil höhere Räumlichkeiten annehmen müsse.
Die große Überraschung bei diesem Palast aber war ein mit dem Bildnis eines Königs und einer phönizischen Inschrift verzierter Orthostat, der neben der großen Schwelle stand, die in die Vorhalle (J auf Abb. 36) des Gebäudes führte.

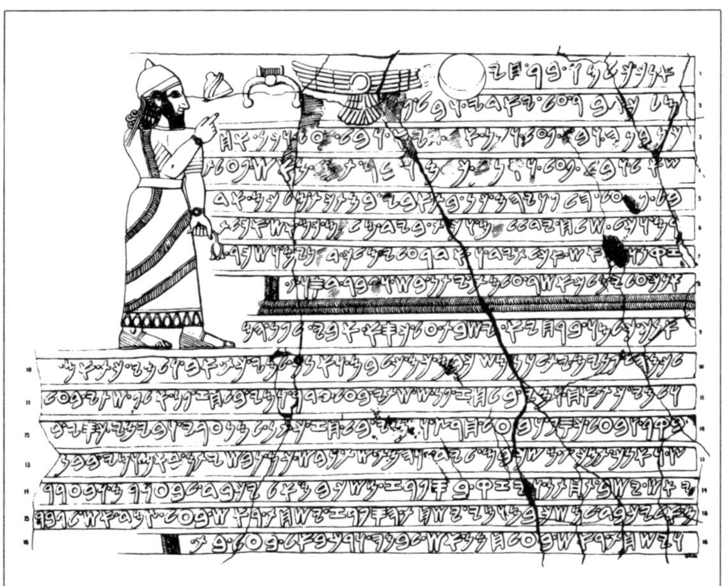

37. Schematische Skizze der Inschrift von König Kilamuva am Eingang zum Palast I.

Hier aber hatte eine Feuersbrunst von so verheerenden Ausmaßen gewütet, daß der Doleritblock »in viele große und zahllose kleine Stücke zertrümmert war und eine Wiederherstellung zunächst völlig ausgeschlossen schien. Jedenfalls mußte sie jahrelange, mühevollste Mosaikarbeit bedingen, wenn es überhaupt gelingen sollte, den Text zu retten«, beurteilte Luschan die Vielzahl der Trümmer[57]. Unsere Abbildung 37 zeigt, daß das mühevolle Werk gelungen ist. Der Beginn des Textes: »Ich bin Kilamuva, Sohn des Haya«, der sich alsbald schon ergab, spornte natürlich zu besonderer Sorgfalt und Anwendung aller nur möglichen Hilfsmittel an.
Es wurde in dem Restaurator Seils der Mann gefunden, »der es in aufopfernder Arbeit fertig gebracht hat, die kleinen und kleinsten Bruchstücke wieder zu einem ganzen zu vereinen, und so der wissenschaftlichen Untersuchung einen Text zugänglich zu machen, der ihr sonst für immer verloren gegangen wäre. Dabei war die Zusammenfügung der größeren Stücke und das Aufrichten des ganzen Blocks die sehr viel geringere Arbeit; die Hauptschwierigkeit bildete nicht der Aufbau des Skeletts, sondern die Wiederherstellung der Epidermis (d.h. der Oberfläche). Eine Feuersglut, die Orthostaten von der Dicke eines halben Meters völlig zertrümmern konnte, mußte auf das feine Relief einer schutzlos der Hitze preisgegebenen Inschrift naturgemäß fast vernichtend wirken. Besonders die ungleiche Erhitzung der im Relief vortretenden Buchstaben mußte ihre Erhaltung auf das ärgste gefährden. Stärker erhitzt, dehnten sie sich auch stärker aus und splitterten manchmal (vollständig) von dem Stein ab, wie die aufgeklebten Buchstaben einer Firmentafel«[58].
So hatten die gemeinsamen Mühen der Ausgräber und Restauratoren ein Schriftzeugnis wiedergewonnen, das seit der Veröffentlichung den Scharfsinn der Gelehrten immer wieder herausgefordert hat; denn von vielen Schriftzeichen der semitischen Buchstaben sind nur Teile erhalten. Das aber bedeutet, daß verschiedene Deutungen für die Lesung der Buchstaben möglich sind, die zu ganz entgegengesetzten Auffassungen über den Inhalt des Textes führen können. Die Bedeutung dieses Textes hat Benno Landsberger, der selbst an den Entzifferungsversuchen maßgeblich beteiligt war, hervorgehoben und betont, daß die Inschrift des Königs Kilamuva »an Originalität, an Einfachheit, an Kraft und Plastik des Ausdrucks ihresgleichen nicht hat«[59].
Die zeitliche Fixierung von König Kilamuva ermöglichen die assyrischen Quellen. Denn durch die Eponymenliste ist seine Regierung im Anfang der Herrschaft von Salmanassar III. (858–824) bezeugt, der Kilamuva im Kampf gegen seine feindlichen Nachbarn unterstützte, worauf Kilamuva in der folgenden Inschrift dankbar hinweist. Vielleicht ist sein Vater Haya identisch mit einem Fürsten Haya, der bereits auf dem berühmten ›Schwarzen Obelisken‹, dem Siegesdenkmal für Salmanassar III., unter den zum Tribut verpflichteten Fürsten genannt wird.
Der Text ist durch eine doppelte, erhabene Linie in die beiden mit A und B bezeichneten Teile gegliedert (vgl. Abb. 37). Die vielfachen Bemühungen um eine Entzifferung und Deutung haben bisher zu folgenden Ergebnissen geführt:

Teil A

»Ich bin Kilamuva, Sohn des Haya. Es herrschte Gabbar (GGB) über Ja'diya und tat nichts; und es war mein Vater Haya, und er tat nichts; und es war mein Bruder Ša'il da, und er tat nichts. Ich aber, Kilamuva, Sohn der TM–, was auch immer ich gemacht habe, die Früheren hatten es nicht gemacht.
Das Haus meines Vaters war inmitten mächtiger Könige, und ein jeder streckte seine Hand aus, um mit ihm zu kämpfen. Und ich war in der Hand der Könige so, als ob ich gegessen hätte meinen Bart und als ob ich meine Hand gegessen hätte. Und der König der Danuna (DNNY) war mächtig gegen mich, ich aber (fand die Unterstützung) des Königs von Assur. Eine Jungfrau wurde hingegeben für ein Schaf und ein Jüngling für einen Mantel.«

Teil B

»Ich, Kilamuva, Sohn des Haya, setzte mich auf den Thron meines Vaters. Unter den früheren Königen knurrten die Muškabim (vor Unzufriedenheit) wie Hunde; ich aber war dem einen Vater und dem anderen Mutter und dem dritten Bruder. Und wer nie ein Schaf gesehen hatte, ich machte ihn zum Besitzer einer Schafherde; und wer nie ein Rind gesehen hatte, ich machte ihn zum Besitzer einer Rinderherde und zum Besitzer von Silber und zum Besitzer von Gold. Und wer von seiner Jugend an kein Leinen gesehen hatte, in diesen meinen Tagen bedeckte ihn ein Gewand. Und ich hielt die Muškabim an der Hand, und sie fühlten eine Gesinnung gegen mich wie die Gesinnung einer Waise gegenüber der Mutter.
Und wer unter meinen Nachkommen an meiner Stelle sitzen wird, aber diese Inschrift beschädigt, (für dessen Regierung gilt): Die Muškabim sollen die Ba'ririm nicht ehren und die Ba'ririm sollen die Muškabim nicht ehren. Und wer diese Inschrift verdirbt: Sein Haupt soll der Herr des Zweigespanns, der (Gott) des Gabbar vernichten . . .« (genannt werden noch weitere Gottheiten).[60]

Als Felix von Luschan dieses bedeutsame Dokument veröffentlichte, sagte er, daß er sich mit der Wiedergabe des wiederhergestellten Orthostaten begnüge ohne den Versuch einer Umschrift oder Übersetzung, um »die Lesung dem großen Kreis von Semitisten gemeinsam zu überlassen«[61]. Diese Publikation erfolgte 1911. Luschan hat noch die ersten Erfolge der Gelehrten, die sich um die Übersetzung bemühten, erlebt; weitere Unklarheiten konnten geklärt werden, so daß jetzt das historische Dokument im wesentlichen als gesichert gelten darf.
Einen Hinweis verdient auch noch die in einem schmalen Gang des Palastes von Kilamuva gefundene 6,7 cm lange goldene Hülse mit einem Durchmesser von 2,2 cm[62]. Die in phönizischer Sprache abgefaßte Inschrift von sieben Zeilen steht in zwei durch die Ornamente gebildeten rechteckigen Feldern und lautet: »Dieses SMR schuf Kilamuva, Sohn des Haya, dem Rakab-El. Möge ihm geben Rakab-El Länge des Lebens«[63].
Es handelt sich also um ein Weihegeschenk für den Wagenführer des Gottes El,

den ›Herren des Streitwagens‹. Was war es für ein Weihgeschenk, für das sich Kilamuva als Gegenleistung ein langes Leben erhoffte? Das Wort SMR ist indessen bisher unbekannt; man dachte zunächst an die Hülse für ein Zepter. Mir scheint jedoch die Deutung von Landsberger einleuchtender, der an die Weihung einer Peitsche mit goldenem Griff dachte – ein besonders geeignetes Geschenk für den genannten Gott.

Das an den Palast J anschließende Gebäude K läßt bereits die soeben charakterisierten Merkmale der Hilani erkennen. Bisher hat man in Sam'al vier Bauten dieser Art identifiziert. Kultbilder sind anscheinend darin nicht aufgestellt gewesen, doch dienten sie vielleicht »als Ort kultischer Zusammenkünfte und Handlungen. Alle vier Hilanis gehören zeitlich eng zusammen«, und zwar in die Periode von etwa 730–680 v. Chr.[64].

In unserem Zusammenhang mag eine kurze Charakterisierung von Hilani III nützlich sein. Bei seiner Erbauung benutzte man einen Teil der älteren Burgmauer als Rückwand (vgl. Abb. 30). Der Grundriß Abbildung 36 zeigt eine nahezu quadratische Anlage. Wahrscheinlich auf fünf Stufen stieg man zu der von zwei Säulen gestützten Vorhalle (A) empor, deren Front mit schönen Orthostatenreliefs geschmückt war, von denen eine Anzahl wiederaufgefunden worden sind – leider häufig durch den Brand sehr in Mitleidenschaft gezogen. Meist waren – wie es scheint – schreitende Personen dargestellt gewesen. Von der Vorhalle führte ein Durchgang in die Haupthalle (D). In dem massiven Turm (B) befand sich der Aufgang in das obere Stockwerk. Die rückwärtige Front enthielt eine Reihe von kleineren Räumen, die sanitären Zwecken dienten, wie eine Toilette (H) mit Abflußkanal durch die Burgmauer nach außen. Den anschließenden Raum (G) glaubte Koldewey als heizbares Bad erklären zu können, weil Schlackenreste von ihm als Herd gedeutet wurden, auf dem eine Badewanne gestanden habe[65]. Naumann dagegen spricht dieses Gemach nur als ›Waschraum‹ an[66].

Da Hilani III vollständig ausgegraben und relativ gut erhalten war, verlockte dieses Gebäude natürlich zu einer Wiederherstellung. So hat auch Koldewey einen ›Ergänzungsversuch‹ der Front des Hilani unternommen, obwohl er nicht gern ergänzte, wie uns Walter Andrae wissen läßt[67]. »Koldewey wollte alles, was man nicht belegen und beweisen kann, am liebsten fortlassen oder wenigstens äußerst luftig und unbestimmt behandelt wissen. Er gibt daher nur das Notwendigste für den Zusammenhang an und übt die schöne ›Kunst des Weglassens‹, der im Literarischen die ›Kunst des Verschweigens‹ entspricht«.

Inzwischen sind die urartäischen Bronzen bekannt geworden wie auch assyrische Reliefs, die imponierende mehrgeschossige Bauten zeigen. Da unser Hilani III ungewöhnlich stabile Grundmauern von 2,50–3,00 m aufweist, folgerte Naumann, daß diese Stärke nur einen Sinn haben könne, nämlich einen Aufbau mit mehreren Stockwerken. Diesen Überlegungen liegt seine Rekonstruktion zugrunde (Abb. 38), die er in seiner Publikation eingehend begründet hat[68].

Die Wiederherstellung von Hilani III hat auch Th. A. Busink beschäftigt; er geht von der Überlegung aus, daß die Mauerstärke nicht unbedingt auch maßgeblich sei für die Geschoßhöhe. Denn »auch ein zweigeschossiger und sogar ein einge-

38. Sam'al Hilani III. Rekonstruktion von Rudolf Naumann.

schossiger Bau kann durch eine große Geschoßhöhe eine bedeutende Höhe erreichen«[69]. Ein wichtiges Argument gegen den von Naumann vorgeschlagenen dreigeschossigen Bau sieht Busink in dem Fehlen einer Vorhalle bei den als Modell von Naumann herangezogenen Bauten. So stellt sich Busink das Hilani III eher als zweigeschossigen Bau vor »mit Dachausgang geringer Geschoßhöhe über dem Treppenhaus«[70]. Wie er sich die Rekonstruktion von Hilani III denkt, zeigt die in Abbildung 39 dem Entwurf von Naumann gegenübergestellte Skizze.

Hilani IV ist erwähnenswert, weil hier besonders kunstvolle Orthostatenreliefs noch erhalten geblieben sind. Die Abbildung auf Tafel 11 zeigt König Barrakab auf seinem reichverzierten Thron, und neben dem Kopf des Königs steht in aramäischen Buchstaben: »Ich bin Barrakab, Sohn des Panamu«[71]. Da der vor dem König stehende Mann nicht nur ein Buch unter seiner linken Achsel eingeklemmt hat, sondern auch in der Hand sein Schreibzeug hält, kenntlich an dem Kästchen für Pinsel und dem Behältnis für Tusche, wird man ihn wohl als einen Sekretär des Königs anzusprechen haben, der soeben Weisungen seines Herrn entgegennimmt. Auf weiteren Orthostaten zieht ein Zug von Musikanten dem König entgegen; die Abbildung (Taf. 10) zeigt von ihnen vier in Ausübung ihrer Kunst. Auffallend ist der Wechsel von schlichter Haarfrisur bei den Musikern eins und drei sowie von gelocktem Haar bei der zweiten und vierten Person, während ihre Kleidung sich völlig gleicht, so daß man geradezu von königlichen Musikanten in Uniform sprechen könnte. An diesen Orthostaten ließ sich auch erkennen, daß sie einstmals farbig angelegt waren, da sich noch geringe Spuren von scharlachroter Farbe erhalten hatten. Voran gehen zwei Musikanten, von denen der erste eine mit zwölf, der zweite eine mit sechs Saiten bespannte Leier spielt. Ihre Hintermänner halten in der linken Hand ein kleines Becken, auf dem sie mit der rechten ihre Rhythmen schlagen.

Schließlich soll noch ein Orthostat hervorgehoben werden, dessen Relief man aus zahlreichen Fragmenten nahezu vollständig wiederherstellen konnte und der sehr wahrscheinlich auch vor der Front von Hilani IV gestanden hat. Das Relief

39. Sam'al Hilani III. Rekonstruktion von Th. A. Busink.

stellt einen Mann mit einer Kopfbedeckung dar, die sehr an die des Königs Barrakab erinnert, dem er wohl als Geschenk die von ihm lebend erbeutete Gazelle bringt (Taf. 8).

Deutung der Bauten auf der Akropolis und ihre Zerstörung

Bei der Bauinschrift des Barrakab (vgl. oben S. 108 f.) war lange umstritten, wie die Schlußfassung zu verstehen sei. Die Diskussion ging um die Frage, ob Kilamuva einen Palast oder drei Paläste, nämlich seinen Palast und dazu ein Winter- und ein Sommerhaus erbaut habe. Die Frage ist aufgrund der möglichen und erschlossenen Lesungen nicht eindeutig zu beantworten; die von mir angeführte Übersetzung zeigt, für welche Lösung ich mich entschieden habe. Nach meiner Meinung sagt Barrakab, daß seine Vorgänger auf dem Thron den von Kilamuva erbauten Palast bewohnten, wahrscheinlich Gebäude J in der Nordwestecke der Akropolis (vgl. Abb. 36) und daß sie darin im Sommer und im Winter lebten. Nun lag allerdings der Orthostat, dessen Bauinschrift mit den Worten endet: »Ich (Barrakab) baute dieses Haus« im Bauschutt vor dem Gebäude K. Ob die Angabe der Erbauung daher auf dieses Gebäude zu beziehen ist oder auf einen anderen Bau, darüber ist unter den Bauforschern bisher noch keine Einigkeit erzielt worden. Nach meiner Ansicht spricht jedoch die Wahrscheinlichkeit dafür, die Angabe des Königs auf Gebäude K zu beziehen[73].
Die Ausgrabungen haben ergeben, daß nicht nur, wie unter Barrakab, neu gebaut, sondern auch stetig umgebaut worden ist. Jedenfalls war es ein stattlicher Baukomplex, der sich auf der Höhe der Akropolis erhob. Er bot genügend Platz für den König mit seiner gewiß zahlreichen Familie und den Hofstaat, dazu kamen die Beamten, von denen wir bereits einen in Erledigung seiner Amtsgeschäfte mit König Barrakab kennengelernt haben (vgl. oben S. 126). Daß auch Räumlichkeiten für kultische Handlungen genutzt wurden, ist wahrscheinlich (vgl. oben

S. 125), in diesem Falle gehörten sicherlich auch Priester zu dem bevorzugten Kreis der in der Burg wohnenden Persönlichkeiten. Natürlich brauchte man Platz für Gäste. Dieser sehr ansehnliche Personenkreis mußte versorgt und beköstigt werden, eine Aufgabe, die eine große Dienerschaft bedingte. Diese wohnte sicherlich mit ihren Familien in den Anbauten, die zum Teil direkt an der Burgmauer lagen, wie der Grundriß zeigt (vgl. Abb. 35). Daß hier auch eine ständige Wachtruppe ihre Unterkünfte hatte, kann wohl mit Sicherheit angenommen werden.
Diese ganze Herrlichkeit ist mit einem Schlage in einer »grauenhaften Katastrophe« zugrunde gegangen. Über den Hergang läßt sich aus dem Ausgrabungsbefund folgendes erschließen. Der gesamte Komplex der Akropolis ist durch eine Feuersbrunst von riesigen Ausmaßen vernichtet worden. Koldewey hat den Nachweis führen können, daß es sich »um eine mit Bedacht und Mühe ausgeführte Brandstiftung« handelte. Man ging dabei von den örtlichen Gegebenheiten aus. Die aus Lehmziegeln aufgeführten Mauern ruhten nämlich nicht direkt auf dem Steinfundament, sondern auf einem stabilen Holzrost, der als Ausgleichsschicht diente, eine Bauweise, die heute noch im östlichen Kleinasien üblich ist.
Koldewey entdeckte nun bei der Freilegung, daß an einigen Stellen die obersten Steinschichten des Fundaments absichtlich herausgerissen worden sind. Dadurch wurde der Holzrost freigelegt. »In dieser Höhlung ist dann offenbar das Feuer angelegt, und es verbreitete sich von hier aus zunächst in den verstärkten Rost, dessen Hölzer ja eins an das andere unmittelbar anschlossen. Nach Vernichtung der Holzteile stürzte die Mauer nach. Diese lag bei der Aufgrabung in gebrannten, verglasten und zusammengeschmolzenen Stücken inmitten von Asche und Kohle in der Grube des Fundaments, dessen Erdteile dabei ebenfalls gerötet und gebrannt wurden bis in die unterste Fundamentschicht hinein«[74].
Die gleiche Beobachtung machten die Ausgräber an allen Bauwerken, die in die Zeit des Barrakab gehören oder früher anzusetzen sind. »Alle zeigen die in Flammen geröteten und im Rauch geschwärzten Tonschichten, die im Feuer geröteten und verglasten Ziegel, verkohltes und veraschtes Balkenwerk in ihren Ruinen. Die blühende Burg war ein rauchendes Trümmerwerk geworden«[74].
Auf wessen Befehl und durch wen dieses Zerstörungswerk ausgeführt worden ist, darüber lassen sich bis jetzt nur Vermutungen anstellen. Zunächst bietet ein Befund, der sich bei den Ausgrabungen ergeben hat, einen wichtigen Ausgangspunkt für die zu ziehenden Folgerungen. Es sind nämlich »mehrfach im Brandschutt Dinge gefunden worden, die (der Zeit von Barrakab) angehören, und niemals etwas, was jünger wäre«, so faßt Felix von Luschan seine Beobachtungen zusammen, und er fährt fort: »Unsere Ausgrabung hat ferner mit Sicherheit ergeben, daß mehr als die Hälfte des eigentlichen Nordwestbezirks, und zwar der wichtigere, nach Süden zu gelegene Teil nach dem Brande überhaupt nicht mehr berührt wurde und bis zu dem Zeitpunkte, in dem unsere Grabung einsetzte, im buchstäblichen Sinne des Wortes intakt geblieben war. Was da am Tage der Katastrophe vom Schutt bedeckt wurde, das fand sich völlig unberührt wieder, so daß für uns die genaue Untersuchung des Brandschuttes eine ebenso mühevolle und zeitraubende als wissenschaftlich dankbare Aufgabe wurde«[75].

Dieser Befund deutet darauf hin, daß sich die Katastrophe noch unter Barrakab oder bald danach abgespielt haben muß. Daß sich das gute Verhältnis zwischen Barrakab und Tiglatpilesar III., wie es die Inschriften zeigen, getrübt und eine Belagerung und Zerstörung von Sam'al durch die Assyrer nach sich gezogen haben könnte, ist nicht wahrscheinlich. Nachfolger dieses assyrischen, im Jahre 727 v. Chr. verstorbenen Königs wurde sein Sohn Salmanassar V., der sich nur wenige Jahre auf dem Thron behaupten konnte (726–722 v. Chr.), weil er von einem seiner Generäle in Verbindung mit der Priesterschaft gestürzt wurde. Unter dem Namen Sarrukin, d.h. ›Rechter König‹, übernahm der Meuterer den Thron und führte als Sargon II. von 721–705 v. Chr. ein machtvolles Regiment.
Wer aber nun die Zerstörung von Sam'al veranlaßte, darüber läßt sich keine definitive Antwort geben. Hat Barrakab oder sein Nachfolger die assyrische Macht herausgefordert, oder war es das Bündnis mit Assyrien, das eine Zerstörung durch benachbarte Staaten nach sich gezogen haben könnte?
Jedenfalls scheint Barrakab der letzte König von Sam'al gewesen zu sein. Unter Sargon II. wurde das Land nach Ausweis der assyrischen Quellen bereits von assyrischen Gouverneuren verwaltet, und in Sam'al wird auf den Ruinen wieder gebaut. Die Burgmauer wurde ebenso wie das Burgtor repariert, und auf der Höhe der Akropolis hat man über dem Hilani I (über dessen ursprüngliche Bedeutung in der Forschung noch keine einheitliche Auffassung erzielt worden ist) in kleineren Ausmaßen einen neuen Palast errichtet. Genügend Baumaterial lieferten die zerstörten Gebäude. Ob vielleicht diese Restaurierung schon in die Zeit von Asarhaddon hineinreicht, der Sam'al als festen Stützpunkt bei seinen Zügen gegen Syrien-Palästina und Ägypten ausbauen ließ? Sein Siegesmonument, für dessen Errichtung ein altes Postament dienen mußte, fand im Burgtor von Sam'al Aufstellung, und seine Entdeckung war ein verheißungsvoller Auftakt der Ausgrabungen, wie wir gesehen haben.
Dieser Periode möchte Koldewey auch die wie Kasematten wirkenden 15 Gelasse zuweisen. Durch ihre Anlage wurde einmal die Burgmauer verstärkt und außerdem die Krone verbreitert. In den Obergeschossen war Platz für die Mannschaften, während die Untergeschosse vielleicht Stallungen für die Pferde gewesen sind.
Auch dieser Periode wurde durch feindliche Gewalten ein Ende gesetzt. Daß die neue Brandkatastrophe wiederum mit Absicht ausgelöst wurde, beweist folgender Befund: Man hat nämlich die Löwendarstellungen vom Tor der Quermauer in eine Grube geschleift, von der Koldewey annimmt, daß man sie absichtlich »wohl in abergläubischer Furcht« angelegt habe; dann wurde darüber ein großes Feuer entfacht[75a]. In bescheidenem Maße ist dann die Stätte von Sam'al bis in die Gegenwart bewohnt geblieben.
Viele neue Erkenntnisse konnten durch die Ausgrabungen in Sam'al gewonnen werden, und die kritische Bearbeitung der Funde hat die ersten Ergebnisse vertieft und erweitert. Viele Fragen sind indessen noch nicht beantwortet, und die Akropolis von Sam'al stellt der Forschung noch manche Rätsel. Wer wird sich bereit finden, sie zu lösen?

Die syrisch-späthethitischen Fürstentümer im kommagenischen Raum

9

Die in den vergangenen Jahrzehnten unternommenen Ausgrabungen haben uns mit aller Deutlichkeit vor Augen geführt, welche katastrophalen Auswirkungen der Einbruch der ›Seevölker‹ gehabt hat. Die von ihnen in Schutt und Asche gelegten Städte in Kleinasien kennzeichnen den Weg, den die Eroberer um 1200 v. Chr. zurücklegten. Dabei ging Troja ebenso in Flammen auf wie Boğazköy – Hattuşa, die Hauptstadt der Hethiter. Ihr Vernichtungszug kam erst bei dem Versuch zum Stehen, auch in Ägypten einzubrechen.
Nach der Vernichtung des hethitischen Großreiches bildeten sich im Osten von Kleinasien kleinere Fürstentümer, in denen die hethitische Tradition fortlebte; doch sie gerieten bald mehr und mehr unter assyrischen und aramäischen Einfluß. Aus den assyrischen Quellen erfahren wir von den Kämpfen, die Tiglatpilesar I. (1116–1078) an der Ostgrenze seines Reiches zu bestehen hatte. Aber der Drang der assyrischen Macht, aus den Weiten des mesopotamischen Tieflandes nach Westen, zum Meer, vorzustoßen, hatte schließlich Erfolg. Gleichzeitig war dieses Gebiet am oberen Euphrat und im nördlichen Syrien auch das ersehnte Ziel von nomadischen Stämmen der semitischen Aramäer, die bereits im 12. Jahrhundert v. Chr. Damaskus in Besitz hatten und ihre Macht systematisch nach ausdehnten. Daß sie auch in Sam'al (Sendschirli) die führende Position eingenommen haben, ist durch die inschriftlichen Denkmäler und die aramäischen Namen der bekanntgewordenen Herrscher wie Kilamuva und Barrakab erwiesen. Die Siegesberichte der assyrischen Könige sowie die jährlichen Veröffentlichungen über besondere Ereignisse, die Eponymenlisten (so genannt, weil sie den Namen eines verantwortlichen Beamten als eine Art Datierung nennen) sind angefüllt mit den Namen von besiegten Fürsten und eroberten Ländern. So läßt Tiglatpilesar I. z.B. die Nachwelt wissen, daß von ihm 42 Länder und ihre Herrscher besiegt und unterworfen wurden.

Der Steinbruch von Yesemek und Tilmen Hüyük

Die Ausgräber von Sendschirli-Sam'al hatten sich schon während ihrer Arbeit gefragt, woher wohl das Steinmaterial für die monumentalen Denkmäler stammen mochte. Im Jahre 1890 gelang es dann Felix von Luschan bei seinen Erkundungsritten in der näheren und weiteren Umgebung von Sendschirli (Zincirli),

den Steinbruch von Yesemek südlich der Königsresidenz zu entdecken. Aber die Ausgrabungen hatten Vorrang, und so kam es zu keiner eingehenden Untersuchung.
Dies holte der türkische Gelehrte U. Bahadir Alkim seit 1955 in mehreren Kampagnen nach. Zusammen mit seiner Frau und R. Duru kam er zu dem überraschenden Schluß, daß es sich »um ein Freilicht-Atelier handelt, das reichste, das wir bisher aus dem Vorderen Orient kennen«[76]. Hier im Steinbruch von Yesemek wurde im zweiten und ersten Jahrtausend v. Chr. der Basalt für die Darstellung von Göttern und Dämonen, für Portallöwen und Sphingen (vgl. Taf. 5) gebrochen und vorgefertigt. Die endgültige Bearbeitung erfolgte dann am Ort der Aufstellung. Das beweisen einige Skulpturen aus Sam'al, die bossiert aus dem Steinbruch angeliefert wurden und unvollendet geblieben sind. Weitere Funde zeigen, daß der Basalt von Yesemek in allen Zentren der Eben von Islâhiye sehr geschätzt war und seine Produkte sogar in das benachbarte Syrien geliefert wurden.

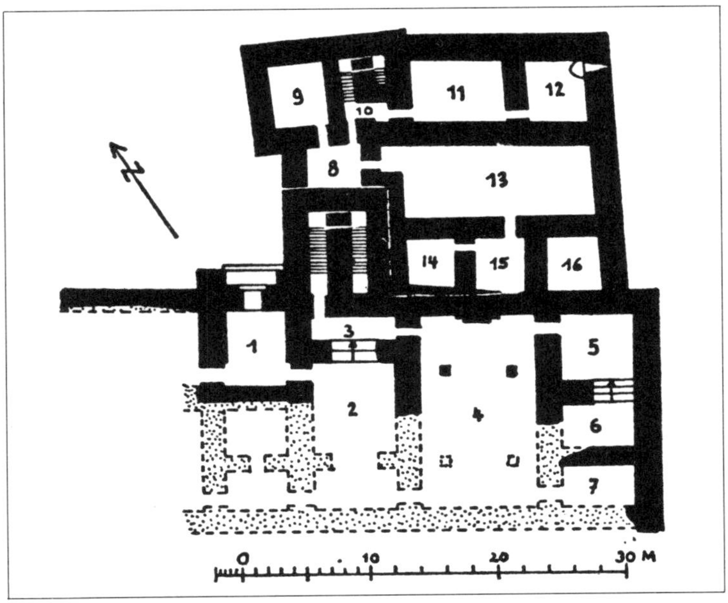

40. Tilmen Hüyük. Palast der Schicht II.

Bei den Forschungen in der Ebene von Islâhiye konnte U. Bahadir Alkim mit seinen Mitarbeitern zahlreiche antike Wohnhügel kartographieren. Von 1958 an folgten dann systematische Ausgrabungen in Gedikli und Tilmen Hüyük. Es gelang, eine Besiedlung bis in die Frühe Bronzezeit im dritten Jahrtausend v. Chr. nachzuweisen.
Besondere Bedeutung kommt dem Tilmen Hüyük zu: Hier legten Ausgräber eine palastartige Wohnanlage (vgl. Abb. 40) mit einer mächtigen Festungsmauer frei; Teile des Mauerfundaments, »das in das späteste zweite oder frühe erste vorchristliche Jahrtausend zurückreicht«, sind noch erhalten geblieben. Die

Palastanlage fiel wahrscheinlich einem feindlichen Anschlag zum Opfer, wie die Spuren eines großen Brandes nahelegen[77].

Sakçagözü

Nicht in allen Fällen sind wir in der glücklichen Lage, diese Namen zu identifizieren und die Städte zu lokalisieren wie bei Sam'al. Ideal ist es natürlich, wenn in den modernen Namen die ehemalige Form noch weiterlebt oder erschlossen werden kann. So hat z.B. die jetzige türkische Hauptstadt Ankara ihren alten Namen Ankyra fast unverändert durch die Jahrhunderte bewahrt. Andererseits existieren eine Reihe von antiken Orten, deren einstige Namen wir auch heute noch nicht kennen, wie z.B. Sakçagözü.
Die erste Nachricht von dieser Örtlichkeit, die in Luftlinie nur etwa 20 km von Sendschirli (Zincirli) entfernt liegt, verdankte man der unternehmungslustigen Engländerin Scott-Stevenson (vgl. oben S. 15). Ihr Hinweis auf die im Gutshaus verbauten Reliefs hatte den Anstoß zum Erwerb der drei Orthostaten mit der Löwenjagd für die Museen in Berlin gegeben (Taf. 13). Wie es Humann gelang, alle Schwierigkeiten für den Transport zu überwinden, habe ich bereits im ersten Teil geschildert (vgl. oben S. 42 f.).
Humann und Puchstein hatten schon in Erfahrung gebracht, daß die Orthostaten von einem kleinen Hüyük (Wohnhügel) in das Dorf gebracht worden waren. An dem Fundort ließ Humann eine Sondage durchführen, bei der man aber nur kleinere Bruchstücke und eine Mauer aus Lehmziegeln auffand. Die Bewohner nannten diesen Hügel Çoban Hüyük, d.h. Hirtenhügel; für die Hürden ihrer Herden hatten sie antike Bruchstücke verwendet, so daß Human und Puchstein an der Herkunftsangabe der Bewohner für die drei Orthostaten mit der Löwenjagd nicht zweifelten, zumal sie auf dem Hügel noch drei weitere Reliefbruchstücke auffanden[78].
Der ›Hirtenhügel‹ wurde von den Einwohnern auch der ›kleine Hügel‹ genannt, im Gegensatz zu dem etwa 1,5 km entfernt liegenden ›großen Hügel ‹, so daß in der Ebene auf kleinem Raum fünf Wohnhügel dicht beieinander liegen. In den Jahren 1908 und 1911 haben auf dem großen und dem kleinen Hüyük unter der Leitung des englischen Gelehrten John Garstang Ausgrabungen stattgefunden. Sie führten auf dem ›kleinen Hügel‹ zur Entdeckung einer stattlichen Palastanlage, deren Eingang auf beiden Seiten mit Orthostatenreliefs geschmückt war (jetzt im Archäologischen Museum in Ankara)[79]. Der Wohnkomplex ist von einer 3 m dicken Umfassungsmauer mit Vorsprüngen umgeben, die in unregelmäßigen Abständen angebracht sind. Im Norden stehen sie auffallend dicht beieinander, wie der Grundriß zeigt (Abb. 41). Hier führt die Mauer am Steilhang entlang, daher ist es naheliegend, den Zweck dieser Vorsprünge nicht in fortifikatorischen Gründen zu sehen, sondern sie als Strebepfeiler zu erklären, die der Sicherung der Mauer dienten[80].
Eine natürliche Begrenzung für diesen Herrschersitz ergab sich durch die geringe

zur Bebauung nutzbare Grundfläche. Der Plan zeigt, wie die Burgmauer gleichzeitig als Außenmauer diente. Da das Gebäude in seiner Anlage an Hilani IV von Sam'al erinnert, hat man an Barrakab als Bauherrn gedacht. Diese Deutung ist jedoch umstritten, ebenso das Problem, wo die Orthostaten mit der Löwenjagd aufgestellt waren. Der Ausgräber selbst hat vermutet, daß es im Tor der Umfassungsmauer gewesen sein könnte. Nach den vorliegenden Maßen reicht der Platz dafür aber augenscheinlich nicht aus, worauf Winfried Orthmann bei seiner Diskussion der bisherigen Vorschläge der Aufstellungsmöglichkeiten hingewiesen hat[81].

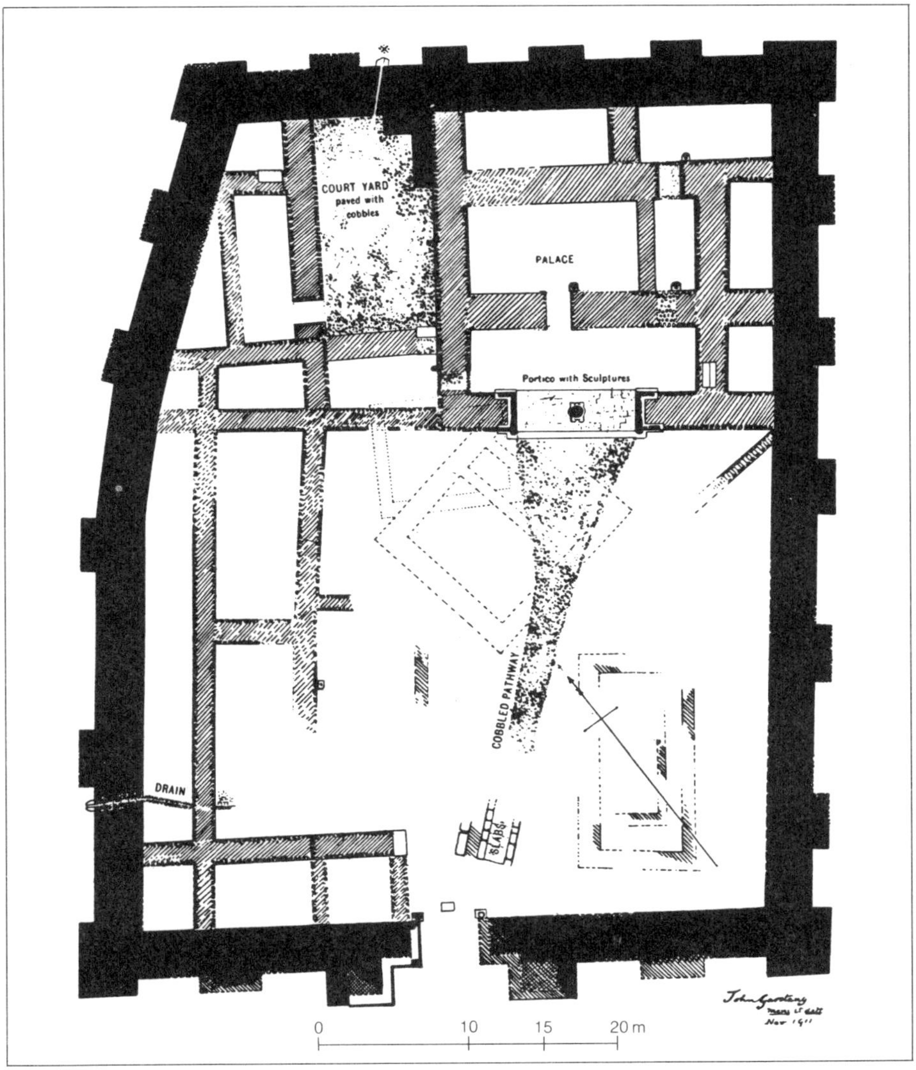

41. Plan des Palastes von Sakçagözü.

Eine weitere Kampagne fand in Sakçagözü im Jahre 1949 statt, bei der durch die Ausgrabungen über dem gewachsenen Felsboden eine in das Chalkolithikum zurückreichende Wohnschicht festgestellt werden konnte[82].

Karkamiş

Eine größere Rolle dürften aber im 3. und 2. Jahrtausend v. Chr. weder Sendschirli (Zincirli) noch Sakçagözü gespielt haben. Anscheinend kam in dieser Periode der am Euphratübergang gelegenen Stadt Karkamiş (Cerablus) besondere Bedeutung zu. Das geht aus Inschriften-Texten hervor, die bei den italienischen Ausgrabungen in Ebla (Tell Mardikh) in Syrien, südwestlich von Aleppo, erst kürzlich entdeckt worden sind. Zu den überraschenden Funden gehört ein Archiv mit etwa 15000 Keilschrifttafeln. Darunter befindet sich auch ein Vertrag zwischen Ebla und Assur, aus dem hervorgeht, daß um 2500 v. Chr. Karkamiş bereits im Herrschaftsgebiet von Ebla eine wichtige Position eingenommen hat[83]. Ebenso lieferten die in den Archiven der Stadt Mari am mittleren Euphrat während der französischen Ausgrabungen aufgefundenen Urkunden zahlreiche Hinweise für die Bedeutung von Karkamiş in der ersten Hälfte des 2. Jahrtausends; und die Namen einer Reihe von Herrschern sind uns aus Keilschrifttexten bekannt geworden, die sich in Boğazköy-Hattuşa erhalten haben, während aus Ugarit (Ras Schamra) eine interessante Korrespondenz der regierenden Dynasten von den lebhaften gegenseitigen Beziehungen Kenntnis gibt[84].
Beim Einbruch der ›Seevölker‹ wurde auch Karkamiş erobert und zerstört, wie Ramses III. auf dem zweiten Pylon des Tempels in Medinet Habu berichtet.
In einer geographisch so exponierten Lage behielt natürlich Karkamiş seine Bedeutung. Wenn Tiglatpilesar I. sich rühmt, bei seinen Zügen nach Westen zum Mittelmeer 28 Überquerungen des Euphrats mit seinem Heer vollzogen zu haben, so ist das sicherlich auch öfter bei dem Übergang von Karkamiş der Fall gewesen. Bei seinem Zug um 1100 v. Chr. erhielt er Tributzahlungen eines Herrschers Ini Tešub, König von Hatti. Da dieser Name in Karkamiş schon in der Zeit des hethitischen Großreiches bezeugt ist, kann daraus auf eine gewisse Kontinuität der Stadt und die weitere Existenz geschlossen werden. Zahlreiche Erwähnungen in den assyrischen Texten ergeben zusammen mit den in Karkamiş erhaltenen Inschriften ein Bild von den spannungsreichen Beziehungen zwischen dem Willen zur Unabhängigkeit des Stadtstaates am Euphrat und der assyrischen Macht. Unter Sargon II. (721–705) kam es zu offenen Auseinandersetzungen; die Stadt wurde belagert, erobert und anschließend im Jahre 717 v. Chr. zur assyrischen Provinz erklärt.
Ein Jahrhundert später wurde Karkamiş nochmals der Schauplatz einer historischen Entscheidung. Ägypten hatte eine Schwäche des assyrischen Reiches genutzt, um seinen Einflußbereich über den palästinensischen Raum nach Norden auszudehnen. Unter der in Babylonien zur Macht gekommenen Dynastie der Chaldäer wurde jedoch sofort die Rückgewinnung der verlorengegangenen assy-

rischen Bereiche im Westen eingeleitet. Befehlshaber der Truppen war der junge, tüchtige Kronprinz Nebukadnezar; ihm gelang im Jahre 605 ein vollständiger Sieg über den ägyptischen Pharao Necho bei Karkamiş. Die Ägypter zogen sich auf ihre ehemalige Grenze zurück. Gleichzeitig traf die Nachricht vom Tode Nabopolassars ein. Darauf kehrte Nebukadnezar in Eilmärschen nach Babylon zurück, wo er unangefochten die Nachfolge seines Vaters antreten konnte.
Fraglich ist, ob im Verlaufe dieser militärischen Ereignisse die Stadt Karkamiş im Jahre 605 nach einer Belagerung durch Nebukadnezar erneut eine Zerstörung hinnehmen mußte oder ob sie freiwillig dem neuen Machthaber ihre Tore geöffnet hat. Die ältere Schreibung Cerabis des modernen Namens läßt noch besser als die jetzige offizielle Form Cerablus den Stadtnamen Hierapolis aus hellenistischer Zeit erkennen. Heute führt eine Eisenbahnbrücke der Bagdad-Linie über den Fluß, und die Staatsgrenze zwischen der Türkei und Syrien verläuft durch das antike Stadtgebiet.

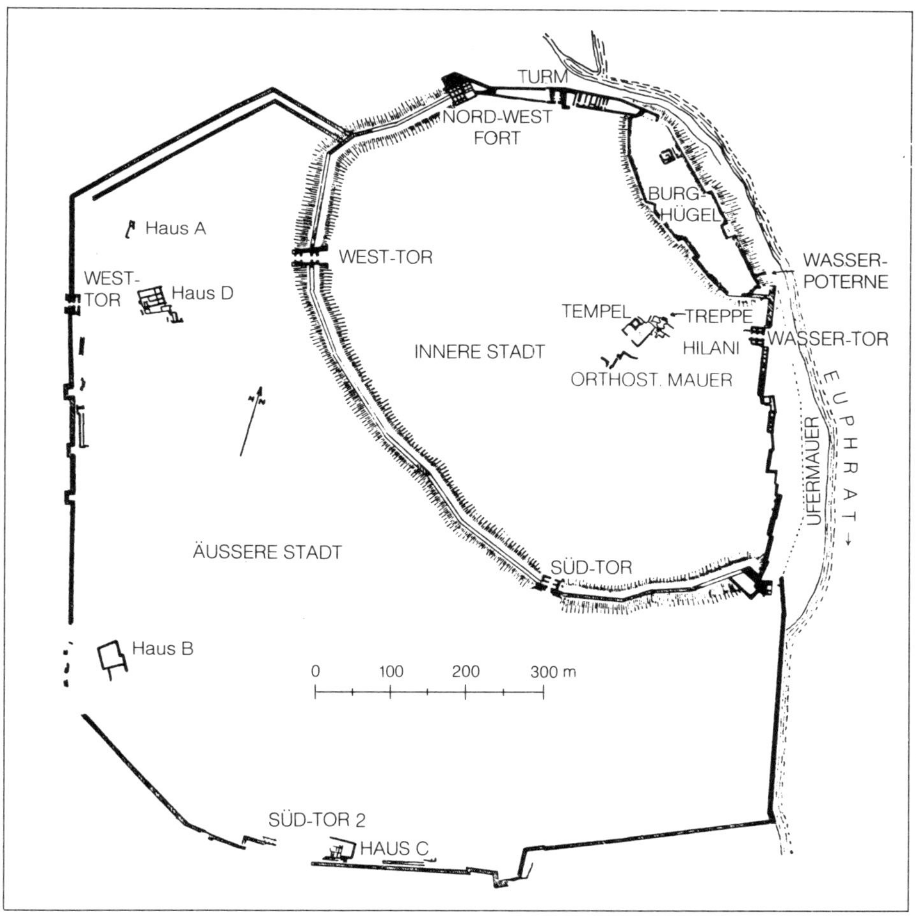

42. Stadtplan von Karkamiş. Umzeichnung von Rudolf Naumann.

Die über dem Boden noch sichtbaren Teile der antiken Bauten und topographische historische Angaben überzeugten George Smith bei seinem Besuch im Jahre 1876, daß diese Stätte mit Karkamiş zu identifizieren sei. Die Richtigkeit dieser Annahme wurde durch eine Reihe von Sondagen erwiesen, die zwischen 1878 und 1881 unter Leitung des Britischen Konsuls in Aleppo, P. Henderson, unternommen wurden.
Dabei entdeckte man eine Freitreppe, die vom Tempelbezirk auf die Burg führte. Die Wand der großen Umfassungsmauer, von der die Treppe im Westen abgegrenzt wurde, war mit Orthostaten aus Basalt oder Kalkstein verkleidet; sie waren mit den prächtigen Reliefdarstellungen eines Götterzuges geschmückt und zeigten im oberen Teil des Aufganges Reliefs mit den Abbildungen von Herrschern und göttlichen Wesen, teilweise vogelköpfig. Von diesen Orthostaten befindet sich heute ein Teil jeweils im Britischen Museum in London und in Ankara[85] (Taf. 14–16).
Das Kuratorium des Britischen Museums hatte die für diese Sondagen benötigten finanziellen Mittel zur Verfügung gestellt und war auch Träger der systematischen Ausgrabungen, die im Frühjahr 1911 einsetzten. Insgesamt wurden fünf Frühjahrs- und Herbstkampagnen durchgeführt, zunächst unter Leitung von D. G. Hogarth, dem C. R. Thompson und schließlich C. L. Woolley folgten. Der Weltkrieg unterbrach nicht nur die erfolgreich begonnenen Arbeiten, sondern es wurden auch die im Grabungshaus aufbewahrten Inventare über Inschriften- und Keramikfunde zerstört und die dort lagernden Funde in alle Winde verstreut.
Indessen nahm Woolley unverdrossen im Frühjahr 1920 die Arbeit wieder auf. Geplant war eine großzügige Freilegung dieser Metropole am Euphrat. Unglück-

Erklärungen zu den Farbtafeln XII – XVII (Seiten 137–140)

XII. Weniger monumental als die Grabanlage auf dem Nemrud Dağ, aber doch weithin sichtbar, wurde der Tumulus Karakuş für die königlichen Frauen errichtet.

XIII. Wie in antiker Zeit nähert sich heute der Besucher dem wieder aufgerichteten Relief mit König Antiochos I. und Herakles (vgl. Tafel 32).

XIV. und XV. Die beiden auseinandergebrochenen Teile des Mithras-Reliefs ließen sich glücklich wieder zusammenfügen. Auch von dem ihm einst gegenüberstehenden König wurden zwei wichtige Fragmente tiefer am Hang gefunden (vgl. Abb. 52).

XVI. und XVII. In einem mittelalterlichen Mauerzug verbaut, kam das lebensvolle Porträt einer diademgeschmückten, jungen kommagenischen Königin wieder ans Tageslicht. Dank der Vorsicht des Vorarbeiters Osman blieb es unversehrt (vgl. Tafel 41).

XIII

→ XIV

↓ XV

→ XVI

↓ XVII

licherweise kam es während des Türkischen Unabhängigkeitskrieges zu militärischen Kampfhandlungen bei und in Cerablus. Ein zweites Mal wurde alles bis dahin erarbeitete Material vernichtet. Der Verlauf der jetzigen Staatsgrenze bedeutet für die Wiederaufnahme der Ausgrabungen leider eine Erschwerung, aber die Hoffnung auf eine Fortsetzung darf dennoch nicht aufgegeben werden.

Von dem in der Abbildung 42 wiedergegebenen Stadtplan lassen sich die bisher erzielten Ergebnisse gut ablesen. Die Stadtanlage gliedert sich in drei Bezirke. Hart am Euphratufer erhebt sich der Burghügel. Hier haben in hethitischer und späthethitischer Zeit die Palastbauten gestanden, die in römischer Zeit überbaut worden sind. In der Burg befand sich vielleicht auch der Tempel für die Muttergöttin Kupapa (vgl. oben S. 115), den die Ausgräber zunächst für ein Fort aus der Zeit von Sargon II. gehalten hatten. In der inneren Stadt ist bisher nur ein kleinerer Komplex freigelegt worden, und zwar ein Gebäude mit einem Großraum von 7 x 7,5 m, das als Tempel gedeutet worden ist. Kultischen Zwecken diente wahrscheinlich ebenfalls das daneben liegende sogenannte Hilani.

Imponierend sind die Wallanlagen, mit denen die innere und äußere Stadt geschützt waren und denen eine besondere Funktion zukam. »Hier lag der größere Teil der Stadt in einer Ebene ohne natürlichen Schutz und Vorteile. Darum wurde ein Erdwall aufgeführt, der sie in unregelmäßigem Bogen umgab und eine möglichst kurze Verteidigungsstrecke schuf, selbst unter Nichtachtung günstigeren Geländes, das einen Teil der Arbeit erspart hätte. Der Erdwall verlief von dem mächtigen NW-Fort bis an den SO-Turm der Flußmauer (Abb. 42); er war in seiner Struktur nicht überall gleich, da er aus den an Ort und Stelle vorhandenen Materialien aufgebaut wurde. Beim SO-Turm, wo er aus Sand bestand, mußten die Hänge durch Stützmauern zusammengehalten werden. Auch sonst war der Wall nicht regellos aufgeschüttet, sondern da die Erbauer eine steilere Böschung wünschten, als sie der natürliche Erdfall ergibt, nämlich wenigstens 30°, waren systematisch zwischen Lagen aus grobem Kies, Kieseln oder Kalksteinsplittern solche aus Lehm eingefügt. Oft wurde auch das weiche Material in eine Art Kästen aus härterem Material eingebunden, und der Wall erscheint auf diese Weise mehr gebaut als aufgeworfen. Zur größeren Widerstandsfähigkeit wurde hier anstelle eines Pflasters die Oberfläche dick mit Ziegellehm bedeckt; noch heute hat sich auf dieser Schicht kein Humus gebildet. Der Wall wuchs aus dem etwa 5 m tiefen, in seiner Form nicht näher bestimmten Graben zu etwa 20 m Höhe auf, und auf seiner etwa 10 m breiten Krone stand eine Ziegelmauer ohne Steinfundament, vielleicht nur eine starke Brustwehr, die sich vom Wall kaum abhob«, charakterisiert Rudolf Naumann diese Verteidigungsanlage, die wahrscheinlich im 13. Jahrhundert v. Chr. errichtet und deren Toranlagen im 9. Jahrhundert ähnlich wie in Sam'al repariert wurden[86]. Ebenso lassen sich die Toranlagen in beiden Städten vergleichen, die auch zeitlich zusammengehören. Der Grundriß des Westtores zeigt jedoch, daß hier wie bei dem Südtor ein weiterer Torraum angefügt war. Eine anschauliche Vorstellung des Südtores vermittelt eine Rekonstruktion (Abb. 43); bei dieser konnte man für die Wiedergabe der Aufbau-

43. Das Südtor der inneren Stadt in Karkamiş.

ten, der hohen Türme und überwölbten Tore, eine assyrische Darstellung der Stadt Karkamiş zugrunde legen, die auf den Bronzebeschlägen eines Tores angebracht war, auf denen die Taten der assyrischen Könige Assurnasirpal II. und seines Nachfolgers Salmanassar III. verherrlicht wurden. Sie sind bei den Ausgrabungen in Balawat (Imgur Bel) im nördlichen Irak entdeckt worden.
Wenn auch die Ausgrabungen an Ort und Stelle nach der Katastrophe von 1920 nicht fortgesetzt werden konnten, so hat doch die wissenschaftliche Forschung nicht geruht. Vor allem in der Entzifferung der sprachlichen Denkmäler und der zeitlichen Fixierung sind bedeutende Ergebnisse erzielt worden, die von J. David Hawkins in seinem Artikel über Karkamiş eine ausführliche Würdigung erfahren haben[87].

Das Problem Kummuh

Ein ungelöstes Problem stellt die Identifizierung einer in den assyrischen Texten oft erwähnten Stadt Kummuh dar, deren Lokalisierung bis heute nicht mit Sicherheit gelungen ist. Die Stadt war gleichzeitig der Sitz des assyrischen Gouverneurs und Hauptstadt der assyrischen Provinz gleichen Namens. Als zum ersten Mal die geographische Bezeichnung Kummuh in den assyrischen Texten auftauchte, da war bald die Erkenntnis gewonnen, daß es sich nur um die Frühform von Kommagene handeln könne, die vielleicht im Lande selbst wie Kommag oder ähnlich ausgesprochen wurde.
Die Gleichsetzung von Kummuh mit Kommagene war um so überzeugender, weil dieses Gebiet nach den Angaben der assyrischen Texte am Westufer des Euphrat liegen mußte, und zwar in der großen Schleife, die der Euphrat bildet, wenn er das Taurosgebiet durchbrochen hat und sich seinen Weg in die mesopotamische Tiefebene sucht. In der wissenschaftlichen Literatur hat es zunächst gelegentlich zu Verwechslungen geführt, weil neben Kummuh in den assyrischen

Texten auch noch eine Landschaft Katmuhi oder Kutmuhi genannt wird, die jedoch am Tigris zu lokalisieren ist.
Sehr interessant für das Verhältnis von Kummuh zu Assyrien ist die früheste Erwähnung des Landes, die aus der Regierungszeit von Assurnasirpal II. (883–859) stammt. Dieser Herrscher berichtet von seinem Aufenthalt im Jahre 866 v. Chr. in Huzirina, dem heutigen Sultantepe, am Ostufer des Euphrat, daß ihm Hatazilu (Hattusili)[88], Herrscher in Kummuh, als Tribut Zedernstämme, Silber und Gold dargebracht habe. Wenige Jahre später, als Salmanassar III. (858–824) während eines Kriegszuges den Euphrat überschritt, erhielt er 858 v. Chr. von Hatazilu ebenfalls Silber und Gold, dazu aber auch noch Rinder, Schafe und Wein[89]. So gehörte zwar Kummuh zu den Staaten, die ihre Tribute zahlten, aber das Verhältnis zu Assyrien und seinen Herrschern ist zu Beginn der Beziehungen durchaus freundlich, jedenfalls niemals feindlich – eine wichtige Beobachtung, die J. David Hawkins zu verdanken ist. Im Jahre 857 liefert Kummuh nur 20 Minen Silber, dafür aber 300 Zedernstämme. Für den Transport der Zedern bot der Euphrat die besten Voraussetzungen; die Zedern stellten für die zahlreichen Bauten von Palästen und Tempeln im assyrischen Reich ein stets sehr begehrtes Material dar. Außerdem bieten Möbel aus Zedernholz einen idealen Schutz gegen Motten, den man sicherlich auch schon in der Antike zu schätzen wußte.
Von den einstmals sehr reichen Zedernwaldungen ist heute im Lande nichts mehr zu entdecken. Ihr Verschwinden hängt wahrscheinlich mit dem Bedarf an Brennstoff zusammen, den man in großen Mengen für die Verhüttung von Eisen benötigte – einen Industriezweig des Landes, der in der Folgezeit zu großer Bedeutung heranwuchs, wie wir sehen werden (vgl. unten S. 216). Bei der Güte der Weintrauben, die auch heute noch unter den Produkten des Landes eine große Rolle spielen, ist die Lieferung von Wein wohl verständlich. Er dürfte wahrscheinlich zu den ständigen Tributleistungen gehört haben – ebenso wie die begehrten Edelmetalle.
Für die Mitarbeiter der Grabungskampagne in Kommagene im Jahre 1965 war es daher ein unvergeßliches Erlebnis, als unser Mitarbeiter Ernst Preuschen, der erfahrene Bergingenieur, uns am Nymphenfluß, am Chabinas und vor allem am Euphrat demonstrierte, wie sich mit einfachen Sieben auch heute noch in den Gewässern Erze und Metalle nachweisen lassen. Die Probe am Euphrat wurde bei Samsat etwa 600 m flußaufwärts von der üblichen Anlegestelle der Fähre vorgenommen. Die Waschmenge, die sogenannte Aufgabe, betrug 10 dm^3 und bestand aus dichtgepacktem Grobschotter. Gespannt verfolgten wir die viel Geduld und großes Geschick erfordernde Auswaschung. Bald erkannte man in der Tat eine Reihe von kleinen Au-Teilchen, wie es in der Fachsprache heißt, also Aurum-Teilchen. Preuschen erklärte uns, daß die beiden größeren Teilchen auch charakteristische Beispiele für die zwei bekannten Typen des Alluvialgoldes seien, nämlich den Plättchen- und den Körnertyp. Gleichzeitig dämpfte er aber unsere Erwartungen, die wir gern an seine Erfolge geknüpft hätten. Von solchen Ergebnissen ließen sich – so führte er aus – noch keinerlei Rückschlüsse auf ›Primärlagerstätten‹ von Gold gewinnen, da meist Au-Teilchen aus tertiären Sedimenten in die

Gewässer gelangten und auch daher seine Wascherfolge noch keine Besonderheit darstellten.
Das Königreich Kummuh ist, verglichen mit Sam'al und Karkamiş, bisher an eigenen Schriftzeugnissen wenig ergiebig gewesen. Um so bedeutender ist darum die Entdeckung von vier Basaltblöcken mit hethitischen Hieroglyphen. Sie waren von den Bewohnern des Dorfes Boybeypınarı freigelegt worden, als sie das Gelände für die Anlage eines neuen Weinberges herrichteten. Glücklicherweise befand sich Hans Henning von der Osten im September 1931 auf einer Forschungsreise im Osten der Türkei, zusammen mit Hamit Zübeyr Koşay; sie suchten den Fundort in der Nähe von Keysum im Vilayet Adıyaman auf, erkannten die Besonderheit dieses Fundes[90], und es gelang ihnen, die Blöcke in das Museum nach Ankara bringen zu lassen.
Alsbald bemühten sich eine Reihe von Gelehrten um die Entzifferung der Texte, die aber keine befriedigenden Lesungen ergaben, vor allem weil auch die Abfolge der Inschriften unklar blieb. Die Lösung des Problems ist J. David Hawkins zu danken, mit dem ich im Sommer 1969 auch den Fundort aufsuchen konnte. Hawkins hatte Gelegenheit, die Blöcke in demselben Jahr in Ankara eingehend zu untersuchen, und er fand scharfsinnig heraus, wie sie zusammengehörten; ferner konnte er den Nachweis führen, daß sie einstmals zwei Doppelpodien gebildet hatten, die als Untersatz für einen Thron und einen Tisch dienten und der Göttin Kupapa geweiht waren. Das bezeugt der in luwischen Hieroglyphen geschriebene Text, in dem es gleich eingangs heißt: »Diesen Thron und diesen Tisch habe ich Panumawatis, Gemahlin (?) des Herrschers Suppiluliumas, geweiht.« Die Strafe der Kupapa wird allen angedroht, die diesen Weihungen oder den Namen der Stifterin oder ihres Vaters Azamis oder ihres Sohnes Hattusili oder Suppiluliuma Schaden zufügen sollten[91] (Abb. 44).
Wie man sieht, gibt uns dieser Text keine historischen Nachrichten; wir lernen aber immerhin einige Namen kennen, die zum Teil auf hethitische Tradition zurückgehen. Ebenso steht es mit den übrigen Funden von luwischen Hierogly-

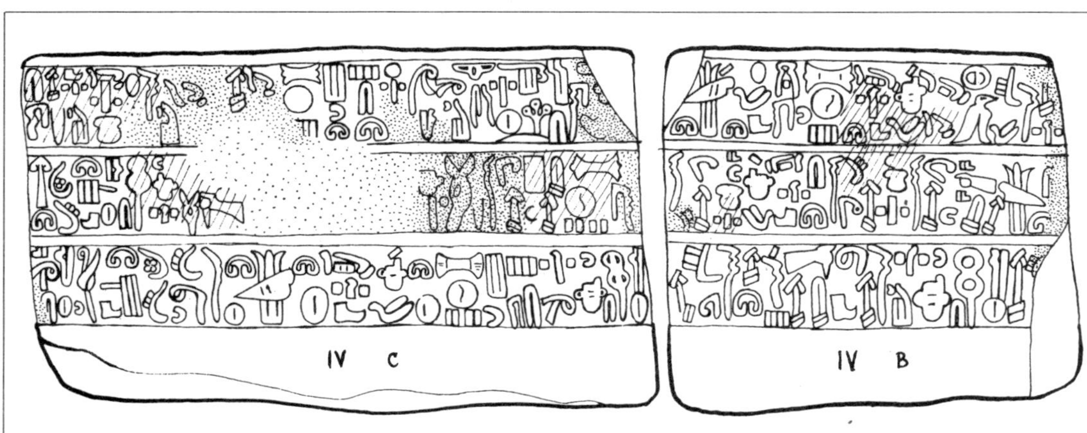

44. Schriftprobe der luwischen Hieroglyphen. Zeichnung von J. David Hawkins.

phen, die Hawkins gleichzeitig veröffentlicht hat[92]. Glücklicherweise helfen uns auch hier die assyrischen Texte weiter, aus denen wir noch folgende Einzelheiten erfahren: »Eine Inschrift aus der Regierungszeit des Sohnes von Šamšiadad, Adadnirari III. (810–752 v. Chr.), die erst vor kurzem entdeckt wurde, wirft ein Licht auf die Verbindung zwischen Kummuh und Assur[93]. Im Jahre 805 v. Chr. bekämpfte Adadnirari in Paqaruhbuni erfolgreich eine Allianz von acht hethitischen (d.h. syrischen) Königen unter der Führung des Königs Ataršumki von Arpad (heute Bit Agusi, nördlich von Aleppo). Anschließend errichtete er beim heutigen Pazarcık die Grenze zwischen Gurgum (heute Maraş) und Kummuh. Die Maßnahme traf er zweifellos zum Vorteil von Kummuh, da seine Euphratüberschreitung auf eine Anregung des Königs Ušpilulume von Kummuh zurückging. Die Allianz unter der Führung von Arpad schloß wahrscheinlich auch die Staaten Meliddu (heute Malatya), Gurgum, Sam'al, Que, Unqi und vielleicht auch Karkamiş ein. Das würde bedeuten, daß Kummuh zu dieser Zeit politisch isoliert von seinen Nachbarn war. Es profitierte aber von assyrischer Unterstützung. Allerdings scheint diese Politik in der Mitte des 8. Jahrhunderts v. Chr. einen Rückschlag erlitten zu haben, als die assyrische Macht im Westen aufgrund innenpolitischer Meinungsverschiedenheiten abnahm. Um 750 v. Chr. konnte der urartäische König Sarduri II. (etwa 764–735 v. Chr.) den damaligen Herrscher von Kummuh, Kuštašpi, zwingen, sich seinem Kampf gegen die Assyrer anzuschließen. So finden wir in der Zeit, als Assur unter Tiglatpilesar III. (745–727 v. Chr.) im Westen wieder politisch aktiv wird, eine gegen Assur gerichtete Allianz der Staaten Meliddu, Gurgum und Kummuh unter der Führung von Urartu und Arpad. Die Koalition wurde im Jahre 743 v. Chr. in einer Schlacht in Arpad und in den Nachbarprovinzen von Kummuh besiegt. Tiglatpilesar belagerte 740 v. Chr. Arpad und nahm es ein. Er scheint sich mit der Unterwerfung und den Tributen der am Krieg beteiligten Könige zufriedengegeben zu haben. Die aufständischen Herrscher sind aufgeführt in den Tributlisten der Jahre 738 v. Chr. und 732 v. Chr. Auch Kuštašpi von Kummuh erscheint in beiden Listen; seine Illoyalität scheint ihm vergeben worden zu sein.
Unter den assyrischen Herrschern Tiglatpilesar III., Salmanassar (727–722 v. Chr.) und Sargon II. (721–705 v. Chr.) wurde die Unabhängigkeit der Hethiter, Aramäer und Hebräer unbarmherzig zerstört: Arpad fiel 740 v. Chr., Unqi 738 v. Chr., Damaskus 732 v. Chr., Israel 722 v. Chr., Hamath 720 v. Chr. und Karkamiş 717 v. Chr. In Juda rief deshalb der Prophet Jesaja: Seht, wie Calno das Schicksal von Karkamiş erleidet. Und geht es nicht Hamath wie Arpad und Samaria wie Damaskus? (Jesaja 10,9).
Im Jahre 712 v. Chr. erhob sich Tarhunazi von Meliddu, wurde aber von Sargon unterworfen. Er erklärte das Land zur Provinz, und man errichtete Festungen zur Verteidigung gegen Urartu, die Kaskäer und Phrygien. Die Hauptstadt Meliddu (heute Malatya-Arslantepe) erhielt Mutallu, der König von Kummuh, als Geschenk. Damit zeichnete Sargon ihn als Verbündeten und zuverlässigen Vasallen aus in der gleichen Weise wie zum Beispiel auch König Panamu II. von Sam'al, der von Tiglatpilesar III. Städte auf dem Gebiet von Gurgum erhielt. Die Schenkung

zeigt, daß Sargon der Politik seines Vorgängers folgte und Kummuh weiterhin begünstigte«[94].

Benno Landsberger hat vermutet, daß eine in Meliddu gefundene Königsstatue Mutallu darstelle; denn er glaubte, dieselbe Persönlichkeit auf einem Relief aus Sakçagözü identifizieren zu können. Aus diesem Befund wollte er den Schluß ziehen, daß der gesamte Raum von Meliddu bis Sakçagözü der Herrschaft von Mutallu unterstellt gewesen sei[95]. Ob diese Theorie richtig ist oder nicht, wird hoffentlich der glückliche Fund einer Darstellung von Mutallu mit Nennung seines Namens erweisen!

Durch Sargon II. wurde 711 der Kummuh benachbarte Bereich von Gurgum (Maraş) in eine assyrische Provinz umgewandelt. Gleichzeitig kam es zu einer Verschlechterung der Beziehungen zwischen Mutallu von Kummuh und Sargon II., über die wir leider nur einseitig von dem assyrischen Herrscher informiert werden. Er berichtete über den Hergang der Geschehnisse: »Mutallu von Kummuh, ein gottloser Hethiter, der den Namen der Götter nicht fürchtet, der Böses geplant und voller Arglist ist, vertraute auf Hilfe von Argišti, König von Urartu, ein Verbündeter, der ihn nicht retten konnte, und beendete die jährlichen Tribut- und Steuerzahlungen und hielt seine Geschenke zurück. Mit Zorn im Herzen zog ich gegen ihn mit meinen Streitwagen und der Reiterei, die niemals den Platz der Gefahr (?) an meiner Seite verläßt. Er sah mich nahen, verließ seine Stadt und wurde nicht mehr gesehen. Diese Stadt belagerte ich und eroberte sie zusammen mit 62 starken Städten in seinem Land. Seine Frau, seine Söhne, seine Töchter, sein Vermögen, Waren und alle Arten von Schätzen in seinem Palast, schließlich auch das Volk seines Landes – alles führte ich hinweg, kein einziger entkam. Ich organisierte das Gebiet neu. Das Volk von Bit-Yakin, das ich selbst erobert hatte, siedelte ich dort an; meinen Beamten setzte ich als Gouverneur über sie ein. Ich legte das Joch meiner Herrschaft über sie. 150 Streitwagen, 1500 Reiter, 20000 Bogenschützen, 1000 Schild- und Lanzenträger wählte ich unter ihnen aus und stellte sie unter seine (des Gouverneurs) Kontrolle«[96].

Was mag Mutallu veranlaßt haben, seine Tribute an Assyrien einzustellen? Waren sie zu drückend geworden? Oder hielt er sich selbst für stark genug, sie verweigern zu können? Mißtrauisch liest man, daß Mutallu vor der Entscheidung bereits geflohen sei und seine Familie im Stich gelassen habe. Am Ergebnis ist jedoch nicht zu zweifeln; es kam zu einem größeren Bevölkerungsaustausch, und ein Teil der Bewohner von Kummuh mußte den Marsch nach Südmesopotamien antreten, im Wechsel gegen die dortigen Einwohner – ein Vorgehen, das von Assyrien häufig angewandt wurde.

Verwunderlich ist die von Sargon II. genannte Zahl von 62 befestigten Städten im Lande Kummuh, die neben der Hauptstadt ebenfalls erobert worden seien, und ebenso fragt man sich, ob Sargon wirklich in dem Lande Aushebungen in der angegebenen Größenordnung durchführen konnte. Vermutlich wurden jetzt die militärischen Einheiten, über die Mutallu verfügte, unter das assyrische Oberkommando gestellt.

Für die nächsten hundert Jahre bildete Kummuh als assyrische Provinz den wich-

tigen strategischen Außenposten an der Nordwestflanke des Reiches. Von den assyrischen Gouverneuren sind drei namentlich bekannt, nämlich Mar-larimme im Jahre 668 v. Chr., Bel-na'id 663 v. Chr. und Salmu-sarru-iqbi nach 648 v. Chr., ohne daß wir allerdings irgendwelche besonderen Ereignisse aus dieser Zeit erfahren. Am Ende des 7. Jahrhunderts v. Chr. wurde Kummuh auch in die Wirren hineingezogen, die der ägyptische Ausdehnungsdrang hervorgerufen hatte (vgl. oben S. 134).
Im Jahre 607 v. Chr. zog Nebukadnezar gegen »die Stadt Kimuhi am Ufer des Euphrat«, die von ihm erobert wurde. Trifft die Gleichsetzung von Kimuhi und Kummuh zu, dann würde das bedeuten, daß das spätere Samosata (Samsat) bereits unter dem Namen Kummuh die Hauptstadt des gleichnamigen Landes gewesen wäre. An sonstigen Städtenamen werden in den Texten noch Wita, Parala und Halpa genannt; Halpa ist sicherlich mit dem Distrikt Halpi identisch, und es ist wahrscheinlich, daß der Name mit der heutigen Ortschaft Halfeti (Khalfeti) gleichzusetzen ist (vgl. oben S. 45).
So ging Kummuh aus assyrischem Besitz in den der babylonischen Macht über, aus welcher Zeit bisher keine Nachrichten über Kummuh bekannt geworden sind. Sie setzen erst wieder mit der hellenistischen Periode von Kummuh unter dem gewandelten Namen Kommagene ein.
Bevor D. G. Hogarth mit seinen Ausgrabungen in Karkamiş begann, bereiste er im Jahre 1894 mit V. W. Yorke den kommagenischen Raum mit dem Ziel, die im Itinerarium Antonini aufgeführten Verkehrswege zwischen dem nördlichen und südlichen Taurosgebiet, insbesondere zwischen den Großstädten Meliddu-Melitene und Samosata (jetzt Malatya und Samsat), wieder aufzufinden. Dieses Problem ist bis heute noch nicht befriedigend gelöst.
Albert Oeri ist einer der wenigen Europäer gewesen, die den kommagenischen Denkmälern nach ihrer Entdeckung einen Besuch abgestattet und darüber berichtet haben. Von Hause aus Journalist aus Basel, hatte er bei einer Reise in den Vorderen Orient im Jahre 1907 durch seine missionarischen Freunde in Urfa von den Monumenten gehört. Wenn Oeri auf seiner Reise auch keine neuen Denkmäler entdeckte, so ist sein Bericht doch bemerkenswert, weil er ein anschauliches Bild der kommagenischen Landschaft zu Anfang dieses Jahrhunderts entwirft und von den Bemühungen der türkischen Regierung berichtet, ihre Autorität in den östlichen Reichsgebieten gegen den Widerstand der Bevölkerung zu stärken. Die Anreise von Oeri erfolgte von Urfa über Samosata; von dort ging es zum Karakuş und über Kâhta auf den Nemrud Dağ. Obwohl durch Puchsteins Beschreibungen vorbereitet, so berichtet er, übertraf doch das Denkmal »alle unsere Erwartungen«[97].
Im gleichen Jahre wie Oeri besuchte auch Franz Cumont den kommagenischen Raum. Allerdings war die Klärung einer ganz bestimmten Frage sein Ziel, nämlich herauszufinden, wo in Wirklichkeit das antike Doliche gelegen habe, das Heinrich Kiepert zunächst in Gaziantep (Aintab) angesetzt hatte. Der Ort selbst bot jedoch für eine solche Identifikation keinerlei Anhaltspunkte. Dagegen schien es verlockender, das alte Doliche in der Umgebung des etwa 10 km nördlich von

Gaziantep (Aintab) liegenden Dorfes Dülük zu suchen, da der antike Name in der modernen Dorfbezeichnung noch fortzuleben schien und eine spätantike Nekropole für die Ansetzung eines antiken Ortes bei Dülük spricht. Diesen von Puchstein festgestellten Befund konnte Cumont nur bestätigen, während er das Heiligtum selbst auf der Spitze eines kleinen, etwa 3 km südwestlich von Dülük liegenden Hügels lokalisieren zu können glaubte, auf dem sich jetzt das Grabmal eines mohammedanischen Heiligen, des Dülük Baba, befindet, nach dem der Hügel den Namen Dülükbaba Tepesi trägt (Abb. 45; vgl. unten S. 218 f.).
Während des ersten Weltkrieges lagen in Samsat und am Euphrat deutsche Marinekommandos, die für die Versorgung der türkischen und deutschen Einheiten im mesopotamischen Raum Nachschub aller Art zu transportieren hatten. Ihnen gehörte eine Zeitlang der Geograph Arnold Nöldeke an, der eine topographische Aufnahme vom Verlauf des Euphrat in der weiteren Umgebung des Raumes von Samsat herstellte. Als Rudolf Naumann und ich im Jahre 1938 die antike

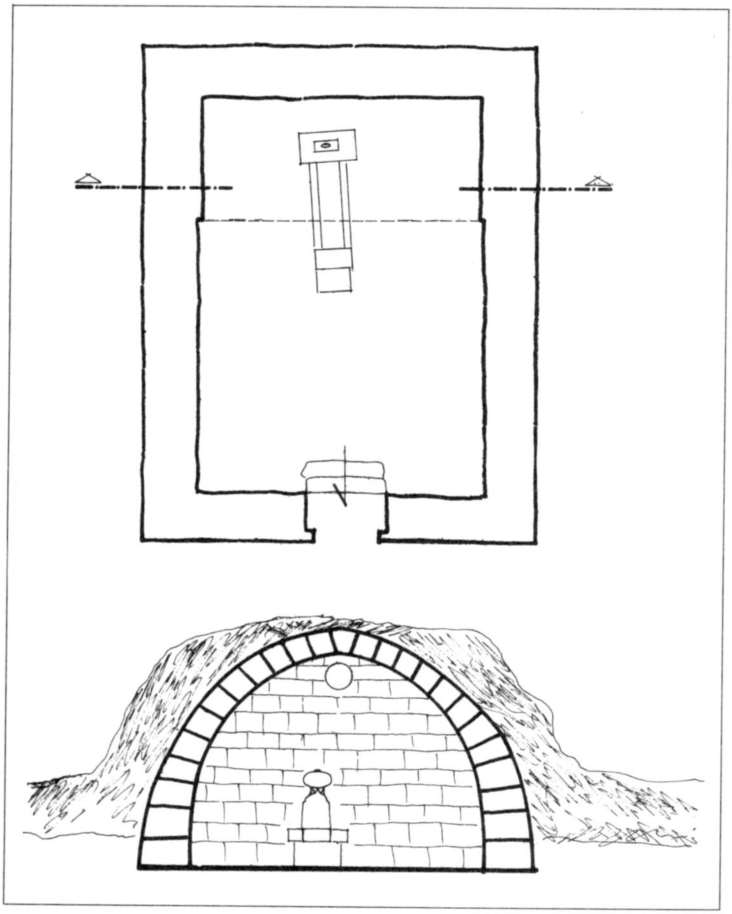

45. Grundriß und Schnitt des Heiligtums von Dülükbaba.

Wasserleitung von Samosata untersuchten, war dieser Plan für uns eine sehr gute Hilfe, um die genaue Lage der noch bestehenden Aquädukte festzulegen und so den Verlauf der Wasserleitung mit Sicherheit bestimmen zu können[98].
Nach dem ersten Weltkrieg wurde dann Kommagene zum ersten Mal wieder von dem deutschen, an der Universität in Ankara lehrenden Archäologen Hans Henning von der Osten in den Jahren 1929 und 1931 besucht. Da von der Osten über Adana anreiste, machte er zunächst in Sendschirli (Zincirli), dann in Sakçagözü Station. In seinem Reisebericht finden sich wertvolle Hinweise über den Zustand dieser Ausgrabungsplätze und das Schicksal der dort gefundenen Antiken. Eingehender wurden anschließend durch von der Osten die Ebene von Gaziantep untersucht und die östlich von der Stadt in der Ebene liegenden Hüyüks aufgenommen. In Fortsetzung dieser Arbeit fertigte von der Osten einen Aufnahmeplan der Hüyüks südlich von Maraş an; er stellte dabei die beachtliche Anzahl von 23 antiken Siedlungsplätzen fest und wies mit Nachdruck auf die große Bedeutung des Hüyüks hin, um den sich die jetzige Wohnstadt aufbaut und den eine bis in jüngste Zeit als Zitadelle benutzte Befestigung krönt.
Auf seiner zweiten Reise im Jahre 1931 kam von der Osten von Malatya her in den kommagenischen Raum. Ein besonderer Grund für diese zusammen mit Hamit Zübeyr Koşay unternommene Fahrt war der Besuch der prähistorischen Station von Pirun bei Adıyaman, der außerdem zur Entdeckung der Doppelpodien mit hethitischen Hieroglyphen von Boybeypınarı führte (vgl. oben S. 144). Perre, Adıyaman und Samsat wurden dann schließlich im Jahre 1935 noch von Giulio Jacopi auf seiner großen Fahrt durch Kleinasien aufgesucht, wobei er in Adıyaman und Samsat zwei wichtige Inschriftenfragmente entdeckte, die in den Kreis der Kultinschriften von Antiochos I. von Kommagene gehören.
Neben diese vielfältigen, im kommagenischen Raum erzielten Ergebnisse tritt aber noch ein Aspekt, dessen Bedeutung nicht hoch genug eingeschätzt werden kann. Zeigte sich doch immer deutlicher, daß es die Kunst der hethitischen Kleinfürstentümer gewesen ist, die griechische Vorstellungen entscheidend mitgeprägt hat. In den großen Handelsmetropolen im syrisch-phönikischen Raum lernten die Griechen nicht nur die Vorteile des Alphabets für den Handel und den persönlichen Verkehr, sondern auch die religiöse und kulturelle Sphäre dieses Landes kennen. Wir wissen jetzt, daß im 8. und 7. Jahrhundert v. Chr. die Hafenstadt Al Mina wichtiger Handelspartner der Griechen gewesen ist. Mit besonderem Nachdruck hat Ekrem Akurgal darauf hingewiesen, »daß die griechischen Künstler genug Gelegenheit hatten, die späthethitischen Bildwerke an Ort und Stelle zu studieren«[99], und wir können uns gut vorstellen, wie mannigfach die Eindrücke gewesen sind, die im 7. Jahrhundert Residenzen wie Karkamiş und Sam'al ihren Besuchern vermittelt haben. Akurgal hat auf eine Reihe von Stilelementen hingewiesen, die sich besonders an Darstellungen von Löwen und geflügelten Dämonen in der geometrischen griechischen Phase aufzeigen lassen; aber er hat auch späthethitische Vorbilder für frühgriechische Haartrachten und Bekleidungsformen nachgewiesen. Die Nachwirkungen dieses Raumes auf die religiöse Welt im römischen Imperium werden im dritten Teil noch dargelegt.

Teil III: Neue Forschungen in Kommagene

Das Forschungsunternehmen in Kommagene 1938

10

Als ich während meiner Studienzeit an der Universität Greifswald durch die Publikation von Karl Humann und Otto Puchstein das Land Kommagene und seine Denkmäler kennenlernte, entstand der Wunsch, diese Forschungsarbeit fortzusetzen. Denn es gab keinen Zweifel, daß es möglich sein mußte, durch intensivere Erforschung des Landes unser Wissen noch erheblich zu erweitern; vor allem war zu erhoffen, neue historische Stätten und Monumente entdecken zu können.

Für meine berufliche Zukunft war entscheidend, daß ich nach Beendigung meiner Studien aufgrund meiner Promotionsarbeit mit dem sogenannten archäologischen Reisestipendium ausgezeichnet wurde, dessen Verleihung an Otto Puchstein der Auftakt zu seiner ersten Exkursion nach Kommagene gewesen war (vgl. oben S. 16). Ich lernte 1936/37 eine östliche Mittelmeerwelt kennen, die vom Tourismus noch unberührt war, wanderte mit dem Rucksack durch die Peloponnes, besuchte die historisch bedeutsamen Plätze im Niltal, kreuzte auf einem kleinen Segelboot vom Staudamm bei Assuan bis zu den Grenzen des Sudan und erlebte, wie der erste Strahl der aufgehenden Sonne das Allerheiligste in der Tiefe des Tempels von Abu Simbel erhellte. Über die palästinensisch-syrische Länderbrücke kam ich nach Kleinasien. Hier gab es jedoch keine Möglichkeit, Kommagene schon in diese Reiseroute miteinzubeziehen. Ich lernte dafür die Wirklichkeit vieler bisher für mich nur geschichtsträchtiger Namen wie Troja, Pergamon und Smyrna kennen, und vor allem Ephesos, mit dessen Geschichte ich durch das Thema meiner Dissertation bestens vertraut war. Dazu kamen die großen Metropolen im Innern der Halbinsel. Bei meinem Besuch war erst ein gutes Jahrzehnt vergangen, seit Mustafa Kemal Pascha Ankara zur neuen Hauptstadt des Landes

erwählt hatte, der jetzt als Atatürk, als ›Vater der Türken‹ mit aller Energie den Aufbau der Stadt förderte. Der Tempel des Augustus und der Roma war jetzt nicht mehr Bestandteil der Haci Bayram-Moschee, sondern durch einen Umbau ein selbständiges Bauwerk geworden. Der großartige Kaisertempel faszinierte mich tief, und es war für mich auch in späteren Jahren immer wieder ein Erlebnis, wenn ich ihn und die ›Königin aller Inschriften‹ (vgl. oben S. 14) aufsuchen konnte.
Für mich bedeutete es ein großes Glück, daß ich mein Reisejahr als Teilnehmer der Deutschen Ausgrabungen in Boğazköy-Hattuşa abschließen konnte. Hier arbeitete unter der Leitung von Kurt Bittel ein Kreis von Fachgelehrten an der Freilegung der hethitischen Hauptstadt, und es gab unendlich viel zu lernen, angefangen von der türkischen Sprache bis zu den dringenden Erfordernissen, die bei der Durchführung einer Ausgrabung zu bewältigen sind.
Die Möglichkeit einer Inangriffnahme der Forschungen in Kommagene rückte näher, als ich nach Beendigung der Grabungskampagne in Boğazköy in den Kreis der Mitarbeiter der Abteilung Istanbul des Deutschen Archäologischen Instituts aufgenommen wurde. Hier war inzwischen Kurt Bittel zum Nachfolger des bisherigen Direktors, Martin Schede, ernannt worden, der als neuer Präsident der Zentraldirektion des Instituts nach Berlin berufen wurde.
Dankbar gedenke ich der Hilfe, die Kurt Bittel dem Unternehmen Kommagene zuteil werden ließ. Er ermöglichte es auch, daß ich die geplanten Forschungen mit meinem Freund, dem Bauforscher und Architekten Rudolf Naumann, durchführen konnte, der damals ebenfalls am Institut in Istanbul tätig war.
Unerwartete Schwierigkeiten gab es, als die dafür zuständigen türkischen Dienststellen unsere Eingabe für eine Bereisung und Erforschung des kommagenischen Raumes nicht genehmigten. Hier wurde Hans Henning von der Osten unser guter Helfer; er informierte Atatürk über das neue archäologische Unternehmen; daraufhin erhielten wir die Genehmigung, unsere Forschungen in der von Ausländern damals kaum besuchten kommagenischen Landschaft durchzuführen. An die örtlichen Dienststellen erging die Anweisung, unser Unternehmen auf jede nur mögliche Weise zu fördern.
In Ankara fanden wir im Frühjahr 1938 bei Hans Henning von der Osten gastfreundliche Aufnahme, der uns viele nützliche Ratschläge erteilte und uns bei seinem Freund, dem Altmeister der kleinasiatischen Archäologie, Hamit Zübeyr Koşay, einführte. Besuche bei den türkischen Behörden und der deutschen Botschaft waren abzustatten und die letzten Reisevorbereitungen zu treffen, bevor wir am 1. Juni unsere Reise mit dem Ost-Expreß antraten, mit dem wir am nächsten Tag in Malatya eintrafen. Damals war Malatya einer der großräumigsten Verwaltungsbezirke der Türkei. Das Vilayet Malatya umfaßte die Landschaften nördlich und südlich des Taurosgebirges und war damit viel größer, als es der Herrschaftsbezirk des Königs Mutallu von Kummuh jemals gewesen war. Während der Zeit der hellenistischen Königsdynastie hat es nicht an Versuchen gefehlt, Melitene-Malatya in den kommagenischen Machtbereich miteinzubeziehen; sie sind aber alle fehlgeschlagen. Die Regionen südlich des Tauros waren von der

Vilayethauptstadt Malatya durch überaus beschwerliche Anmarschwege getrennt und fühlten sich in vieler Beziehung oft sehr vernachlässigt; daher war es nicht nur historisch durchaus berechtigt, daß die Bewohner eine eigene Vilayetverwaltung forderten und sie schließlich auch mit Adıyaman als Sitz des neugeschaffenen Vilayets erhielten.

Im Jahre 1938 führte Ibrahim Ethem Akıncı als Vali seine Amtsgeschäfte in einem soeben erst errichteten Neubau. Mit großem Entgegenkommen löste er einige aufgetretene Schwierigkeiten für unsere Weiterreise, so daß wir bereits am 3. Juni die Fahrt über den Tauros nach Süden antreten konnten, und zwar mit dem Zug auf der erst kürzlich eröffneten neuen Verbindungsstrecke zwischen Malatya und der Bagdadlinie. Von der Kulturabteilung des Vilayets hatte Süleyman Arıkan, der am Gymnasium in Malatya unterrichtete, den Auftrag, uns auf dem ersten Teil der Reise zu begleiten.

In Gölbaşı langten wir spät am Abend an, und in einer gespenstischen Nachtfahrt erreichten wir als Beifahrer auf einem Lastwagen Besni. Hier saßen trotz der späten Stunde noch die Spitzen der Behörden beisammen, und nach freundlicher Begrüßung arrangierte man für uns eine sofortige Weiterfahrt auf einem Fahrzeug nach Adıyaman. Außerdem meldete man uns telefonisch an, und so konnten wir nach unserer Ankunft um 4 Uhr früh sofort im Halkevi unsere Feldbetten aufschlagen.

Am Morgen statteten wir den Behörden unsere Besuche ab; dann ging es nach dem nur 5 km entfernten Pirun (Perre). Über die Ergebnisse unserer dort durchgeführten Untersuchungen habe ich bereits berichtet (vgl. oben S. 61 ff.).

Am Abend – es war der Pfingstsamstag – gab es ein großes Festessen, das Kollegen von Süleyman Bey uns zu Ehren im Kasinogarten veranstalteten. Für die Weiterfahrt bot uns der Kaymakam Şevket Ilçabay seinen Dienstwagen an, der uns in einer unvergeßlich schönen Fahrt am frühen Pfingstsonntag langsam dem vom Nemrud Dağ gekrönten Gebirgszug näherbrachte, dessen unverkennbarer Gipfel im strahlenden Sonnenlicht sich immer deutlicher am Horizont abzeichnete.

An der Römerbrücke über den Chabinas (vgl. Taf. 2–3) endete die Fahrt auf der erst kürzlich provisorisch hergerichteten Schotterstraße. Aber durch das Wunder des Feldtelefons erwartete uns hier der Chef des Bezirks (Nahiye), in dem der Nemrud Dağ liegt. Ahmet Hamdi Bey hatte sich bei der soeben gesetzlich verordneten Annahme eines Familiennamens für Arslan, d.h. Löwe, entschieden; wir hatten in den folgenden Tagen genügend Gelegenheit, seine Energie und Entschlußfreudigkeit bei der Lösung aller Arten von Problemen zu bewundern, die sich während unserer Forschungsarbeit ergaben.

Am nächsten Morgen waren wir bereits mit Sonnenaufgang beim Vermessen der imposanten Festungsanlage von Eski Kâhta. Humann hatte in seinem Bericht nur auf die Existenz eines »großartigen Kastells« hingewiesen, von dem er zwei Ansichtsskizzen veröffentlichte[1]. Es war ein mühsames Unterfangen, vor allem für meinen Freund, den komplizierten Grundriß maßstabsgerecht wiederzugeben, aber wir haben es geschafft (Taf. 21)! Der von Naumann angefertigte Plan war so exakt, daß er unseren späteren Arbeiten zugrunde gelegt werden konnte. Außerdem entdeckten wir noch zum Teil ausgezeichnet erhaltene Bauinschriften, von denen wir Fotografien und Abklatsche herstellten; nach unserer Rückkehr wurden sie in Istanbul von Katharina Dorn, die ebenfalls am Institut tätig war, bearbeitet. Es handelte sich um bisher unbekannte Inschriften der als Bauherrn genannten mamlukischen Sultane Kala'un von 1286 n. Chr., seines Sohnes Malik al-Aschraf Khalil von 1293 n. Chr. (Taf. 22), von dem drei Bauinschriften erhalten geblieben waren, sowie dessen Bruders und Nachfolgers Malik an-Nasir von 1309 n. Chr.[2].

Als später die Ausgrabungen in Eski Kâhta einsetzten, haben wir auch die Yeni Kale in unsere Forschungsarbeit einbezogen (Taf. 25). Der Eingang der Burg mit der Torkammer wurde wiederhergestellt und die langgestreckte Zwingeranlage freigelegt. Der Zwinger war teilweise bis zu einer Höhe von 8 m mit Schutt angefüllt. Nach dem Abräumen von mehreren tausend Kubikmetern Füllmaterial mit reichen mittelalterlichen Scherbenfunden bietet sich heute dem Besucher wieder das Bild einer ziemlich ungestörten Zwingeranlage. Besonders eindrucksvoll sind eine Reihe von gut erhalten gebliebenen Räumen und ein prächtiger, kleiner Saal mit kreuzförmigem Grundriß und Kreuzgradgewölbe; er ist jetzt wieder über eine guterhaltene Treppe zugänglich (Taf. 20).

Wenigstens hinweisen möchte ich noch auf eine besonders interessante Entdeckung auf dem zum Kâhtaçay steil abfallenden Südhang der Burganlage. Hier haben nämlich die Festungsbaumeister der mamlukischen Sultane in geradezu raffinierter Technik unter einer riesigen überhängenden Felswand einen kleinen Festungsbau aufgeführt, für den ich im kleinasiatisch-syrischen Raum keine Parallele kenne. In kühnen Windungen führt zu ihm von der Burg ein steiler, getreppter, teilweise überdeckter Gang in die Tiefe (Taf. 23). Vom Flußtal her, aus dem die Felsen steil, nahezu senkrecht, emporsteigen, gibt es keinen Aufweg. Diesem Umstand ist es zu verdanken, daß der Bau bis heute so wohlerhalten geblieben ist und noch Schießscharten und Zinnen trägt (Taf. 24).

Dieser Bau hat verschiedenen Zwecken gedient. Einmal sicherte er natürlich die Wasserversorgung der Burg bei einer feindlichen Belagerung; viel interessanter aber ist seine zweite Funktion: Wir entdeckten im zweiten Stockwerk eine Brieftaubenstation. Im Inneren des langgestreckten Raumes befinden sich in regelmäßigen Abständen an der Nord- und Stirnwand zweiunddreißig Nestplätze und zwischen der dritten und vierten Schießscharte ein Ein- und Ausflugloch für die Tauben.

Diese imposante Anlage macht nicht den Eindruck, daß es sich um die Liebhaberei eines der Burgherren handeln könnte; sie wird vielmehr zu dem Netz der im Mamlukenreich staatlich organisierten Nachrichtenübermittlung durch Brieftauben gehört haben. Näheres darüber erfahren wir aus einem arabischen Manuskript, das sich heute in der Nationalbibliothek von Paris befindet. Es stammt von Halil ibn Schahi Dabir, der die hohe Stellung eines Wesirs am Sultanshof in Kairo bekleidete, also Leiter der gesamten Staatsverwaltung im Mamlukenreich war. Sein Werk betitelt sich ›Spiegel oder Gemälde der mamlukischen Sultane‹. Aus

seiner Darstellung können wir entnehmen, daß für den Nachrichtendienst über Brieftauben das ganze Staatsgebiet systematisch aufgegliedert worden ist. Zentrale dieser großartigen Schnellverbindung war das stattliche Brieftaubenhaus auf dem Bergschloß in Kairo. Wir erfahren z.B., daß die Strecke Kairo–Damaskus mit 12 Teilstrecken im Abstand von jeweils etwa 100 km beflogen wurde. In sieben weiteren Taubenhaus-Stationen gelangte die Brieftaubenschnellpost nach Aleppo, von wo es bis zum Euphrat nicht mehr weit war. In der Handschrift werden sogar zwei Taubenstationen am Euphrat angegeben. Aber es fehlt Kâhta! Den Grund dafür können wir auch vermuten; denn um 1450 – dem Abfassungsdatum der Handschrift – war sehr wahrscheinlich die Grenzfestung Kâhta für die Mamluken zeitweise verlorengegangen und vorübergehend von einheimischen Territorialfürsten in Besitz genommen worden.
Ein weiteres kühnes Unterfangen der mittelalterlichen Baumeister war die Anlage eines unterirdischen Ganges; er setzt im unteren Teil des Taubenschlosses an und führt auf die gegenüberliegende Flußseite, eine vorzügliche Möglichkeit, ungesehen den Burgkomplex zu verlassen und wieder hineinzukommen[2a]. Laut Oberingenieur Fritz Apel handelt es sich hierbei um die erste bekannte Anlage eines Unterwassertunnels.
Die Fortsetzung der Arbeit am nächsten Morgen fiel uns schwer. Wir hatten den Komplex von der Bastion bis zum Mittelteil der Burg fertiggestellt und am Abend unsere Feldbetten unter Maulbeerbäumen am Fuß der Burg aufgebaut. Da es, wie wir in jugendlichem Leichtsinn meinten, zu umständlich schien, Moskitonetze anzubringen, begnügten wir uns damit, Schleier über unsere Gesichter zu legen – mit dem Ergebnis, daß wir am nächsten Morgen Mühe hatten, die Augen zu öffnen, weil unsere Gesichter von den Mückenstichen so verschwollen waren. Kühlung und Linderung brachte der nahe gelegene Dorfbrunnen; dann ging es an die Arbeit, und bis zum Abend wurde die Vermessung zu Ende geführt.
Mit Hilfe von Arslan Bey war es möglich, Maultiere zu mieten, mit denen wir am nächsten Tag zum Nemrud Dağ hinaufreiten wollten. Zunächst lernten wir, wie schwierig es ist, ein Maultier zu beladen, trotz unseres verhältnismäßig kleinen Marschgepäcks. Besser klappte es mit dem Reiten, dank der harten Schulung beim Reitunterricht während meiner Ausbildung bei der bespannten Artillerie in Halberstadt. Gegen 17 Uhr verließen wir Kâhta. Auf schmalen Pfaden ritten wir vorbei an den von den Bewohnern angelegten Gärten, die ihr Wasser durch vom Kâhtaçay abgeleitete Kanäle erhalten oder von einigen klaren Quellen. Über eine mittelalterliche Brücke am Aufgang des Dorfes ging es schon bald bergan. Wir hatten die Sonne im Rücken und genossen immer wieder die herrlichen Rundblicke auf das Flußtal, die Burg und die weite Ebene von Alut. Unter der kundigen Führung von Arslan Bey kamen wir zügig voran und erreichten noch vor Sonnenuntergang das Dorf Horik. Hier wurden wir von dem Dorfältesten Emin aufgenommen und fanden auf dem Dach seines Hauses eine luftige Lagerstatt, frei von aller Moskitoplage. Nirgendwo habe ich schönere Sonnenuntergänge erlebt als auf den Dächern von Horik!
Unvergeßlich unser erster Aufstieg zum Nemrud Dağ »in der Nähe der himmli-

chen Throne«! Bei meiner Lektüre der begeisterten Schilderungen von Humann und Puchstein hatte ich mich schon zweifelnd gefragt, ob sie nicht doch wohl ein wenig übertrieben seien. Jetzt erlebte ich selbst die Schönheit der kommagenischen Bergwelt und gab mich überglücklich dem Genuß des Schauens hin. Je höher wir hinaufstiegen, um so umfassender wurde die Weitsicht. Das Wetter hätte nicht besser sein können. Ein kühler Wind erfrischte uns, als wir aus der Enge des Tales von Horik auf die Hochebene hinaufgestiegen waren und in der Ferne die monumentalen Götterfiguren auf der Ostterrasse allmählich erkennbar wurden.

Wir hatten viel erwartet, aber trotzdem überraschte uns die Wirklichkeit. Welch ein Unterfangen des kommagenischen Königs Antiochos I., in dieser Bergwelt sein Grabmal zu errichten! Dessen Erhabenheit in der weiten, offenen Landschaft beeindruckte uns tief, und wir fragten uns, welche Vorstellungen wohl den König bewogen haben mochten, die Nachwelt in seiner Inschrift auf den Thronsesseln der vor dem Tumulus mit ihm zusammen dargestellten Götter wissen zu lassen, daß seine Ruhestätte »in nächster Nähe der himmlischen Throne« errichtet sei.

Die Inschriften selbst waren durch die vom Tumulus im Laufe der vergangenen 50 Jahre nachgerollten Schottersteine fast vollständig wieder zugeschüttet. Mit großem Bedauern stellten wir fest, daß manche Denkmäler, vor allem die aus Sandstein gefertigten Ahnenreliefs und das Löwenhoroskop, durch willkürliche Beschädigung und natürliche Witterungseinflüsse sehr gelitten hatten.

Leider mußten wir bald an unseren Abstieg denken, um nach Horik zurückzukehren. Unsere Führung hatte Emin einem jungen Hirten anvertraut, da er selbst im Dorfe eine dringende Arbeit zu erledigen hatte. Anstatt uns auf dem normalen Reitpfad bergab zu führen, wählte unser neuer Führer kleine Hirtenpfade über steile Hänge. Jedenfalls kamen wir keineswegs schneller nach Horik zurück, und wir waren froh, als wir nach einer geradezu halsbrecherischen Kletterei mit unseren Maultieren, für die wir selbst nach Möglichkeiten für den Abstieg suchen mußten, unser Nachtquartier erreichten.

Von der Höhe des Nemrud Dağ hatte uns Arslan Bey schon das glitzernde Band des in der Ferne wahrnehmbaren Euphrat gezeigt und ebenso unser nächstes Ziel, die Burganlage von Gerger, die auf dem felsigen Uferrücken des Flusses sich wie ein spitzer Kegel am Horizont abzeichnete. Neue Maultiere wurden durch Vermittlung von Arslan Bey gemietet, und das Kommando darüber erhielt der brave Şükrü. Bei unserem Aufbruch verabschiedete sich Süleyman Bey von uns, um nach Malatya zurückzukehren; wir blieben unter der Obhut von Arslan Bey.

Die Besonderheiten der Anlage von Gerger wurden schon im Zusammenhang mit der Schilderung der Örtlichkeit durch Moltke und Puchstein beschrieben (vgl. oben S. 32).

Schon von weitem erblickten wir das auf der Tafel 19 wiedergegebene Felsrelief. Es wurde aus einer etwa 30 cm tiefen, 4 m hohen und 2,70 m breiten Nische herausgehauen. Das Relief ist nach Angabe der unter der Nische angebrachten Inschrift auf Anordnung von Antiochos I. angefertigt und stellt seinen Großvater

väterlicherseits dar, den Herrscher Samos, den Sohn des Königs Ptolemaios von Kommagene – so ist der Vatersname zu lesen und nicht Mithradates. Der Herrscher schaut nicht zur Burg, sondern der Blick geht über das sich zu seinen Füßen ausbreitende hügelige Land. Daß man von hier aus den fernen Bergrücken mit der ihn krönenden Spitze des Nemrud Dağ besonders deutlich wahrnimmt, ist sicherlich kein Zufall, sondern der Planung des Königs Antiochos und der in seinem Auftrag tätigen Künstler zuzuschreiben.
Die Durchführung der beiden Aufgaben, die wir uns für Gerger gestellt hatten, nämlich einen Plan der Burganlage zu erstellen und die Inschriften im Aufgang der Burg zu vervollständigen, erschwerten uns die Wettergötter. Heftige Winde wehten so stark, daß die Arbeiter nur mühsam mit dem Freilegen des inzwischen fest verwachsenen Bodens vor der Felswand vorankamen. Der Pfad, der einst den Bewohnern ebenso wie den Besuchern als Zugang zu dem inneren Burgplateau diente, war inzwischen fast völlig zugewachsen. Außerdem fanden wir den Bogen über der Toranlage 3 eingestürzt, und die Trümmer hatten die darunter befindlichen Kolumnen 4–6 der Inschrift nicht nur völlig verschüttet, sondern – wie wir mit Recht fürchteten – dabei auch weitere Zerstörungen verursacht. Auch von Kolumne 1 und 2 war durch den Schutt, der sich hier in den vergangenen Jahren angesammelt hatte, nichts mehr zu sehen, aber die oberen Zeilen von Kolumne 3 gaben uns Kenntnis von dem Vorhandensein der Inschrift (vgl. Abb. 46).
Während die Arbeiter mit der Freilegung der Felswand beschäftigt waren, begannen wir mit dem Vermessen der Burganlage. Unsere Abbildung 47 zeigt den von Naumann angefertigten Plan. Die Unterburg ist mit viele Meter hohem Schutt

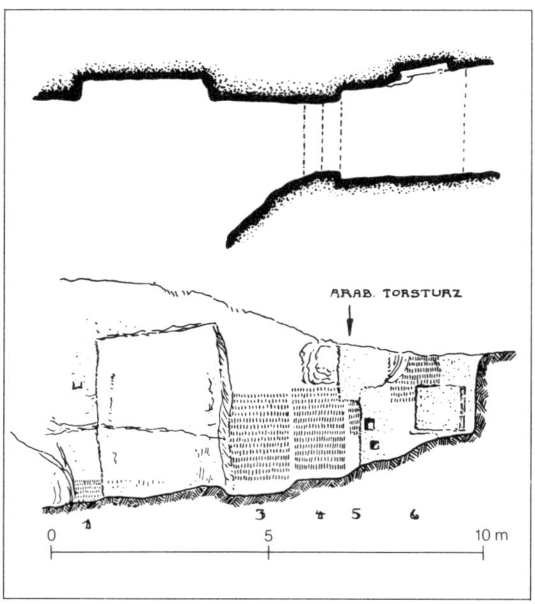

46. Grundriß mit schematischer Ansicht der Inschriftkolumnen im Aufgang der Burg von Gerger. Zeichnung von Rudolf Naumann.

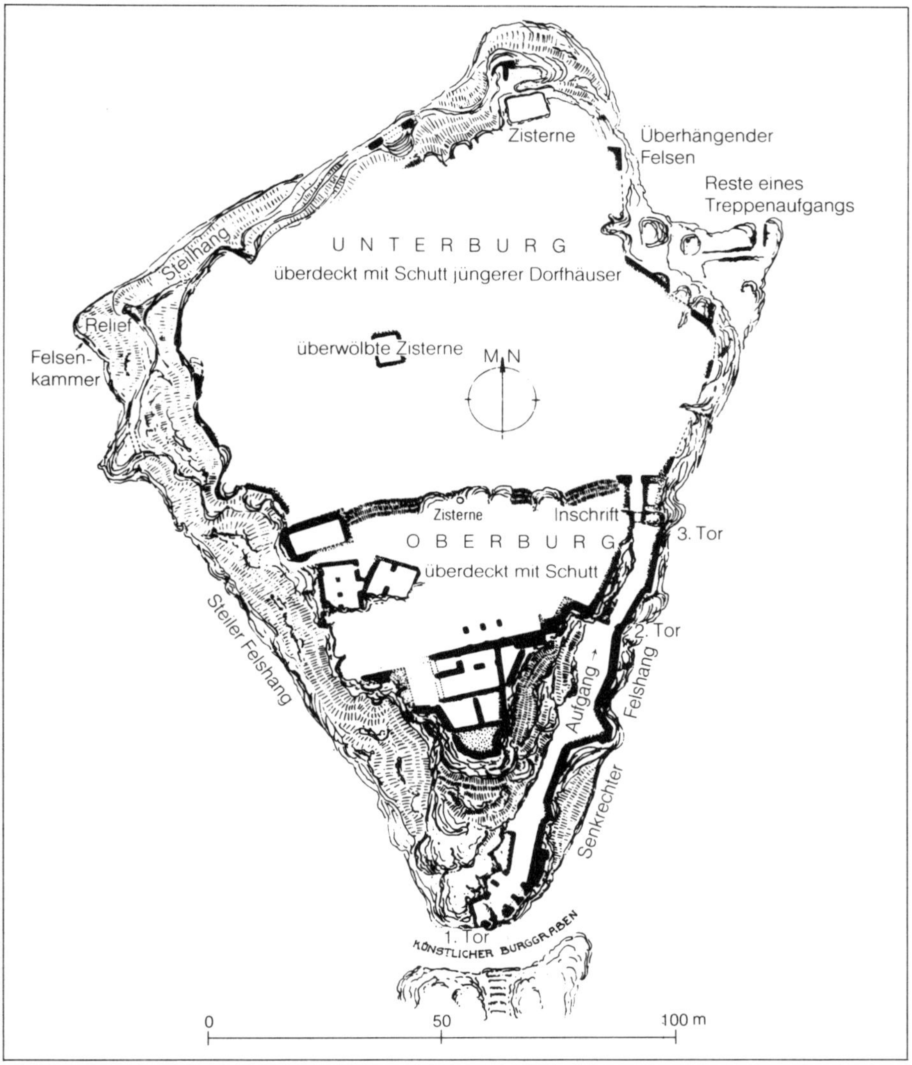

47. Lageplan der Burg von Gerger von Rudolf Naumann.

von Wohnbauten überdeckt, die aus einer nur kurze Zeit zurückliegenden Besiedlung stammen und die älteren Kulturschichten überlagern.

Von diesem unteren Plateau ist die Oberburg durch eine Felsstufe getrennt. Vermutlich bildete sie teilweise das Fundament für die innere Burgmauer. Während die Unterburg auf einer ebenen Fläche zu liegen scheint, steigt das Gelände der Oberburg von Süden nach Norden ständig an. Das Mauerwerk der noch stehenden Bauten mit nur wenigen erhalten gebliebenen Räumen besteht »aus Bruchsteinen in waagerechter Schichtung mit Mörtelbildung; nur die an einigen Stellen vorhandenen Pfeiler haben Werksteine« (vgl. Taf. 18).

Deutlich hebt sich hiervon ein Teil der Burg-Nordmauer ab; »sie besteht aus sehr großen polygonalen, jedoch kaum bearbeiteten Bruchsteinen, die ohne Verwendung von Mörtel und auch nicht in waagerechten Schichten verlegt sind. Möglicherweise gehört dieses Mauerstück und ein zweites nahebei zu der ältesten Bebauung kommagenischer Zeit«[3].
Auf der Felswand war einstmals ein Relief eingearbeitet, das vollständig getilgt wurde, ebenso wie der obere Teil von Kolumne 1 der Inschrift. Hier ist im Mittelalter »ein Türanschlag mit Riegellöchern in die Wand gearbeitet und darüber ein Torbogen gelegt« worden. Eine kleine Nische diente wahrscheinlich als Sitz für einen Wächter.
Während die Kolumnen 1–4 noch vor der mittelalterlichen Toranlage liegen, befinden sich Kolumne 5 und 6 schon in der ehemaligen Torkammer. Balkenlöcher und Vorrichtungen für Tor 3 haben in Kolumne 5 nur wenige Buchstaben übriggelassen. Unsere besondere Aufmerksamkeit galt Kolumne 6, der wir in mühsamer Arbeit trotz Staub und Wind noch manchen Buchstaben abgerungen haben. Bei der Wiederherstellung des Textes kam uns ein besonderer Glücksfall zu Hilfe. Giulio Jacopi hatte bei seinem Aufenthalt in Samsat einen in zwei Stücke zerbrochenen Inschriftenblock abgeschrieben, der sich teilweise mit Kolumne 6 deckte. Eine Überprüfung in Samsat ergab zu unserer Überraschung, daß die von Jacopi nicht beachtete Unterseite ebenfalls beschrieben war. In der Abbildung 48 ist verdeutlicht, wie der Text von Samsat (gepunktete Buchstaben) es ermöglicht hat, die Lesungen und Deutungen auf der Felswand zu sichern oder zu ergänzen. Der Besucher der Grabanlage für die Vorfahren des Königs Antiochos wurde in diesem Schlußteil auf die Strafen der Götter hingewiesen, auf die »unfehlbaren Pfeile des Apollon und Herakles«, die ihn ebenso treffen würden wie die Blitze des Zeus Oromasdes, wenn er den heiligen Bezirk schände. Belohnungen aber wurden allen denen verheißen, die reinen Herzens sind.
Es blieben trotz dieser Übereinstimmung noch einige, nur durch sinngemäße Ergänzungen auszufüllende Lücken bestehen. Diese Unsicherheiten sind aber jetzt dank neuer Funde behoben, über die im nächsten Kapitel zu berichten sein wird. Sicherlich wäre es sehr lohnend, in der Burganlage von Gerger Ausgrabungen durchzuführen; wichtig wäre es vor allem, Hinweise über die Verehrungsstätte der Göttin Argandene zu gewinnen. Denn aus dem Anfang der Inschrift geht hervor, daß die Grabanlagen für die Ahnen des Königs Antiochos I. in dem Tempelbezirk dieser Göttin errichtet worden sind.
»Das merkwürdige, alte Schloß« von Kores, wie es Moltke genannt hat, war unser nächstes Ziel. Bei der Nemrud Dağ-Expedition von 1883 hatte Felix von Luschan den Auftrag, Kores »mit einem Zeitaufwand von längstens fünf Tagen« zu besuchen; jedoch meuterten seine einheimischen Begleiter gegen die Zumutung, länger »in der schattenlosen Wüstenei« zu bleiben und »drängten unter allerlei Vorwänden zum Aufbruch«. In Tokaris, unserem nächsten Standquartier, und in der Umgebung sahen wir dann mehrere Bauten, die noch in jüngster Zeit aus Material erbaut waren, für das man die Burg von Kores als billigen Steinbruch benutzt hatte – etwa die Moschee des Dorfes und den Konak des Zagri Osman Pascha.

Während Moltke noch beträchtliche Teile der Burg von Kores gesehen hatte, konnten wir im wesentlichen nur noch eine Vorstellung des die Burganlage einschließenden Mauerrings gewinnen[4]. Hinweise auf eine Bebauung in antiker Zeit haben wir nicht beobachtet, so daß es sich wohl erst um eine mittelalterliche Anlage, vielleicht aus dem 12. Jahrhundert, handeln dürfte[5].
Gern wären wir direkt am Euphrat entlang nach Samosata, der ehemaligen Hauptstadt von Kommagene, weitergeritten, in deren modernem Namen Samsat noch unverkennbar die antike Tradition weiterlebt. Aber gemäß unseren Instruktionen mußten wir über Kâhta zurückkehren, wo wir herzlich willkommen geheißen wurden.
Nach kurzem Aufenthalt ging unser Ritt nach Süden, und wir verbrachten die nächsten Tage mit der Entzifferung der kommagenischen Inschriften sowie der Vermessung der Aquädukte, die in römischer Zeit Samosata mit frischem Wasser versorgt hatten. Natürlich lockte uns auch die Samsat gegenüberliegende Euphratseite, und wir hätten gern wenigstens den riesigen Hüyük von Lidar besucht; aber wir hatten leider keine Erlaubnis, den Euphrat zu überschreiten[6].
So lenkten wir unsere Pferde westwärts und konnten auf dem Weiterritt eine Reihe von Hüyüks beobachten und in die Karte eintragen. Einen besonderen Hinweis verdient noch die Brücke über den Göksu, das Himmelswasser, etwa 4 km

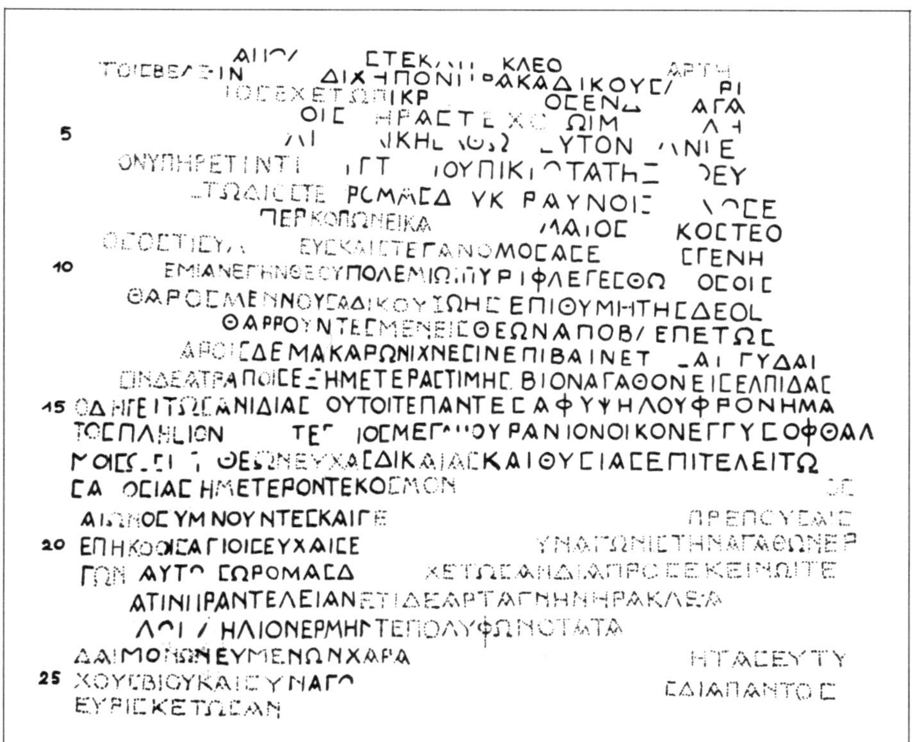

48. Kolumne 6 der Inschrift von Gerger; ergänzt durch die Stele von Samsat (gepunktet).

oberhalb von seiner Einmündung in den Euphrat. Sie gehört in den von Samosata nach Zeugma führenden Straßenzug und ist in der Tabula Peutingeriana mit dem Vermerk *ad pontem Singae* eingetragen. »Die Ufer liegen hier über 30 m weit auseinander und verlangen eine Überbrückung des Flusses mit einem einzelnen weitgespannten Bogen, da die Anordnung eines Strompfeilers in dem reißenden Fluß unmöglich ist. Die durch den großen Bogen bedingte Gesamthöhe von über 20 m erforderte besondere Rampenanlagen als Zufahrten« – begründet Naumann seine Rekonstruktion der Brücke (vgl. Abb. 49)[7].
Die gesamte Anlage gleicht so sehr der Brücke über den Chabinas, daß man wohl annehmen darf, daß die Entstehung ebenfalls den Ingenieuren zugeschrieben werden kann, die bei der XVI. römischen in Samosata stationierten Legion tätig waren, wie es die auf der intakten Chabinas-Brücke erhaltenen Bauinschriften bezeugen. Im Jahre 1971 entdeckte Jörg Wagner in dem gleichen Straßenzug eine dritte Brücke ähnlicher Konstruktion über den Karasu; sie überspannte das Flußtal in mehreren Bogen, von denen einer noch erhalten geblieben ist. Von Wagner aufgefundene Ziegelstempel weisen ihre Erbauung jedoch der III. in Seleukeia stationierten skythischen Legion zu. Allen drei Brücken ist ferner gemeinsam, daß sie ältere Brückenbauten ersetzen, die Wagner der »ersten Ausbauphase des Euphratlimes unter Kaiser Vespasian zuschreiben« möchte, während ihre Erneuerung im Zuge des von Kaiser Septimius Severus vorbereiteten Feldzuges gegen die Parther am Ende des 2. Jahrhunderts n. Chr. durchgeführt wurde[8].
Allmählich ging die uns zur Verfügung stehende Zeit zu Ende; auch unsere Reisekasse zeigte, daß wir an die Rückkehr denken mußten. Gern wären wir noch weiteren Nachrichten nachgegangen, zum Oberlauf des Göksu vorgestoßen und am Euphrat nach Westen geritten. Statt dessen ging es auf Besni zu. Eine böse Überraschung gab es, als bei einem Trab auf dem felsigen Ufersand des Göksu der Sattelgurt meines Pferdes riß und ich in hohem Bogen auf den Felsen landete. Mit den erlittenen Prellungen und Blutergüssen konnte ich nur unter heftigen Schmerzen weiterreiten. Schlimmer sah es mit meiner Leica aus, die ich umgehängt getragen hatte. Welch ein Glück, daß unser Unternehmen nahezu abgeschlossen war!
Ungern verließen wir Kommagene. Das Land war uns liebgeworden; es hatte unsere Erwartungen nicht nur erfüllt, sondern uns noch einmal mit der selten gewordenen Romantik einer Forschungsreise auf dem Pferderücken beschenkt. Wir schieden mit der Hoffnung, »noch einmal dorthin zurückkehren zu dürfen, um mehr von den Denkmälern seiner geschichtlichen Vergangenheit, aber auch von den Schönheiten seiner Landschaft kennenzulernen«, so hieß es am Schluß unseres Reiseberichtes[9].

Die Entdeckung von Arsameia am Nymphenfluß – eine Residenzstadt der Könige von Kommagene

II

Nach der im Jahre 1938 erfolgreich durchgeführten Kommagene-Expedition hatten wir das Land in der Hoffnung verlassen, bald wieder zurückkehren zu können. Aber Krieg und Kriegswirren machten alle Hoffnungen für die weitere Forschungsarbeit zunichte; doch war es glücklicherweise wenigstens noch möglich, die Publikation mit den 1938 erzielten Ergebnissen fertigzustellen und ihren Druck abzuschließen.
In allen Jahren des Krieges, in Schrecken, Not und Elend, blieb Kommagene eine freundliche Vision. Besonders der Gedanke einer Ausgrabung auf der einsamen Höhe des Nemrud Dağ, »in der Nähe der himmlichen Throne«, in dem Hierothesion des Königs Antiochos I., ließ mich nicht los. Das Ende des Krieges schien zunächst die Verwirklichung solcher Ideen vollkommen auszuschließen. Aber der Wille zur Tat blieb, und im Juli 1951 war es endlich möglich, eine kleine Forschungsreise nach Kommagene zu unternehmen – mit sehr bescheidenen Mitteln. Ziel dieses Unternehmens, für das ich meinen bergbauerfahrenen Schwager Otto Singer um Hilfe gebeten hatte, sollte es sein, die Möglichkeiten einer Ausgrabung auf dem Nemrud Dağ zu prüfen und darüber hinaus zu klären, welche technischen Erfordernisse dafür notwendig seien.
Wie 1938 reisten wir wieder mit der Eisenbahn bis Gölbaşı, einer Station an der Strecke Adana – Malatya. Hier hörten wir, daß die türkischen Straßenbehörden

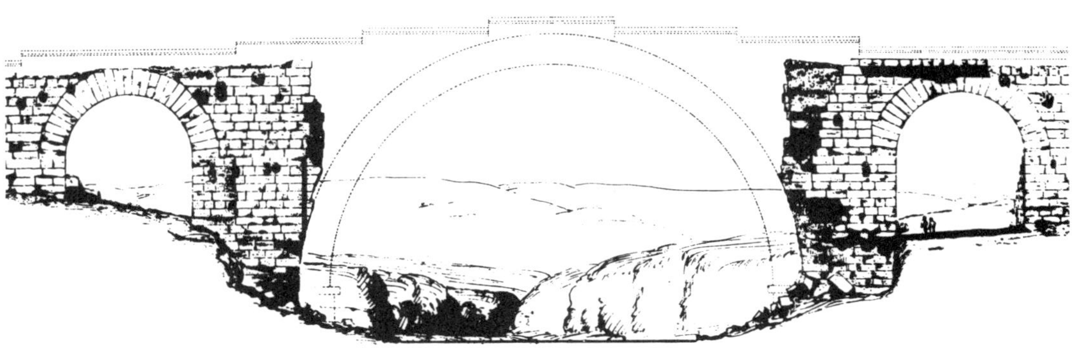

49. Die römische Brücke über den Göksu. Rekonstruktion von Rudolf Naumann.

im Begriff waren, die seit längerer Zeit geplante Straße von Gölbaşı nach Adıyaman zu bauen. Wir fanden auch bald eine Gelegenheit, unsere Fahrt auf offenem Lastwagen fortzusetzen; er stand vor einem Teehaus, zur Abfahrt bereit. Der Fahrer wies auf das bereits vollbesetzte Fahrzeug, aber mit gutem Willen aller fanden wir doch noch einen Platz für uns und unser bescheidenes Gepäck.
Nun ging es auf staubiger, im Ausbau befindlicher Straße von Westen her dem Gebirgsmassiv der Ankar Dağları entgegen, das in der kommagenischen Landschaft weithin nach allen Seiten durch den von König Antiochos I. von Kommagene für sein Grabmal errichteten Tumulus in einer Höhe von 2150 m über dem Meere charakterisiert ist. Nach mehrstündiger Fahrt erreichten wir Adıyaman.
Am nächsten Morgen machten wir unsere Besuche bei den zuständigen Behörden, die von der türkischen Regierung schon über unsere Ankunft unterrichtet worden waren. Nach längeren Verhandlungen klappte auch das Mieten von Reit- und Tragtieren, mit denen wir unseren Marsch zum bereits am Horizont gut sichtbaren Nemrud Dağ fortsetzten.
Eine erste Überraschung bot Yeni Kâhta. Der Ort hatte sich seit unserem letzten Besuch so sehr verändert, daß er kaum wiederzuerkennen war. Schon von weitem leuchtete das rote Ziegeldach des neuerbauten zweistöckigen Regierungsgebäudes auf einer kleinen Anhöhe, der stattliche Amtssitz eines Kaymakam.
Unmittelbar nach unserer Ankunft machten wir ihm und dem Kommandeur der Gendarmerie unsere Besuche; auch hier war man bereits unterrichtet und sicherte uns jede Unterstützung zu. Voller Stolz berichtete man uns, daß sich inzwischen die Einwohnerzahl beträchtlich vermehrt habe; auch die Schulverhältnisse seien sehr gut, und die Landwirtschaftsbank habe im Ort jetzt eine Filiale eröffnet. Auf unsere Nachfrage hörten wir, daß zwar immer vereinzelt noch Fälle von Malariaerkrankungen vorkämen, aber im großen und ganzen sei der Kampf des türkischen Gesundheitsdienstes gegen die Anopheles-Mücken sehr erfolgreich. Alle Gesprächspartner äußerten sich sehr zufrieden über die Verlegung des Ortes, und der Name Kâhta für den neuen Regierungssitz hatte sich allgemein durchgesetzt, während das historische Kâhta als ›Eski Kâhta‹, das heißt das ›Alte Kâhta‹, bezeichnet wird (vgl. die Skizze Abb. 62).
Von großer Bedeutung für die Zukunft wurde die Wahl der Route unseres Weitermarsches. Es war ein außergewöhnlich heißer Sommer. Ich beschloß daher, nicht den üblichen Anmarsch am Tumulus von Karakuş vorbei über die Chabinas-Brücke zu nehmen, sondern direkt nordöstlich von Kâhta den Kâhtaçay zu überschreiten, was wegen des niedrigen Wasserstands ohne weiteres möglich war. Dieser Marschweg war zwar anstrengender, aber wir hofften, das kleine Dorf Horik, den Ausgangspunkt für die Besteigung des Nemrud Dağ, noch bis zum Sonnenuntergang zu erreichen.
Aber es kam ganz anders! Denn als wir uns in glühender Sonnenhitze gegen Mittag dem freundlichen Dorf Alut (Tavşi) näherten, das ich noch von unserem Unternehmen im Jahre 1938 in bester Erinnerung hatte, nahmen wir gern die liebenswürdige Einladung der Bewohner an, unter den schattigen Bäumen an der kühlen Quelle des Dorfes eine Rast einzulegen. Wie wohl tat es, sich nach dem

langen Ritt über die sonnendurchglühte, baumlose hügelige Landschaft auf den bunten Teppichen auszustrecken, die von den freundlichen Dorfbewohnern sogleich zu unserem Empfang aus den Häusern herbeigetragen wurden. Wir packten unsere Vorräte aus, und dazu gab es von unseren Gastgebern frischen Joghurt und herrliche Weintrauben.

Dann begann nach geziemender Pause das so beliebte Fragespiel nach dem Woher und Wohin. Den landesüblichen Gepflogenheiten entsprechend ging ich gern darauf ein; denn es bedeutet, daß man an dem Gast und dessen Wohlergehen interessiert ist. Natürlich erzählte ich auch von meinem ersten Aufenthalt hier im Jahre 1938, als ich im Dorfe Gast des damaligen Landrats Ahmet Hamdi Arslan gewesen war. Alle erinnerten sich noch an diesen energischen und tüchtigen Beamten, und ich konnte so zwanglos das Gespräch auf meine neuen Pläne und Absichten bringen. Aber auf meine direkte Frage, ob in der Nähe des Dorfes oder in der näheren Umgebung neue Funde gemacht worden seien, gab es nur allgemeines Kopfschütteln.

So verging unter allgemeinen Gesprächen die Ruhepause, und wir machten uns zum Aufbruch bereit. Da setzte sich ein Dorfbewohner an meine Seite, der sich erst später unserem Gesprächskreis zugesellt hatte. Er überraschte mich mit der Bemerkung, daß er mich wohl kenne. Als ich ihn erstaunt ansah, fügte er hinzu: »Nein, nicht persönlich, aber ein Verwandter hat uns viel von Ihnen erzählt. Erinnern Sie sich nicht an Şükrü«, fragte er mich, »der Sie auf Ihrer ersten Reise begleitet und die Aufsicht über Ihre Pferde hatte?«

Nun gab es ein fröhliches Erinnern und neuen Gesprächsstoff. Als eine kurze Pause eintrat, schaute mich Nuri prüfend an; dann teilte er mir mit halblauter Stimme etwas mit, das mich elektrisiert aufhorchen ließ. »Wir holen nämlich« – vertraute er mir an – »von dem Hang der Eski Kale fruchtbare Erde für unsere Äcker, und dabei wurde von uns vor kurzer Zeit ein ›resim taşı‹ gefunden« (d.h. wörtlich übersetzt: ein Bildstein).

Alle Müdigkeit war vergessen; ich wollte sofort aufbrechen, um den ›Bildstein‹ in Augenschein zu nehmen. Ich erinnerte mich noch sehr gut an unseren ersten Besuch der Eski Kale im Jahre 1938. Damals hatten sich über dem Erdboden keinerlei Mauerreste mehr gezeigt, die den Namen Eski Kale, d.h. Alte Burg, gerechtfertigt hätten. Die auf dem Plateau und dem Südhang herumliegende Keramik stammte ausschließlich aus mittelalterlicher Zeit. In welche Periode mochte jetzt der aufgefundene ›Bildstein‹ gehören?

Ich mußte meine Ungeduld zügeln; denn niemand war geneigt, uns in der Mittagshitze zum Fundplatz zu führen. Man versprach jedoch bereitwillig, uns den Stein in den kühleren Abendstunden zu zeigen. Das aber bedeutete, daß wir unser heutiges Tagesziel nicht mehr erreichen würden und der geplante Aufstieg zum Nemrud Dağ in den frühen Morgenstunden des nächsten Tages nicht mehr durchgeführt werden konnte. Genaueres über den ›Bildstein‹ konnte ich nicht in Erfahrung bringen. War es richtig, wegen einer solch vagen Nachricht alle Pläne umzustoßen? Wie oft hatten sich schon ähnliche Angaben als Phantasiegebilde erwiesen! Aber manchmal waren solche Hinweise der Bewohner bei meiner Forschungsarbeit doch sehr wichtig gewesen. So beschloß ich nach kurzem Überlegen, mich dem Wunsch meiner Gastgeber zu fügen.

Am Spätnachmittag brachen wir auf und marschierten fast eine Stunde dem von Alut aus gut sichtbaren Südhang der Eski Kale entgegen (Farbtaf. XIX). Keine ausgetretenen Pfade führten den steilen Südhang des Burgberges hinauf. Mühsam kletterten wir in die Höhe und hielten auf das Ende eines felsigen Rückens zu, auf den mich mein Führer Nuri Dilekli schon von der Ebene aus aufmerksam gemacht hatte. Tatsächlich lag hier der ›Bildstein‹! Es war ein Fragment vom Oberteil eines Reliefs mit einer für die kommagenische Zeit typischen Darstellung des Gottes Mithras-Helios, symbolisiert durch die Strahlenkrone (vgl. die Taf. 26 C und 29).

Mit geschärften Augen untersuchte ich den Hang weiter und fand ein zweites Relieffragment unterhalb der großen Felsenhalle an der Westseite der Südflanke, dessen Darstellung den unteren Teil einer männlichen Figur zeigte. Meine besondere Aufmerksamkeit aber nahm eine kleine Felspartie in Anspruch, die unterhalb des Plateaus aus einem großen Schuttberg herausragte und am oberen Ende des felsigen Rückens lag, bei dem wir das Fragment mit Mithras-Helios aufgefunden hatten. Dieses Felsstück war rissig und verwittert, doch ich hatte den Eindruck, als ob es künstlich geglättet sei. Einen Augenblick glaubte ich sogar, Buchstaben zu sehen; aber als ich näher herantrat und die Felswand direkt von vorn mit dem Licht der untergehenden Abendsonne in meinem Rücken betrachtete, da verschwanden die Buchstaben wieder, und ich sah nur eine vielfach in sich zerrissene graue Felswand. Enttäuscht wandte ich mich ab. Es war also wohl nur meine Phantasie gewesen, die mir ein Wunschbild vorgespiegelt hatte. Aber dann erschienen im Schräglicht wieder zwischen den Verwitterungsspuren auf dem Gestein, wenn auch nur ganz schwach erkennbar, die horizontalen und vertikalen Linien von griechischen Buchstaben. Aufgeregt rief ich nach Hacke und Spaten und fing sogleich an, mit meinem Taschentuch die Buchstaben vom Staub zu reinigen und mit meinen Händen die Erde von der Felswand wegzuscharren. Ehe die Werkzeuge zur Stelle waren, hatte sich schon meine Vermutung bestätigt, daß ich vor einer in griechischen Buchstaben geschriebenen Inschrift stand. Die ersten Hackenschläge räumten dann den Schutt fort, der die tieferliegenden Buchstaben vor Zerstörung und Verwitterung geschützt hatte. Schöner und unversehrter als ich es zu hoffen gewagt hatte, kam eine Inschrift aus der bewahrenden Erde. (vgl. Taf. 34).

Meine Begleiter konnten sich meine Aufregung nicht erklären und mahnten mit Hinweis auf die untergehende Sonne ungeduldig zum Aufbruch. Zu gern hätte ich noch meine Vermutung, daß es sich bei der Inschrift um ein Zeugnis aus kommagenischer Königszeit handelte, zur Gewißheit erhoben; aber es hieß, sich noch zu gedulden und unser Quartier für die Nacht aufzusuchen.

Am nächsten Morgen war ich schon mit Sonnenaufgang wieder auf dem Südhang; bald war vor der Felswand aus hartem, kristallinischem Kalkstein so viel Schutt abgeräumt, daß ich einige zusammenhängende Zeilen der Inschrift lesen konnte. Ich gewann daraus die Gewißheit, daß ich den Schlußteil einer in Kolum-

nen angeordneten Inschrift vor mir hatte, die ihrem Schriftcharakter nach in die Regierungszeit des kommagenischen Königs Antiochos I. gehörte und ihrem Inhalt nach an die Ausfertigungen der Texte erinnerte, die ich im Jahre 1938 im Aufgang der Burg von Gerger und bei dem Fund von Samosata bearbeitet hatte.
Natürlich stieß ich jetzt sofort unseren Reiseplan um und versuchte, größere Klarheit über den Text der Felsinschrift zu gewinnen. Die obersten Zeilen der Kolumne zu entziffern, war ein hoffnungsloses Beginnen. Das äußere Ende im oberen Teil der Felswand hatte in den vergangenen Jahrhunderten immer freigelegen, und die Oberfläche war infolge der stetigen Verwitterung millimetertief zerstört. Ich konnte an einer Reihe von Stellen zwar noch Rundungen von Buchstaben feststellen, die als O-Laute, vielleicht als Omikron oder Omega, möglicherweise auch als Theta zu deuten waren; ebenso traten noch Andeutungen von rechten Winkeln in verschiedener Beleuchtung aus dem Grunde der Schriftfläche hervor, aber ein zusammenhängender Text war in diesem Teil nicht mehr zu gewinnen.
Als jedoch die nur locker aufliegenden obersten Erdschichten abgeräumt wurden, konnte ich allmählich wenigstens die Zeilenanfänge abschreiben, während die Oberfläche der Zeilenenden wie abgefressen wirkte. Der Erhaltungszustand der Schriftformen wurde jedoch von Zeile zu Zeile besser, bis schließlich nach ungefähr zehn Zeilen die Inschrift mit ihren durchschnittlich 2,5 cm hohen Buchstaben so wirkte, als ob sie erst kürzlich von dem Steinmetzen eingehauen worden sei.
Dieser Befund erlaubt einen wichtigen Schluß; denn er beweist, daß die Zerstörung des Plateaus über der beschrifteten Felswand bereits in antiker Zeit erfolgt sein muß. Die Erdmassen stürzten beim Zusammenbruch der das Plateau umgebenden Stützmauern den Steilhang hinunter und deckten den größten Teil der Felswand zu. Nur noch ein kleines Ende ragte aus dem Schutt hervor. Wie weit diese Verschüttung reichte, zeigt die Aufnahme der Inschrift auf der Tafel 34, die ich unmittelbar nach der Freilegung der Felswand gemacht habe. Eine dunkle, schräg von unten nach oben verlaufende Verfärbung ist deutlich erkennbar. Bis zu dieser Linie erfolgte die erste Verschüttung, die durch das vom Rand des Plateaus herabstürzende Erdreich ausgelöst wurde. Im Laufe der folgenden Jahre, Jahrzehnte und Jahrhunderte ist dann durch nachrieselnden Schutt, durch Windverwehungen und Humusbildung das zunächst noch freiliegende Ende der Felswand Zentimeter um Zentimeter zugewachsen und bewahrte dadurch, wie wir heute sehen, Felswand und Inschrift vor jener Zerstörung, von der die äußeren Enden der obersten Zeilen vollständig betroffen worden sind.
So stand ich von Sonnenaufgang bis zum Sonnenuntergang mit kurzen Pausen vor der Felswand und war glücklich über die stetig fortschreitende Entzifferungsarbeit. Die Sonne gewährte mir dabei beste Hilfe; die morgens schräg einfallenden Strahlen ließen die Buchstaben nahezu plastisch hervortreten. Ich meinte sogar, noch Spuren von roter Farbe wahrnehmen zu können, mit der die vertieft eingehauenen Buchstaben wahrscheinlich ausgemalt gewesen sind. Wie ver-

heißungsvoll klangen die ersten Sätze, die uns die Felswand verkündete:

> Alle, die rein sind von ungerechtem Leben, aber voll Eifer auf heilige Werke, sollen getrost auf das Antlitz der Götter schauen und den glücklichen Spuren der Seligen folgen; und sie sollen auf glücklichen Pfaden aufgrund der Verehrung gegenüber uns einen guten Lebensweg zu eigenen Hoffnungen haben. Diese alle sollen aus der Nähe das große himmlische Haus des Zeus sehen und nahe den Augen und Ohren der Götter pflichtgemäße Gelübde und heilige Opfer leisten.

Hier allein ergaben sich schon Fragen über Fragen. Wo konnte man auf diesem Hügel, so fragten wir uns, das Antlitz der Götter schauen? Wo befand sich das große himmlische Haus des Zeus? Gleichzeitig aber bedrängte uns die Sorge, wie es wohl mit der Inschrift auf dem noch im Schutt verborgenen Teil der Felswand aussehen möge? War der Text weiterhin so wohlerhalten oder Zerstörungen ausgesetzt, wie es in dem Heiligtum von Gerger geschehen war? Der neue Text war aber – das erkannte ich sofort – auch für Gerger sehr wichtig. Denn teilweise stimmte er mit Kolumne VI überein, die ich bereits mit dem Fund von Samosata kombiniert hatte (vgl. oben S. 158) und die jetzt vollständig ergänzt werden konnte. Inzwischen stieg die Sonne höher und höher; es wurde immer wärmer, und die Felswand reflektierte allmählich die Sonnenstrahlen. In meinem Eifer, möglichst rasch mit der Entzifferung und der Abschrift voranzukommen, vernachlässigte ich selbst eine Vorsichtsmaßregel, die ich oft genug anderen empfohlen hatte, nämlich für ausreichenden Schutz des Nackens zu sorgen.
Die Folgen stellten sich bereits in der folgenden Nacht ein, und am nächsten Morgen hatte ich so hohes Fieber, daß an weitere Arbeit vor der Felswand nicht zu denken war. Die Diagnose ›Sonnenstich‹ konnte ich mir selbst stellen. Glück im Unglück war es, daß wir in der hoch über dem Flußtal des Kâhtaçay liegenden Ortschaft Çörtenek ein ideales Quartier gefunden hatten. Hier war es relativ kühl, und es wurde für mich im Schatten hoher Pappeln im Freien eine Liegestätte aufgeschlagen. Ebenfalls stand mir das, was ich für eine schnelle Erholung brauchte, zur Verfügung, nämlich Joghurt für die Behandlung meines stark in Mitleidenschaft gezogenen Nackens und – was ebenso wichtig war – absolute Ruhe.
Natürlich war nicht daran zu denken, die riesigen Schuttmassen abzutragen, die sich vor der Felswand aufgetürmt hatten. Aber es mußte möglich sein, wenigstens einen kleinen Stichgraben anzulegen, um die Ausdehnung der Inschrift festzustellen. Diese Arbeit wurde sofort unter Leitung meines Schwagers mit einigen Helfern in Angriff genommen. Ein regelmäßiger Kurierdienst unterrichtete mich über den glücklichen Fortgang, und ich erhielt alsbald die Nachricht, daß eine zweite Kolumne angeschnitten sei; bald darauf folgte die Meldung über eine dritte Kolumne. Dann gab es eine größere Pause, bis gegen Abend die Botschaft eintraf, daß das Ende der Felswand in Sicht sei und sich noch eine vierte Kolumne zeige.
Glücklicherweise besserte sich mein körperliches Befinden. Das Thermometer zeigte allmählich nachlassende Temperatur. Meine Gastgeber und die Nachbarn, die mich am Abend besuchten, waren natürlich neugierig zu erfahren, was wohl

die Inschrift auf der Felswand bedeute. Meinen Erklärungsversuchen hörten sie mit offensichtlichem Mißtrauen zu. Sie erwarteten natürlich keine historischen und religionsgeschichtlichen Deutungen, sondern Hinweise auf geheime, verborgene Schätze, vor allem Gold! Aus vielen Erfahrungen wußte ich, was sie alle bewegte. So schnitt ich selbst dieses Thema an und fragte, wie sie selbst sich wohl verhalten würden, wenn man ›Schätze‹ vor fremdem Zugriff sichern wolle? Wäre es nicht völlig absurd, den geheimzuhaltenden Ort inschriftlich auf einer Felswand an einer Stelle einzumeißeln, an der es jeder nach Belieben lesen könne? Das leuchtete natürlich ein; aber der Glaube, daß wir eigentlich doch nach goldenen Schätzen suchten, war ihnen so schnell nicht zu nehmen.
Bei dieser Gelegenheit hörte ich auch zum ersten Mal die Geschichte von den beiden jungen Schäfern, die ihre Herden auf der Eski Kale weideten. Eines Tages, so erzählte man mir, hätten sie, im Hang verborgen, eine bis dahin noch nie gesehene eiserne Tür entdeckt. Einer von ihnen habe sich nicht abhalten lassen, die Tür zu öffnen und in den anschließenden Gang hineinzugehen, während der andere angstvoll mit dieser Meldung in das Dorf zurückgelaufen sei. Als er später mit anderen Dorfbewohnern zurückkehrte, war die Tür verschwunden, und von dem jungen Hirten habe man nie mehr etwas gehört und gesehen.
Die Kühle der Nacht, die Ruhe und nicht zuletzt auch der stetige Fortgang der Arbeit an dem kleinen Suchgraben waren die beste Voraussetzung für meine schnelle Genesung. Eine neue Meldung versetzte mich in größte Spannung. Mein Schwager teilte mir nämlich mit, daß die Felswand nach der vierten Kolumne einen Knick mache; in fast rechtem Winkel verlaufe sie jetzt mit dem Hang nahezu parallel. Und dann hieß es noch: »Die griechischen Buchstaben setzen sich aber auf der Felswand fort!«
Die nächsten Tage brachten für mich harte Strapazen. In dem kleinen, natürlich sehr engen Stichgraben stehend, mußte ich meine Entzifferung und die Abschrift vornehmen. Glücklicherweise war das Erdreich so fest und so dicht von Wurzelwerk durchzogen, daß es keiner Abstützung bedurfte. Die Felswand selbst ließ sich relativ leicht reinigen. Erhebliche Schwierigkeiten gab es allerdings bei der Lesung des mittleren Teiles von Kolumne drei und im anschließenden unteren Stück von Kolumne vier. Hier waren nämlich die Zeilen in ihrem Zusammenhang gestört, weil anscheinend bei tektonischen Bewegungen der obere Teil der Kolumnen von der Felswand abgesprengt worden war und sich über den unteren Teil geschoben hatte.
Beim Einhauen der Inschrift war der Steinmetz gezwungen, auf die Form der künstlich geglätteten Felswand Rücksicht zu nehmen. Dadurch erklärt sich auch der treppenartige Beginn des Textes in der ersten Kolumne. Hier setzte ich natürlich mit der Lesung und Abschrift ein (Taf. 33). In der ersten Zeile schon nannte sich als der königliche Stifter König Antiochos von Kommagene; er ließ mich wissen, daß wir uns inmitten des Hierothesions, also eines sakralen Kultbezirks für seinen Vater Mithradates Kallinikos befanden, den er selbst für die Ausübung eines gemeinsamen Kultes vergrößert und verschönert hatte. Die geheiligte Grabstätte selbst lag nach der Inschrift »in der Vorstadt von Arsameia am Nymphen-

fluß«, einer königlichen Residenzstadt, die uns bisher völlig unbekannt gewesen war und auch in der erhalten gebliebenen literarischen Überlieferung an keiner Stelle erwähnt wird.
Aber lassen wir den königlichen Stifter selbst zu uns sprechen, lassen wir ihn selbst seine »unsterbliche Botschaft« verkünden – allerdings in einer deutschen Übersetzung, in der ich versucht habe, auch den feierlichen Ton und die gehobene Sprache anklingen zu lassen, die das Original auszeichnet. Zur Erleichterung des Verständnisses habe ich den Text mit einer Gliederung versehen, die sich durch den kursiven Druck von dem Original abhebt. Die arabischen Zahlen entsprechen den Zeilen der Inschrift, die römischen verweisen auf den Beginn einer neuen Kolumne.

Übersetzung

I. Einleitung

1. Einrichtung eines Kultes für Vater und Sohn in Arsameia am Nymphenfluß
Erlaß eines Gesetzes (Nomos)

Der große König Antiochos, Gott, der Gerechte, Freund der Römer und Hellenen, der Sohn des Königs Mithradates Kallinikos und der Königin Laodike, der bruderliebenden Göttin, der Tochter des Königs Antiochos Epiphanes, des Mutterliebenden, Siegreichen hat in Arsameia am Nymphenfluß für die väterlichen Ahnen und seinen eigenen Kult, dem der Götter Entscheidung seine Geltung verlieh, ewiges Gedenken und ein unerschütterliches Gesetz der Zeit hinterlassen, indem er einem unantastbaren Monument unsterbliche Botschaft anvertraute.

2. Arsames – Gründer von Arsameia am Nymphenfluß

13 Dieses Arsameia, das im Busen der doppelten Brüste aus unversieglichen Quellen den Nymphenfluß trägt, hat mein Ahnherr Arsames gegründet; diese Stadt war von Natur aus auf zwei Felshügeln verteilt, und da (Arsames) sah, wie sich das göttliche Naß eines reichlich fließenden Gewässers in die abgrundtiefe Enge des Geländes stürzte, umgab er ihren zweigipfligen Körper auf beiden Seiten mit einer Mauer.
21 Nach der Natur des Geländes erstellte er eine Doppelstadt, und aufgrund der Benennung nach seiner eigenen Huld nannte er sie Arsameia. Indem er die unbezwingliche Anlage der Befestigungen durch seine Vorsorge und durch Beschaffung der erforderlichen Mittel verstärkte, schuf er dadurch für das Land eine nie eroberte militärische Basis und gestaltete für unser Leben eine gefahrlose Zufluchtstätte im Kriege.

3. Das Hierothesion des Mithradates Kallinikos

28 Dieses Hierothesion hat König Mithradates, mein Vater, Kallinikos in einer Vorstadt von Arsameia für seinen eigenen Leib geweiht, indem er des Ortes schönste Stelle umgrenzte, und er hat seinen herrlichen Körper, der in allgemeinem Ruhm bei Wettkämpfen zu Ehren der Ahnen als schönsiegend (kallinikos) gepriesen wurde, dieser Erde geweiht und der Seele unvergängliche Wesenheit in das ewige Haus der Götter hinaufgeführt.

4. Verschönerungen und Verbesserungen für die Stadt durch König Antiochos

36 Ich aber hatte mir vorgenommen, alle Weihungen meiner Ahnen in geziemender Ehrung größer und schöner zu hinterlassen, als sie von mir übernommen worden waren. Ein doppelter Ehrgeiz beseelte mich gegen die Stadt und das Hierothesion, indem ich den Willen zeigte, zugleich die Ehren für meine Ahnen und für meinen Vater zu erhöhen. Und alles, was infolge der Zeitumstände übersehen oder im Verlaufe der Jahre zerstört wurde, habe ich durch meine Vorsorge entweder neu gebaut oder ausgebessert oder vergrößert oder anderes noch dazugefügt.
(Kolumne II) In meiner Fürsorge habe ich Gründungen des alten und vergangenen Geschlechtes neu geschaffen. Die Stadt habe ich durch neue Bauten der königlichen Palastanlagen und Mauern teils besser befestigt, teils mehr geschmückt. Und aus Bedarf an Wasser ließ ich anstelle einer tiefen und weit entfernten Versorgung nachbarliche und dicht am Hause liegende Zuleitungen aus überreichen Quellen anlegen. Ich habe dazu bei verschiedenen Gelegenheiten für großen Bestand und Hilfsmittel an Waffen, Geräten und Kriegsmaterial, den technischen Voraussetzungen für Tapferkeit, sowie für Getreide und Bauholz reichlich Vorsorge getroffen.

II. Der Kult des Mithradates Kallinikos und die Neuordnung durch Antiochos

57 Für dieses Hierothesion aber habe ich das, was fehlte, fertiggestellt und anderes dazu geschaffen, alles aber, wie es meiner Hoheit angemessen ist, gestaltet.

1. Aufstellung von Altären und Kultbildern

Und Altäre habe ich, wie es sich geziemt, für die väterlichen Ahnen meiner Frömmigkeit gemäß für die heiligen Weihgeschenke errichtet und Statuen sowie Götterbilder im Verein mit meinen eigenen Darstellungen, die Gestalt und Lebensstellung in lebensnaher Abformung zeigen, zur ewigen Erinnerung aufgestellt.

2. Einsetzung eines Priesters und von Hierodulen. Monatliche Kultversammlungen. Krongut für die Finanzierung

66 Und ich teilte einen Priester, den ich für die erbliche Abfolge seines Geschlechtes ernannte, und eine Dienerschaft von Hierodulen in dem Umfange, wie es sich für königliche Huld gehört, zu gleichen Teilen dem Kulte meines Vaters und der berechtigten Teilhabe meines eigenen Gedenkens zu. Ich ordnete an, daß Opfer und Kultversammlungen an meines Vaters und meinen monatlichen Geburtstagen mit einem gemeinsamen Fest der Bürger begangen werden. Und ich habe Land aus königlichem Krongut dafür geweiht und ständige Einkünfte daraus als unantastbar angewiesen und den Priestern die Verwaltung und Aufsicht dafür übertragen.

3. Der Erlaß des heiligen Gesetzes für das Hierothesion. Hinweise auf Strafen und Belohnungen

77 Für den dauernden Bestand dieser Anordnungen, den zu bewahren nicht nur für unsere Ehre, sondern auch als selige Hoffnungen auf eigenes Glück für kluge Männer eine Sache der Frömmigkeit ist, habe ich

nach dem Willen der Götter ein heiliges Gesetz geweiht und es auf unantastbaren Stelen einhauen lassen. Es ist eine heilige Angelegenheit für die Geschlechter aller Menschen, welche die unendliche Zeit für die Nachfolge in diesem Lande durch ihr besonderes Lebensschicksal bestimmen wird, daß sie es unantastbar bewahren, wohl wissend, daß der königlichen vergöttlichten Ahnen schwere Rache, die in gleicher Weise Nachlässigkeit und Frevel straft, die Gottlosigkeit verfolgt, und wenn das Gesetz für die geheiligten Ahnen verletzt worden ist, zieht es unsühnbare Strafen nach sich. Denn alles Fromme ist leichte Tat, aber Gottlosigkeit führt zwangsläufig hinterdrein zu schwerer Not. Dieses Gesetz hat meine Stimme verkündet, aber der Geist der Götter hat ihm seine Geltung verliehen.

III. Das heilige Gesetz

1. Bestellung, Aufgaben und Pflichten des Priesters
a) Ausschließlicher Dienst im Hierothesion. Pflege und Schmuck der Statuen

95 Gesetz (Nomos)

Der Priester, der von mir für den König Mithradates Kallinikos, meinen Vater, und mit ihm für meinen Kult und mein Gedächtnis eingesetzt ist, das ich zugleich geweiht habe, als ich an diesem Platze das Hierothesion (Kolumne III) meines Vaters in Arsameia am Nymphaios verschönerte und meine Darstellungen mit denen von ihm vereinigte und dadurch die Gemeinsamkeit der dankbaren Verehrung (für uns beide) gemäß meiner Natur und der Liebe zu meinem Vater herstellte, und welcher andere Priester später bis in alle Ewigkeit eingesetzt wird, soll, von allen anderen Diensten befreit, unbehindert und ohne Ausrede in diesem Hierothesion sein Amt ausüben, indem er für die Pflege und den geziemenden Schmuck der heiligen Statuen Sorge trägt.

b) Monatliche Geburtstage als Kultfeiern von Vater und Sohn. Ihre Finanzierung, Aufgaben des Priesters und einzuladende Gäste

111 An meines Vaters und meinen Geburtstagen aber, die monatlich das ganze Jahr hindurch für immer zu feiern ich angeordnet habe, soll (der Priester) unter Anlegung von persischer Kleidung, die den Priestern unseres Geschlechtes meine Gnade und die väterliche Satzung angelegt hat, alle (Denkmäler) die ich für fromme Verehrungen der Ahnen geweiht habe, mit den goldenen Kränzen bekränzen; und indem er die Mittel von dem Landbesitz verwendet, den ich für die heiligen Ehrungen des vergöttlichten Geschlechtes bestimmte, soll er reichliche Spenden an Weihrauch und aromatischen Kräutern auf diesen Altären darbringen und prunkvolle Opfer zur würdigen Ehre der vergöttlichten Ahnen und gemeinsame Opfermahle für die gesamte Garnison und Bürgerschaft ausführen, wobei er königliche Tische mit angemessenen Speisen beladen und Krüge mit Wein für reichlich gespendeten Trank, mit Wasser gemischt, füllen soll. Mit dem Garnisonskommandanten soll er auch das wachehaltende Kommando des Platzes und das ganze einheimische Volk empfangen und (ihnen) einen gemeinsamen Genuß des Festes bereiten. Für sich selbst soll er, wie es Sitte ist, als Ehrengabe seines Priesteramtes seinen Anteil auswählen, dann aber den anderen meine Gnade zum freien Genusse austeilen, damit jeder, während er an den heiligen Tagen (zu Ehren) meines Vaters und von mir, eine ausreichende Verpflegung empfängt, das Fest unbespitzelt genießt, indem er reichlich ißt und trinkt, wo es ihm beliebt. Und mit den Trinkgefäßen, die ich geweiht habe, sollen sie so lange bedient werden, wie sie im heiligen Bezirk an der gemeinsamen Zusammenkunft teilnehmen.

2. Die Musikantinnen im Hierothesion. Stellung und Schutz für sie und ihre Nachkommen

141 Die von mir für das Hierothesion geweihten Musikantinnen und die später hinzugewählt werden, ihre Söhne und ihre Töchter und alle ihre Nachkommen, die dieselbe Kunst erlernen, die sollen von jeder anderen Beschäftigung befreit sein, aber an den von mir festgesetzten Zusammenkünften hier ihr Amt ausüben und ohne eine Entschuldigung ihre Pflichten erfüllen, so lange es die Teilnehmer wünschen.
151 Es soll niemandem erlaubt sein, ob er König ist oder Herrscher oder Priester oder Archon, diese Hierodulen, die ich (dem väterlichen Andenken) und meinem Kult nach dem Willen der Götter geweiht habe, (Kolumne IV) auch nicht ihre Kinder und ihre Nachkommen, die in aller Zeit dieses Geschlecht fortführen, weder (sie) sich selbst zu Sklaven zu machen noch an irgendeinen anderen auf irgendeine Weise zu verkaufen, noch irgend jemandem von ihnen Böses zuzufügen oder von diesem Dienst abspenstig zu machen; vielmehr sollen sich ihrer die Priester annehmen und die Könige, Archonten und alle Privatleute ihnen helfen. Dafür wird ihnen von den Göttern und vergöttlichten Ahnen der Dank für ihre Frömmigkeit zuteil werden.

IV. Schutzmaßnahmen zur Aufrechterhaltung des Kults im Hierothesion

1. Verbote
a) Verbot, Besitzverhältnisse im Hierothesion zu ändern oder das Krongut zu schädigen

165 Ebenso soll es niemandem erlaubt sein, das Land, das ich geweiht habe, zu enteignen oder zu veräußern oder einer anderen Bestimmung zuzuführen oder jenes Land oder die Einnahmen (daraus), die ich als unantastbaren Besitz der vergöttlichten Ahnen geweiht habe, auf irgendeine Weise zu schädigen.

b) Unveränderter Fortbestand der Feiern im Hierothesion als Vorbild der Frömmigkeit für Kinder und Enkel

Ebenso soll es niemandem straflos ausgehen, sonst irgendeinen Betrug zur Schändung, Erniedrigung oder Aufhebung der Opferfeiern und Festzusammenkünfte, die ich angeordnet habe, gegen meine Ehre zu ersinnen. Ein Vorbild der Frömmigkeit, die den Vorfahren zu bezeugen ein göttliches Gebot ist, habe ich meinen Kindern und Enkeln – wie durch vieles andere – auch hierdurch vor Augen gestellt; und ich glaube, daß sie das schöne Beispiel nachahmen werden, indem sie des Geschlechtes verwandtschaftliche Ehren immer vermehren und gleich mir auf dem Höhepunkt ihrer eigenen Jahre vieles zum eigenen Ruhme hinzufügen werden.

2. Gnade der Ahnen und Götter als Belohnung für die Nachfolger bei Beachtung des Gesetzes

181 Für die, die so handeln, bete ich, daß alle väterlichen Götter aus Persien und Makedonien und aus dem heimatlichen Kommagene ihnen gnädig geneigt zu jeglicher Huld bleiben. Und wer auch im Laufe der Zeit als König oder Herrscher diese Herrschaft übernimmt, der soll, wenn er dieses Gesetz und unsere Verehrung bewahrt, auch durch meine Fürbitte die Gnade aller vergöttlichten Ahnen und aller Götter besitzen.

3. Strafen

198 Durch göttlichen Willen habe ich diese Inschrift zur Künderin meiner Frömmigkeit gemacht, auf der heilige Buchstaben in geringer Sprache den großen Willen der Götter Bürgern und Fremden verkünden, in gleicher Weise Königen, Herrschern, Freien und Sklaven, allen, die Anteil an der menschlichen Natur haben und sich nur durch die Namen des Geschlechtes oder ihres Standes unterscheiden, denen kündet dieser Stein mit leiser Stimme durch die Obsorge des Zeus Oromasdes und durch den Willen der anderen Götter folgendes:

a) Verhalten im Hierothesion bei ungewollter Befleckung

Wenn einer – unrein infolge blinder Unkenntnis in Verrichtung guter Werke auf den Weg hierher geführt – die Frevelhaftigkeit eines irrenden Fußes auf geweihte Erde gesetzt hat, dann soll er, indem er schnell des gemeinsamen Hauses der Götter und seligen vergöttlichten Ahnen inne wird, umkehren und zu einem ungeheiligten Ort fliehen, und er soll in Furcht, welche die Schlechtigkeit bessert, die ungewollte Befleckung heilen.

b) Strafe für Diebstahl, gewaltsames Eindringen in das Hierothesion und jeglichen Frevel

Wenn irgendeiner diesen Eingang heimlich oder mit Gewalt auf gottlose Art erzwingt, dann soll er mit nichts Glücklichem rechnen. Denn als großer Wächter dieser Stätte ist eine göttliche Erscheinung gesetzt, der sich die Menschen weder entziehen noch der sie trotzen können.
(Kolumne V) Wenn aber ein Frevler an unseren Kult ein feindliches Heer heranführt, sei es in räuberischer, sei es in diebischer Absicht gegen unsere geweihte Verehrung, oder wenn einer des Neides feigen Haß verborgener Feindschaft in sich verschließt und, das eigene Auge schmelzen lassend über fremdem Besitz, gehässige Reden, bösartige Gesinnung oder zerstörerische Hand gegen die von uns erbauten Anlagen richtet, dann soll dieser des ungnädigen Sinnes aller Götter gewärtig sein. Denn unerbittliche Strafen, die Dienerinnen des großen Zornes der Götter, verfolgen das verbrecherische Leben mit vielfältigen Strafen bis hin zur gänzlichen Sühne. Er soll wissen, daß nach unverrückbarer Festlegung ein himmlisches Gesetz die wuchtigen Hände der Götter auf die Schlechtigkeit der Bösen herabzieht. Durch das Werk dieser Hände möge die unfromme Gesinnung dem unabwendbaren Zorn die geschuldete Sühne entrichten.
228 Durch die unfehlbaren Pfeile des Apollon und Herakles soll er, in seinem schlechten Herzen, der Wurzel des ungerechten Lebens, durchbohrt, bitteren Schmerz in dem Inneren seines alles Gute hassenden Wesens verspüren. Durch den Zorn der Hera soll er eine nicht ungerechte Strafe, die eine unerbittliche Dienerin der himmlischen Gerechtigkeit ist, als sehr bittere Rächerin der unfrommen Gesinnung finden; durch die Blitze des Zeus Oromasdes soll sein Geschlecht, da es ja Anteil an seinem schlechten Blut hat, und die ganze (weitere) Familie, die des Gottes Erde befleckt hat, weil sie der Unreinheit Aufnahme und Unterschlupf gewährte, in feindlichem Feuer verbrennen.

4. Belohnungen

237 Alle aber, die rein sind von ungerechtem Leben, aber voller Eifer auf heilige Werke, sollen getrost auf das Antlitz der Götter schauen und den glücklichen Spuren der Seligen folgen; und sie sollen auf glücklichen

←25. Die Yeni Kale mit der Mamlukenfestung und das Massiv der Eski Kale zu beiden Seiten des Nymphenflusses.

A: Yeni Kale
B: Flußtal des Nymphaios.
C: Nordflanke der Eski Kale

↓ 26. Der Südabhang der Eski Kale. Auf dem Plateau befand sich das Hierothesion für König Mithradates Kallinikos
A: Plateau des Burgberges
B: Felsinschrift, Sockelanlage III und Eingang zum großen Felsgang
C: Sockelanlage II
D: Felsenhalle
E: Sockelanlage I
F: Felskammern
G: Prähistorische Höhlen
H: Südwestliche Terrasse mit Relief von Sockelanlage I

↓ 27. Das Mithras-Relief neben Sokkelanlage II und Blick auf die große Felsenhalle.

→ 28. Beim Zusammensetzen und der Aufstellung des Mithras-Reliefs an seinem ursprünglichen Standort (vgl. Farbtafel XIV und XV).

→ 29. Das Mithras-Relief – der erste Fund auf der Eski Kale, der zur Entdeckung von Arsameia am Nymphenfluß führte.

→ 32. Überrascht erblickten die Entdecker das schönste der uns erhaltenen Dexiosis-Reliefs – heute wieder an seinem ursprünglichen Standplatz aufgestellt (vgl. Farbtafel XIII).

→ 30. Wie sieht das Relief aus, das die 3,34 m hohe Platte erwarten läßt und wie kann man den mindestens 9 Tonnen schweren Block auf dem Südhang wenden – das war die große Frage.

↓ 31. Unvergeßlicher Eindruck, als die riesige Platte langsam in die vorbereitete Auffanggrube glitt.

←33. Felsecke mit Kolumne 1 (links) und Kolumne 2 (rechts) der auf einer Felswand eingehauenen Inschrift für den königlichen Kult im Hierothesion des Mithradates Kallinikos auf der Eski Kale.

↑34. Allein die verwitterte, obere rechte Ecke der Inschrift ragte 2000 Jahre aus den Schuttmassen heraus und bildete den ersten Fingerzeig für die Entdeckung.

←35. Gesamtansicht der beschrifteten Felswand; darunter führen Treppenstufen in den großen gewölbten Felsgang.

→ 36. Ein langer Arbeitstag ist zu Ende, und die bewährte Mannschaft kehrt aus der Tiefe des Felsgangs wieder an das Tageslicht zurück.

↓ 37. Da sich die größten Maschinenteile nicht in Maultierlasten zerlegen ließen, trugen sie unsere kräftigen Arbeiter kurz entschlossen auf ihren Schultern zum hochgelegenen Ausgrabungsplatz.

↑ 38. Teil der großen, 7 m breiten Freitreppe, die vom Südhang der Eski Kale auf die Höhe des Plateaus führte.

← 39. Friedrich Karl Dörner vor der beschrifteten Felswand mit einem wißbegierigen alten Hirten.

→ 40. Blick aus dem Dunkel des getreppten Felsgangs in das Licht der Sonne.

←↓ 41. und 42. Auf dem Plateau der Eski Kale standen neben den Statuen der Götter auch die Standbilder der königlichen Familien. Fast unversehrt erhielten sich die schönen Porträtköpfe eines Königs und einer Königin (vgl. Farbtafel XVI und XVII).

↓ 43. Vierzehn Treppenstufen führen aus der Felsenhalle zu einer jäh abfallenden Felsenkammer.

→ 44. Die hohe Felsenhalle bot jahrhundertelang Hirten und ihren Herden Schatten und Schutz bei Unwetter.

→ 45. Die große Felsenhalle ist sicherlich zu besonderen kultischen Handlungen aus dem Gestein herausgearbeitet worden. Leider sind die Inschriften und Reliefs vor ihrem Eingang nur in Bruchstücken erhalten.

→ 46. Der kühle Schatten der Felsenhalle bot einen idealen Arbeitsplatz für die Ausgräber.

↓ 47. Ob die Ausarbeitungen im Boden der Felsenhalle zur ursprünglichen Anlage gehören oder aus späterer Zeit stammen, bleibt offen.

→ 49. König Antiochos I. und Apollon-Helios auf einer 1,22 m hohen Basaltstele, aufgefunden in Sofraz Köy und jetzt im Museum von Gaziantep.

↓ 48. Vorsprünge in der hohen Wand der Felsenhalle haben als Auflage für die Gerüste der antiken Baumeister gedient.

←50. Auf dem Eisenfeld in Arsameia freigelegtes Rennfeuer mit Schacht.

↓ 51. Auf dem Gelände des Eisenfeldes fanden sich neben dem Rennfeuer auch mehrere Schmiedeöfen.

←52. Zahlreiche Eisenschlacken, die Überreste antiker Eisenproduktion, führten zu der Freilegung eines Eisenschmelzbezirkes, des ersten seiner Art in Kommagene.

↓ 53. Blick auf das Eisenfeld im Tal des Nymphenflusses (Kâhtaçay).

→ 54. Fragment von Sockel 1 auf der Nordseite der Ostterrasse mit der Darstellung des persischen Großkönigs Dareios I., der die väterliche Ahnenreihe des kommagenischen Königshauses anführt.

→ 56. Darstellung des persischen Großkönigs Xerxes I. von der Westterrasse nach dem von Karl Humann angefertigten Abguß.

↓ 55. An der Südseite der Ostterrasse wurden die Stelen mit der Darstellung der mütterlichen Ahnen aufgestellt, die mit Alexander dem Großen beginnen.

↓ 57. Rekonstruktionszeichnung des königlichen Tumulus auf dem Nemrud Dağ, links die Ostterrasse mit dem großen Feueraltar und rechts die Westterrasse.

→ 58. Am Ende der Götterreihe war der König Antiochos I. dargestellt. Jahrhundertelang lag sein Porträtkopf unter den vom Tumulus herabgestürzten Schottermassen (vgl. Farbtafel XI).

↓ 59. Durch die Inschriftenreste auf dem Fragment läßt sich erkennen, daß auf der Vorderseite die Landesgöttin Kommagene mit König Antiochos I. dargestellt war.

Pfaden aufgrund der Verehrung gegenüber uns einen guten Lebensweg zu eigenen Hoffnungen haben. Diese alle sollen hohen Sinnes aus der Nähe das große himmlische Haus des Zeus sehen und nahe den Augen und Ohren der Götter pflichtgemäße Gelübde und heilige Opfer leisten. Indem sie unsere Pracht der Weihgeschenke und unseren ewigen Ruhm besingen und mit geziemenden Opfern verehren, sollen sie bei ihren frommen Gebeten als erhörenden und gnädigen Mitstreiter ihrer guten Werke Zeus Oromasdes haben und neben ihm als Helferin Hera Teleia, und dazu Artagnes-Herakles und Mithras, der Apollon ist, und Helios und Hermes, der von den Göttern die vielstimmigste Rede hat. Sie sollen alle Gestalten der gnädigen vergöttlichten Ahnen als nicht trügende Propheten eines glücklichen Lebens und als Mitstreiter bei gutem Tun für immer finden.

Hiermit endete die Inschrift auf der Felswand. Nach dem Wortlaut konnten wir eine Reihe von wichtigen Erkenntnissen gewinnen. Die beschriftete, von uns freigelegte Felswand lag laut Inschrift inmitten eines Hierothesions, also einer geheiligten Grabstätte, die sich der König Mithradates I. von Kommagene, mit Beinamen Kallinikos (der Schönsiegende), schon zu seinen Lebzeiten errichtet hatte. Von seinem Sohn Antiochos war dieser heilige Bezirk verschönert worden. Der von ihm eingesetzte Priester hatte für eine gemeinsame Verehrung von Vater und Sohn Sorge zu tragen. Mit Opfern und Festen sollten die Geburtstage von Vater und Sohn monatlich von allen Bürgern gefeiert werden; für die Finanzierung dieser Feiern waren die Einkünfte aus dem königlichen Krongut bestimmt, das die Priester zu verwalten hatten.

Wo aber lag das Grabmal? Wo waren die Wohnbauten für den Priester, die Festräume für die Bürger und die mit ihrem Kommandanten eingeladenen Soldaten? Unschwer ließ sich bei dem Südhang der Eski Kale erkennen, daß er einstmals terrassiert gewesen war. Der obere Teil der Statue des Mithras-Helios mit einer Größe von fast 2 m mußte sicherlich seinen Aufstellungsort in der Nähe gehabt haben; denn das Fragment konnte unmöglich hierher verschleppt worden sein. Auch auf dem Plateau war von irgendwelchen Gebäuden nichts mehr zu erkennen. Die Oberfläche wurde landwirtschaftlich genutzt. Die Ernte des Jahres war bereits eingebracht, was der Stoppelacker anzeigte (Farbtaf. XX).

Für die gesamte Örtlichkeit enthielt der Anfang der Inschrift noch wichtige Erkenntnisse. Zunächst lernten wir den antiken Namen des Kâhtaçay kennen, den Nymphenfluß, der die Eski Kale von der Yeni Kale trennt. Im Jahre 1938 hatten wir durch Bauinschriften drei mamlukische Sultane als Bauherren der Yeni Kale identifizieren können (vgl. oben S. 153). Jetzt aber ließ uns Antiochos wissen, daß sein Ahnherr Arsames auf der Anhöhe eine bisher von keinem Feind bezwungene Befestigung erbaut hatte, die er selbst »durch neue Bauten der königlichen Palastanlagen und Mauern teils besser befestigt, teils mehr geschmückt habe« (Zeile 46ff.). Dieser Gründung verlieh Arsames seinen eigenen Namen mit dem Zusatz: Arsameia am Nymphenfluß, zum Unterschied von einer weiteren Gründung gleichen Namens am Euphrat, die wir bereits als Gerger kennengelernt haben (vgl. oben S. 32).

Leider geht Antiochos in der Inschrift nicht näher auf die Ereignisse ein, die ihn veranlaßt haben, »bei verschiedenen Gelegenheiten« die reichliche Versorgung der Burg mit allen zur Verteidigung nötigen Hilfsmitteln sicherzustellen. Eine dieser Gelegenheiten war indessen die glücklich abgewehrte römische Invasion unter Lukullus im Jahre 69 v. Chr. Eine neue Gefahr bedeutete der militärische Auftrag des Senats an Pompejus, eine Neuordnung im östlichen Mittelmeer durchzuführen. Für Antiochos war es ein großer Erfolg, daß er kurze Zeit später mit Pompejus einen Verständigungsfrieden schließen konnte. Während der seleukidische Staat sein Ende fand und eine römische Provinz Syria geschaffen wurde, erkannte Pompejus die Unabhängigkeit von Kommagene an und stimmte sogar einer Gebietserweiterung aus seleukidischem Besitz zu. Was kümmerte es bei dieser Sachlage den König Antiochos, daß angeblich in dem Triumphzug des Pompejus in Rom sein Name auf einer Tafel mitgetragen worden sein sollte! Wichtig war allein, daß er für seinen kommagenischen Bereich die Selbständigkeit wahren konnte.

Was mochte wohl an Denkmälern und Anlagen aus kommagenischer Zeit auf der Eski und Yeni Kale noch unter den Schuttschichten erhalten sein, so fragten wir uns. Würde es wohl möglich sein, bald nach Arsameia am Nymphenfluß zurückzukehren, um den historischen Boden dieser königlichen Residenz über seine Vergangenheit zu befragen? Lag eine Ausgrabung überhaupt im Bereich der Möglichkeiten? Eines stand für mich fest: Versuchen würde ich es auf jeden Fall! Mit diesem Entschluß kehrte ich nach Deutschland zurück.

Die Ausgrabungen im Hierothesion für Mithradates Kallinikos

12

Hätte mich nicht die feste Überzeugung beseelt, daß eine Ausgrabung in der Königsresidenz Arsameia am Nymphenfluß für unsere historische Erkenntnis von größter Wichtigkeit sei, und hätte ich nicht die Zuversicht gehabt, daß es gelingen müsse, diesen Plan auszuführen, so wäre ich wohl an den unendlichen Schwierigkeiten vorzeitig gescheitert. Aber wo ein Wille ist, da gibt es auch einen Weg. Voller Dankbarkeit denke ich an den großen Kreis begeisterter Freunde der Antike zurück, die das benötigte Material kostenlos zur Verfügung stellten und sich oft auch noch mit einem finanziellen Zuschuß beteiligten. Für die Bewilligung von Geldern offizieller Instanzen mußten fachliche Gutachten erstellt werden, was in entgegenkommender Weise von Kollegen übernommen wurde. Ebenso wichtig war es, fachlich versierte Mitarbeiter zu gewinnen, deren tatkräftigem Einsatz die in Kommagene erzielten Ergebnisse zu verdanken sind.
Zwei Jahre dauerte es, bis das erste Grabungsbudget aufgestellt und gesichert war, so daß ich die Regierung der Türkischen Republik um die Genehmigung einer Ausgrabung in Arsameia am Nymphenfluß bitten konnte; sie wurde mir mit Schreiben vom 9. Juni 1953 für die erste Grabungskampagne erteilt, der im Laufe der nächsten Jahre Genehmigungen für weitere Grabungen folgten.
Bei meiner Rückkehr nach Deutschland hatte ich erfahren, daß im Jahre 1951 auch eine amerikanische Gruppe auf dem Wege zum Nemrud Dağ war, der Theresa Goell und Albrecht Goetze angehörten. Bei einer ziemlich parallel angelegten Reiseroute waren wir indessen immer ein paar Tage voraus und trafen in Kommagene nicht zusammen. Aufgrund einer längeren Korrespondenz wurde verabredet, in gemeinsamer Arbeit beide Stätten, den Nemrud Dağ und Arsameia am Nymphenfluß, freizulegen. Es war für beide Plätze ein großer Gewinn, daß wir in enger wissenschaftlicher Zusammenarbeit die Planung der Projekte und ihre Durchführung unternehmen konnten. Besonders vorteilhaft war, daß in beiden Ausgrabungen dieselben Mitarbeiter tätig gewesen sind, so daß die wissenschaftlichen Ergebnisse und die jeweils neu gewonnenen Erfahrungen sich unmittelbar wechselseitig an Ort und Stelle auswirken konnten. So hat Theresa Goell von 1953 bis 1956 als Architektin auf der Eski Kale mitgearbeitet, während ich selbst in diesen Jahren ebenso auf dem Nemrud Dağ tätig gewesen bin, wobei die Entzifferung, Einordnung und Deutung der zahlreichen Funde von größtenteils nur in Fragmenten erhaltenen Inschriften auf den Ahnenreliefs mein spezieller Aufgabenbereich wurde.

Der Südhang der Eski Kale

Bei Beginn der Ausgrabungen am 16. August 1953 wurden zunächst eine Reihe von Arbeitsgruppen gebildet. Natürliche Ansatzpunkte waren der Fundort des Mithras-Reliefs, ferner eine Sondage auf der Höhe des Plateaus und natürlich der Bezirk mit der beschrifteten Felswand. Hier wurde die Arbeit sehr zeitraubend. Denn das Erdreich, das abgetragen werden mußte, um die ganze Felswand freizulegen und ungehinderten Zugang zur Inschrift zu gewinnen, bildete eine kompakte Masse, der unsere einheimischen Helfer mit der Spitzhacke nur mühsam beikommen konnten. Das lag vor allem an der Verbindung der fest ineinander verbackenen Reste von Lehmziegelmauern mit kalkhaltiger Erde. Diese jetzt formlose Masse war im Laufe der Jahrhunderte nach der Zerstörung der Mauern und Gebäude von der Höhe des Plateaus herabgestürzt und hatte sich allmählich immer mehr verhärtet.

Die Freilegung der beschrifteten Felswand verzögerte sich in unerwarteter Weise. Denn etwa 2,50 m von der Felswand entfernt stießen wir am 28. September 1953 auf den unteren Rand eines Kalksteinblocks, der sofort eine Bearbeitung durch Menschenhand erkennen ließ. Das Ende des Steines lag, wie wir später feststellten, in Höhe von Kolumne III Zeile 14. Schon bald zeigte es sich, daß der Block ganz erstaunliche Ausmaße hatte; bei einer Höhe von 3,34 m betrug seine Breite 1,80 m und seine Dicke etwa 0,82 m. Was aber unsere besondere Neugierde erregte, war die Tatsache, daß der riesige Monolith in einem Zapfen endete und auf seiner Unterseite mit den Händen die Formen von Reliefarbeit ertastet werden konnten. So verdoppelte sich unsere Sorgfalt bei der Bergung dieser monumentalen Stele. Infolge ihrer Hanglage (bei einem Neigungswinkel von etwa 35°) und ihres enormen Eigengewichts gestaltete sich die weitere Arbeit sehr schwierig. Winden dieser Größenordnung standen uns in diesem Stadium der Ausgrabung noch nicht zur Verfügung; wir mußten ohne Einsatz von modernen technischen Hilfsmitteln auskommen und waren allein auf unsere eigenen Improvisationskünste angewiesen (Taf. 30–31).

Ich gab daher den Auftrag, vier junge Pappeln zu fällen und die Stämme auf die Eski Kale zu transportieren. Parallel zu der Längskante der Stele wurde eine Fallgrube angelegt. Meine Absicht war es, mit Hilfe der elastischen Pappelstämme durch vorsichtiges Manövrieren das monumentale Relief langsam in die Vertiefung hineingleiten zu lassen – ein schwieriges Unterfangen bei diesem riesigen Block mit einem Steingewicht von 8 bis 9 Tonnen!

In dieser Situation bewährten sich meine einheimischen Helfer großartig! Schon bald konnte ich eine kleine Spezialgruppe von zuverlässigen Männern zusammenstellen, denen ich die verantwortungsvolle Handhabung der Halteseile und das Manövrieren mit den Pappelstämmen anvertraute. Unvergeßliche Augenblicke, als die riesige Platte Zentimeter um Zentimeter emporgehievt wurde und sich dann ebenso langsam in die Fallgrube senkte. Mit Jubelgeschrei begleiteten alle Helfer die geglückte Unternehmung; sie umarmten einander und tanzten voller Freude um das Relief (vgl. Taf. 31–32; Farbtaf. XIII).

Der neue Fund stellt das größte, am besten erhaltene und schönste Monument dar, das bisher in Kommagene zum Vorschein kam. Es handelt sich um eine Begrüßungsszene – eine Dexiosis – zwischen dem Gott Herakles und einem kommagenischen König. Dieses Bildthema kannten wir schon von dem jetzt im Britischen Museum befindlichen Fragment eines Reliefs aus Selik (bei Samsat) und von vier Reliefs auf der Westterrasse des Nemrud Dağ, die in Fortsetzung der großen Sitzfiguren neben dem Adler und dem Löwen aufgestellt waren und Antiochos mit der Göttin Kommagene sowie mit Helios-Mithras, Zeus Oromasdes und schließlich auch mit Herakles zeigen. Hamdi Bey und Humann-Puchstein waren gezwungen, die Reliefs nach ihrer Freilegung »in ihrer ungünstigen, dem Wetter und absichtlichen Beschädigungen roher Menschen ausgesetzten Lage zurückzulassen«. Puchsteins Befürchtung, »daß ein neuer Besucher des Denkmals nur wenig von ihnen wieder vorfinden wird«, hat sich leider erfüllt. Daher kommt dem Neufund von Arsameia um so größere Bedeutung zu.

Das Relief ist auf einer Platte aus hartkristallinischem Kalkstein gearbeitet. Die von uns zunächst oft erörterte Frage, wie der Transport dieses Reliefs in antiker Zeit bewältigt wurde, hat schließlich unser mineralogischer Mitarbeiter, Hans-Gert Bachmann, sehr einleuchtend gelöst. Er führte nämlich den Nachweis, daß das Material an Ort und Stelle gewonnen wurde. Als man in der Antike das Gestein für die beschriftete Felswand und ihre Umgebung ausbrach, gelang es, eine Reihe von mehr oder weniger großen Steinplatten zu entfernen; eine von ihnen fand der Bildhauer geeignet, um die in Auftrag gegebene Dexiosis unmittelbar am Fundort auszuarbeiten, »eine Annahme, die durch einen Vergleich der Schichtenmächtigkeit, -ausbildung und des Gesteinscharakters mit der direkten Umgebung aufs beste bestätigt wird. Die Leistung der Steinmetzen, die auf dem spröden und selten in großen Partien von kluftfreiem Eozänkalk der Eski Kale dieses technisch wie künstlerisch hervorragende Werk schufen, ist nicht hoch genug zu veranschlagen«[10].

Mit aller Liebe und großer Sorgfalt hat der Bildhauer das reich geschmückte Königsornat gestaltet. Es war offensichtlich für einen Herrscher gearbeitet, der oft zu Pferde unterwegs war, und besteht aus vielen verschiedenen Kleidungsstücken. Unser leider viel zu früh verstorbener Mitarbeiter, John Howard Young, hat sie in der Reihenfolge beschrieben, in der sie der König gewiß anzulegen pflegte. »Da sind zunächst Hemd und Beinkleider aus weichem Material, in reichem schematisch angelegtem Faltenwurf angeordnet. Das Hemd liegt dicht am Arm an, die Hosen umschließen eng die Beine und enden in den Schuhen. Dieses Material war gewiß feines Tuch, Seide oder Leinen. Die Schuhe sind offenbar aus einer Art Wildleder mit einfach gerundeter Spitze gearbeitet und reichen gerade bis zum Fußknöchel. Sie sind vorn leicht aufgeschlitzt und zweimal mit getrennten, verknoteten Lederriemchen, deren Enden zu beiden Seiten des Fußes auf den Boden fallen, geschnürt. Oberhalb des Schuhschlitzes erscheint die runde Kante einer Zunge, auf der man ein Blattmuster erkennen kann, das sich bis zur Fußspitze fortsetzt. Diese Kombination von Hemd und Beinkleidern aus feinem Material ist wahrscheinlich die übliche Hauskleidung gewesen. Zum Ausgehen und bei

offiziellen Anlässen wurden dazu andere Gewänder getragen, die örtlich verschieden waren. Auf dem Relief trägt der König über dem langärmeligen Hemd einen kurzärmeligen, vorn offenen Brustpanzer, der durch mehrere Schnürriemen mit herabhängenden verstärkten Enden geschlossen wird, wobei die Riemen durch seitliche Ösen geführt werden. Der am Hals abgerundete Brustpanzer ist aus schwerem Material und enganliegend. Man sieht, wie sich zwischen den Schnüren die Kanten beuteln. Die Kante des Ausschnittes ist mit einer Reihe von Tieren, anscheinend Löwen, verziert. Die kurzen Ärmel endigen in einer einfachen schmalen Borte. Der übrige Teil des Panzers ist mit einem in Kommagene beliebten Muster geschmückt: schmale, diagonal verlaufende, erhabene Bänder bilden ein netzartiges Rautenmuster. In jeder Raute ist ein achtzackiger Stern, dessen Strahlen von einem Punkt in der Mitte ausgehen, und in jeder Ecke der Raute befindet sich wiederum ein Punkt. Der Panzer muß aus Leder gewesen sein, und das Muster war wahrscheinlich eingestanzt.
Die Unterkante des Panzers bedeckt eine breite Schärpe, die in ihrer ganzen Länge mit einem doppelten Weinlaubmuster geschmückt ist. Die zusammengedrängten Blätter entspringen alternierend aus einem leicht gewundenen Stengel. Die Schärpe ist vorn in Hüfthöhe gebunden; ihre langen Enden hängen in Schleifen herab, werden unten einmal umgelegt, wieder zu den Hüften hinaufgezogen und anscheinend hinter der über den Hüften verlaufenden Schärpe eingesteckt. Diese Schärpe hält nicht nur den Brustpanzer, sondern auch einen darunter getragenen einfachen Rock aus schwerem Material (Wolle oder möglicherweise leichtes Leder); er hängt bis auf die Knöchel herab, aber zwischen den Beinen wird er durch zwei parallele Kordeln, die von dem vorderen Schärpenknoten ausgehen und wahrscheinlich im Rücken genauso befestigt sind, bis auf Kniehöhe gerafft. Diese eigenartige Methode, den Rock zwischen den Beinen zu raffen, bewirkt einen reichen Faltenwurf mit breiten, U-förmigen Falten oben und tiefen, vertikalen unten an den Seiten.
Schließlich trägt der König noch einen schweren Umhang, der über seine rechte Schulter geworfen und dort befestigt ist. Vorn fällt er über die linke Brust und wird mit einer scharfen Falte wieder über die Schulter geschlagen. Dieser Umhang hängt im Rücken in gleichmäßigen Zickzackfalten bis auf den Boden herab, von denen die zwei oberen je einen Pompon an ihrer Spitze tragen. Der Umhang wird auch zwischen den Beinen sichtbar. Das Innenfutter zeigt ein einziges breites, vertikales Band mit doppeltem Weinlaubmuster.
Auf der rechten Schulter wird der Umhang von einer eigenartigen, aus zwei herzförmigen Fibeln bestehenden Schnalle gehalten. Anscheinend sind die Fibeln an jeder Seite des Umhangs mit einer Nadel befestigt. Ihre breiten Enden stoßen fast aneinander; die Schmalseiten enden nicht in einer Spitze, sondern in Querriegeln. Die beiden Fibeln schließen nicht direkt, sondern sind offensichtlich mit Ringen oder Ösen versehen; durch diese läuft eine Kordel und hält sie zusammen. Die obere Schleife dieser Kordel ist oberhalb des Verschlusses sichtbar; die troddelbesetzten Enden hängen nebeneinander herab.
Die außergewöhnliche Kopfbedeckung des Königs besteht aus zwei Teilen:

einem schmalen Diadem und darüber einer hohen, zylindrischen Tiara, die an der Spitze abgeflacht ist. Das Diadem verläuft um die Stirn und scheint am Hinterkopf durch eine Metallspange gehalten zu werden. Es ist mit einer Reihe von Löwen im Relief geschmückt, die sehr verrieben und daher nur schwer erkennbar sind, jedoch durch Vergleich mit den besser erhalten gebliebenen Löwen auf der Tiara identifiziert werden können.
Die Tiara selbst besteht aus vier Teilen. Da ist zunächst der hohe, zylindrische Abschnitt, dessen unterer Teil von den Wangenlaschen bedeckt wird. Er sitzt über dem Diadem auf dem Kopf und hat oben und an den Seiten einen breiten, vorstehenden Rand, der mit Blättern, wahrscheinlich Weinblättern, geschmückt ist. Wie üblich sind diese in zwei Reihen angeordnet und entspringen alternierend in der Mitte verlaufenden Stengeln. Ein Stengel erhebt sich auf dem vorderen Feld, der andere auf dem hinteren, und beide machen einen scharfen Knick, um dann über das obere Stück zu verlaufen, in dessen Mitte sie sich treffen. Die durch diese Ränder eingerahmte Fläche wird von einem Löwen eingenommen – einem Löwen, der so eigenartig ist, daß er fast grotesk wirkt. Er hat sehr schwere Beine, eine Andeutung von einem Schwanz und einen komischen, eisbärähnlichen Kopf wie die weniger gut erkennbaren Löwen auf dem Diadem.
Dieser Hauptteil der Tiara wird von fünf Spitzen überragt, die jede die Form eines schmalen, hohen Dreiecks haben und mit einem Blatt- oder Federmuster geschmückt sind. Dieses Muster besteht aus mittleren, senkrechten Stengeln, denen schmale, auf- und seitwärts zeigende Blättchen entspringen. Jede Spitze endet in einem kleinen Abschluß, bestehend aus Rolle, Perle und tränenförmiger Spitze. Unten an der Tiara befindet sich hinten ein Nackenschutz mit perlenbesetzten Kanten, der bis auf die Schultern fällt und abgerundet ist.
Schließlich sieht man über dem Diadem noch die rechte Wangenlasche, wiederum mit perlenbesetzten Kanten und doppeltem Weinlaubmuster geschmückt; ihr gerundetes Ende ist unter dem Diadem nach oben durchgesteckt, so daß ihr Ende wieder am Hinterkopf sichtbar wird.
Hiervon abgesehen trägt der König andere, zum königlichen Ornat gehörende Insignien: das schon erwähnte Zepter, den Opferdolch und Armreifen. Das Zepter steht auf dem Boden; das unterste Ende wird von dem Bein des Herakles verdeckt; es endet oben in einem vierblättrigen Abschluß, der von einem kleinen Ring zusammengefaßt wird. Eine krönende Spitze mag aufgesetzt gewesen sein, die indessen jetzt fehlt.
Der Dolch steckt in einer sorgfältig gearbeiteten Scheide, die rechts in Hüfthöhe von der Schärpe herabhängt. Von der Waffe selbst sieht man nur den breiten Griff, der sich nach oben hin verjüngt und in einem großen, flachen Ring endet. Die breite Scheide hat angehobene, schmale Kanten, die ein aufrechtes, doppeltes Weinlaubmuster einrahmen. Die Scheide ist außerdem noch durch fünf rundherum angebrachte Löwenkopfbuckel verschönert, je zwei oben und unten auf jeder Seite und einen am unteren Ende. Die Scheide wurde von zwei Riemen gehalten, die sich an der Spitze vereinigen und um die Schärpe schlingen; nach unten verlieren sie sich hinter den Löwenkopfbuckeln. Die Armreifen, einer an

jedem Handgelenk, sind einfache, schwere Ringe, wahrscheinlich aus Gold, rund und ohne Verzierungen.

Die Figur des Herakles ist in ihrer Stellung beinahe ein Spiegelbild des Königs. Hier steht das rechte Bein vor und trägt das Gewicht, während das linke ganz offensichtlich im Knie gebeugt ist, so daß der Fuß beinahe nachgezogen wird. Das rechte Bein ist im Profil gezeigt, während das linke von vorn gesehen wird; die Zehen reichen bis zum Rand der vorstehenden Kante, auf der die Figur steht. Die Beine sind sorgfältig gearbeitet; die Waden, und besonders die Wade des linken Beines, schwellen an den Seiten an, da sie gegen den Hintergrund drücken, wie es in Wirklichkeit auch sein würde. Gleichwohl ist ein gewisses Maß an Stilisierung noch sichtbar. Die Knie sind ziemlich naturgetreu wiedergegeben.

Auch bei dieser Figur ist der Rumpf frontal dargestellt, massiv, beinahe muskulös, mit schwerer fleischiger Brust, dicken Muskelfalten in der Leistengegend und einer auffallenden, stark stilisierten Darstellung der Rippen und des Zwerchfells. Der Nacken ist wiederum kurz und sehr dick.

Der linke Arm wird größtenteils von der Keule verdeckt, die Herakles fast senkrecht hält. Das Endstück der Keule ruht in seiner Handfläche, von den großen Fingern gehalten. Diese Keule ist von der Art, wie sie gewöhnlich von Herakles getragen wird, knorrig, knotig und verbreitert sich zum gerundeten Ende hin. Der rechte Arm ist ebenfalls teilweise vom Rumpf verdeckt, aber die Muskeln des Oberarmes und die gestrafften Sehnen des Unterarmes sind hier erkennbar.

Im Gegensatz zum fleischigen Körper, und besonders im Vergleich mit dem starken Nacken, steht die überraschende, fast zarte Wiedergabe des Kopfes. Er wird in direktem Profil gezeigt und ist in tiefem Relief ausgearbeitet. Die beim kurzen, lockigen Bart und beim leichten Schnurrbart angewandte Technik ist typisch für Kommagene: kurze Haarbüschel mit je vier oder fünf Einschnitten. Auch der schöne, um die Stirn liegende Weinlaubkranz ist ein Beispiel für den heimischen Stil. Das Gesicht selbst ist jedoch griechisch: leicht geteilte Lippen, eine lange, gerade Nase mit hochgewölbten Nasenlöchern, sorgfältig ausgearbeiteten Augen, die tief unter einer leicht geschwungenen Braue liegen.

Außer Keule und Kranz ist dem Herakles nur das über dem linken Unterarm hängende Löwenfell als Zubehör gegeben. Der Kopf des Löwen hat ein sehr breites Maul, geschlossene Augen unter vorstehenden Brauen, schmale Nase und eine hohe, in der Mitte geteilte Mähne. Beine und Klauen hängen hinter dem linken Bein des Herakles herab; drei sieht man rechts und eins links davon. Auch der Schweif erscheint zwischen den Beinen; er ruht teilweise mit der Quaste auf der unteren Kante.

Um für Löwenfell und Keule Platz zu gewinnen – die beide zwischen Herakles und der rechten Kante des Reliefs angebracht werden mußten –, ist die ganze Figur leicht vorgeneigt, der rechte Fuß weiter vorgestellt als der des Königs und der rechte Arm viel weiter vorgestreckt als der Arm des Königs. Zusammen mit dem scheinbaren Größenunterschied, der durch die hohe Tiara des Königs bewirkt war, entsteht dadurch stark der Eindruck, daß der König den Gott empfängt und nicht der Gott den König begrüßt. Gleichgültig ob diese Wirkung zufällig ist oder

→ 50. Übersichtskarte von Arsameia am Nymphenfluß im Maßstab 1 : 4500.
1. Yeni Kale, Zugang mit Inschrift
2. Turm 4 mit Inschrift
3. Vorwerk
4. Wassergang
5. Taubenschloß
6. Einmündung des unterirdischen Ganges von der Yeni Kale
7. Brücke über den Kâhtaçay
8. Plateau auf der Eski Kale
9. Große Kultinschrift mit Sockelanlage III
10. Große Felsenhalle
11. Sockelanlage I
12. Sockelanlage II mit Mithrasrelief
13. Zwei prähistorische Höhlen

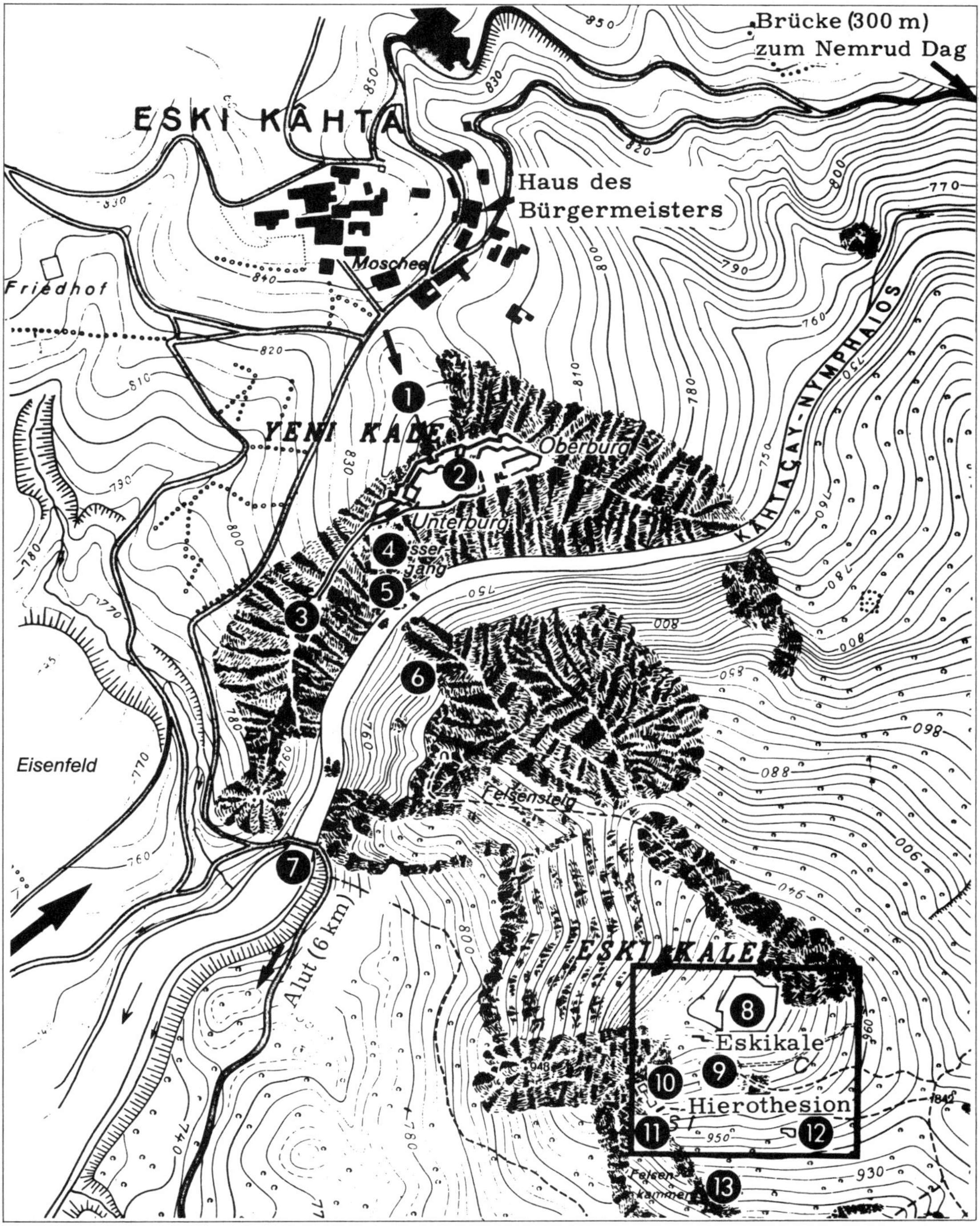
ESKI KÂHTA
Brücke (300 m)
zum Nemrud Dag
Haus des
Bürgermeisters
Moschee
Friedhof
YENI KALE
Oberburg
Unterburg
KAHTAÇAY-NYMPHAIOS
Eisenfeld
Felsensteig
Alut (6 km)
ESKI KALE
Eskikale
Hierothesion
Felsenkammer

nicht, sie ist da und niemand, der das Relief betrachtet, kann sich ihr entziehen«[11].

Welchen Herrscher stellt das Relief dar? Nicht zu verkennen ist, daß das Gesicht des Königs die porträthaften Züge eines Mannes im besten Mannesalter zeigt. Die Entscheidung war zunächst zu Gunsten von Mithradates gefallen, in dessen Grabbezirk das Denkmal aufgefunden wurde[12]. Nach eingehenden Studien von Young über die verschiedenen Formen der Tiara scheint es jedoch, daß einer Identifikation mit Antiochos I. der Vorzug zu geben ist[13].

Die Fundlage des Reliefs zeigte, daß es bei dem Einsturz der das Plateau begrenzenden Mauern aus seiner Halterung in einem Sockelloch von den Erdmassen herausgedrückt worden war und auf dem nachrollenden Schutt, der auch die beschriftete Felswand zudeckte, hangabwärts gerutscht ist. Daher entschlossen wir uns, die Freilegung gegen die Höhe des Plateaus fortzuführen anstatt parallel zum Hang, wie es zuerst geplant war. Unsere Hoffnung, dabei den ursprünglichen Aufstellungsort der Stele aufzufinden, erfüllte sich schnell. Wir stießen schon bald auf eine kleine, im anstehenden Felsen eingehauene Treppenanlage, die sich zu einer Art Plattform erweiterte und auf der, nach dem Sockelloch zu schließen, die Dexiosis ursprünglich aufgestellt gewesen war (Abb. 58, 8 und 51).

Da es die dritte Sockelanlage auf dem Südhang war, die wir auffanden, erhielt sie die Bezeichnung Sockelanlage III. Heute steht das Relief wieder an seinem ehemaligen Standplatz (Farbtaf. XIII und Taf. 32); die türkische Regierung erteilte hierzu ihre Genehmigung, nachdem zunächst der Transport in ein Museum angeordnet worden war.

Die Entdeckung von Arsameia hatte mit dem Hinweis auf den ›Bildstein‹ einge-

51. Sockelanlage III mit Felsinschrift, Eingang zum großen Felsgang und wiederaufgestelltem Dexiosis-Relief auf dem Südhang der Eski Kale. Rekonstruktion von Wolfram Hoepfner.

52. Die zusammengesetzte Mithrasstele und die Fragmente der Königsdarstellung von Sockelanlage II auf der Eski Kale. Zeichnungen von John Howard Young und Gerhard Brüning.

setzt, den oberen Teil einer Mithras-Darstellung. Die hier arbeitende Gruppe legte bald eine dreistufige Sockelanlage frei, und wir fanden dabei auch den passenden unteren Teil des Reliefs.

Daß mein Wunsch, das Relief zusammenzusetzen und dann wieder aufzustellen, in Erfüllung gegangen ist, verdanken wir dem Geschick von Clemens Rintelen, der in zwei Kampagnen als Architekt mitgearbeitet hat. Das Relief steht heute wieder auf seinem ursprünglichen Platz auf Sockelanlage II und grüßt schon von weitem alle Besucher, die sich der Eski Kale nähern (Farbtaf. XIV–XV, Taf. 27–29 und Abb. 52).

Daß auch auf dem Relief von Sockelanlage II eine Dexiosis dargestellt war, konnten wir aus dem Zustand des Fragments schließen. Mit größter Wahrscheinlichkeit gehört zu diesem Relief noch ein großer Block, der nach starken Regenfällen erst kürzlich unterhalb des Steilabfalls zum Vorschein kam. Das neue Fragment ist Teil der rechten Schulter einer Person königlichen Standes. Der kurzärmelige Brustpanzer zeigt das gut erhaltene netzartige Rautenmuster von Antiochos auf Sockelanlage III (Abb. 52). Allerdings ist es fraglich, ob ebenfalls dieser Herrscher dargestellt war oder sein Vater Mithradates, wie ich annehmen möchte[14].
Von besonderer Bedeutung für die Frage nach der Verehrung des Mithras in Kommagene ist die Inschrift auf der Rückseite der Dexiosis von Mithras mit

53. Grundriß der Bauten aus kommagenischer Zeit auf dem Plateau und dem Südabhang der Eski Kale nach den Ergebnissen der Ausgrabungen mit Ergänzungen von Wolfram Hoepfner.

einem kommagenischen König auf Sockelanlage II. Denn hier läßt uns König Antiochos I. wissen, daß er für Mithras-Apollon-Helios-Hermes einen eigenen Priester eingesetzt habe. Dieser Priester hatte dafür Sorge zu tragen, daß für die Festteilnehmer »Tische mit angemessenen Speisen beladen und Krüge mit Wein, mit Wasser gemischt, für reichlich gespendeten Trank, bereitstehen« sollten[15]. Ist dieser Priester mit jenem identisch, der – wie wir aus der großen Kultinschrift bei Sockelanlage III erfahren (vgl. Zeile 95ff.) – alle Kulthandlungen im Hierothesion zu vollziehen und an den Festtagen alle im Hierothesion aufgestellten und geweihten Altäre, also auch Sockelanlage II und die dazu gehörenden Reliefs, mit

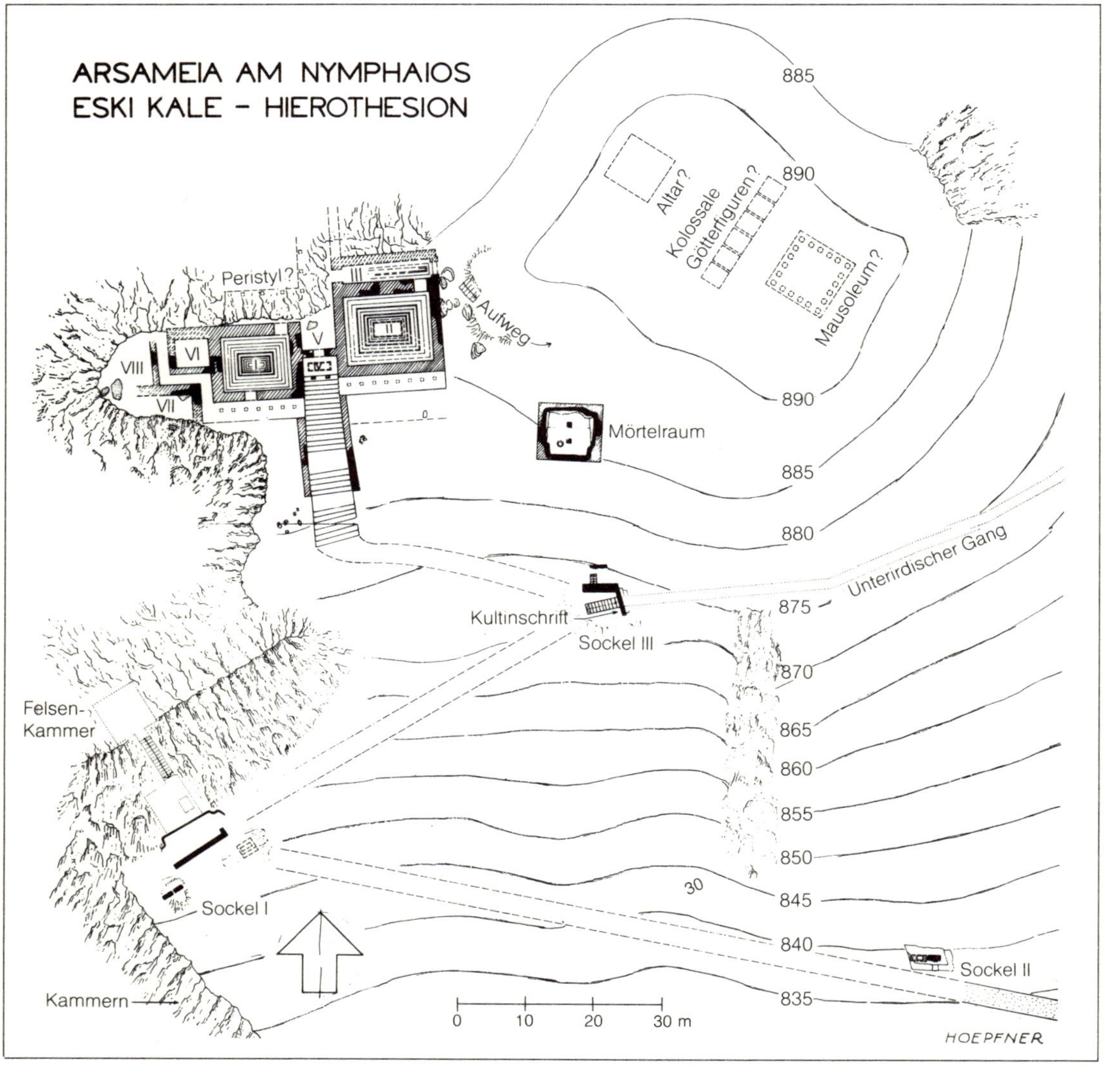

goldenen Kränzen zu schmücken hatte? Diese Frage läßt sich noch nicht mit Sicherheit beantworten, aber manches spricht dafür, sie zu bejahen. Der Platz um Sockelanlagen II und III reicht aber keinesfalls aus, um hier dem geladenen Volk die Festfeiern in der angeordneten Art und Weise zu ermöglichen. Das Opfermahl und der festliche Umtrunk können nur auf der Höhe des Plateaus veranstaltet worden sein. Um mehr darüber zu erfahren, wurde auch hier mit Ausgrabungen begonnen.

Das Plateau der Eski Kale und seine Bauten

Den Grund, warum auf der Höhe des Plateaus über dem Erdboden keinerlei Überreste von Bauten erkennbar waren, überliefert uns eine Nachricht in einer syrischen Handschrift, deren Verfasser unbekannt ist. Darin wird berichtet, daß der jakobitische Patriarch Michael der Große von 1180 bis 1193 im Kloster von Barschauma eine Kirche gebaut habe, die am 15. Mai 1194 geweiht wurde. Und dann heißt es: »Eine Tagesreise aber vom Kloster entfernt, in der Nähe von Gāktaj, war ein Tempel der Heiden auf dem Berg, aus behauenen Steinen, weißem Stein, und es wurde jene Anlage ein Bauwerk der Dämonen genannt wegen der Wunderbarkeit des Bauwerks und der Steine, die hineingebaut waren. Deshalb sandte der Patriarch (Michael I.) Lasttiere, und sie brachten die Steine, indem sie sie abbrachen und auf Tragtieren transportierten und herbeibrachten. Und auf diese Weise, mit großer Mühe und vielen Kosten von Tausenden von Dinaren, wurde dieser Tempel (die Klosterkirche von Barschauma) errichtet, so daß etwas derarti-

54. Rekonstruktionsskizze von Plateau und Südabhang der Eski Kale von Wolfram Hoepfner (vgl. Abb. 53).

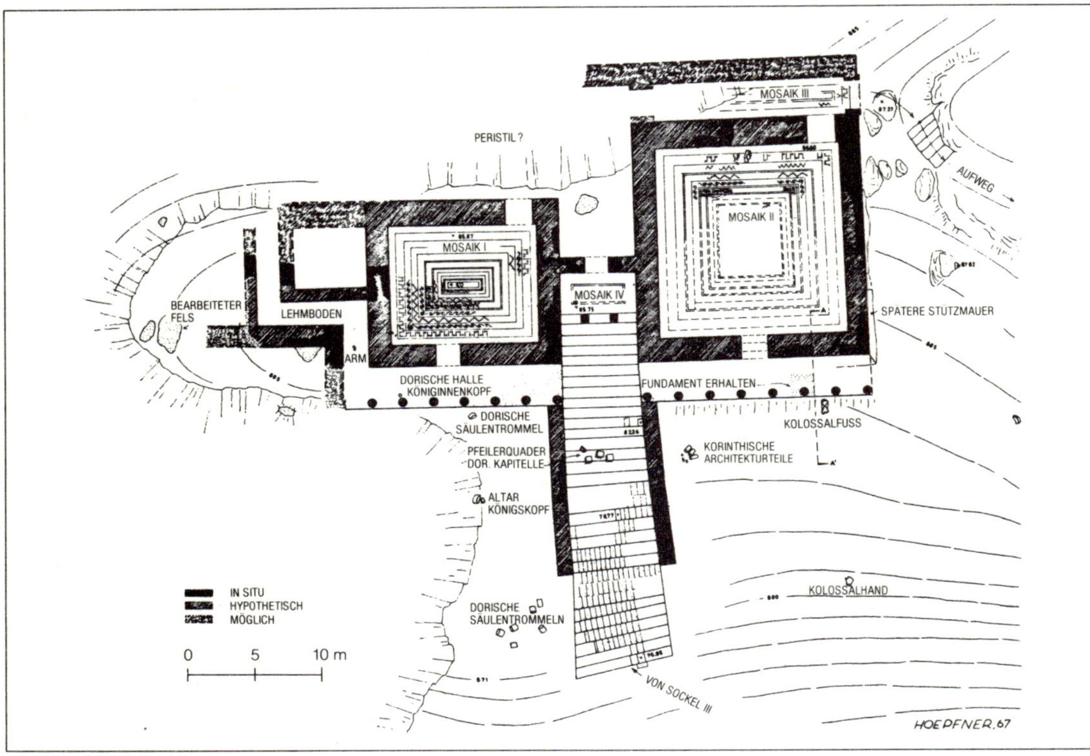

55. Die Festräume auf der Westseite des Plateaus der Eski Kale. Zeichnung und Ergänzungen von Wolfram Hoepfner.

ges wie seine Herrlichkeit und Schönheit sonst kaum in diesem Lande zu sehen war, auch wenn er nur von geringer Größe war. Aber an jenem Orte war er besonders groß und anmutig und hoch. Und eine schöne Kuppel war in der Mitte der Kirche«[16].

Es besteht kein Zweifel, daß mit dem Tempel der Heiden bei Gāktaj nur die Bauten des Hierothesions bei Kâhta gemeint sein können. Der »weiße Stein« ist der helle, klingende Kalksandstein, der mit Vorliebe in Arsameia bei den hellenistischen Bauten verwendet wurde, wie sich bald im Verlauf der Ausgrabungen zeigte.

Der felsige Untergrund auf dem Plateau bot keine idealen Voraussetzungen für unsere Ausgrabungen. Was wir trotzdem erreicht haben, läßt sich recht gut von den Abbildungen 50 und 53 ablesen. Trotz vielfacher Umbauten in späthellenistischer, byzantinischer und mittelalterlicher Zeit konnten wir durch sorgfältige Beobachtungen gute Vorstellungen über die Festräume der hellenistischen Zeit gewinnen, die auf der Westhälfte des Plateaus errichtet waren. Allerdings sind die Fußböden arg in Mitleidenschaft gezogen; sie waren mit dekorativen Mosaiken ausgelegt, abwechslungsreich mit Mäandern, Bordüren mit Festungszinnen gestaltet, desgleichen mit Wellenmustern, Perlstäben, Efeu- und Sägeblattmustern. Neben nur stückweise erhalten gebliebenen Teilen ließ sich das Fußbodenmosaik

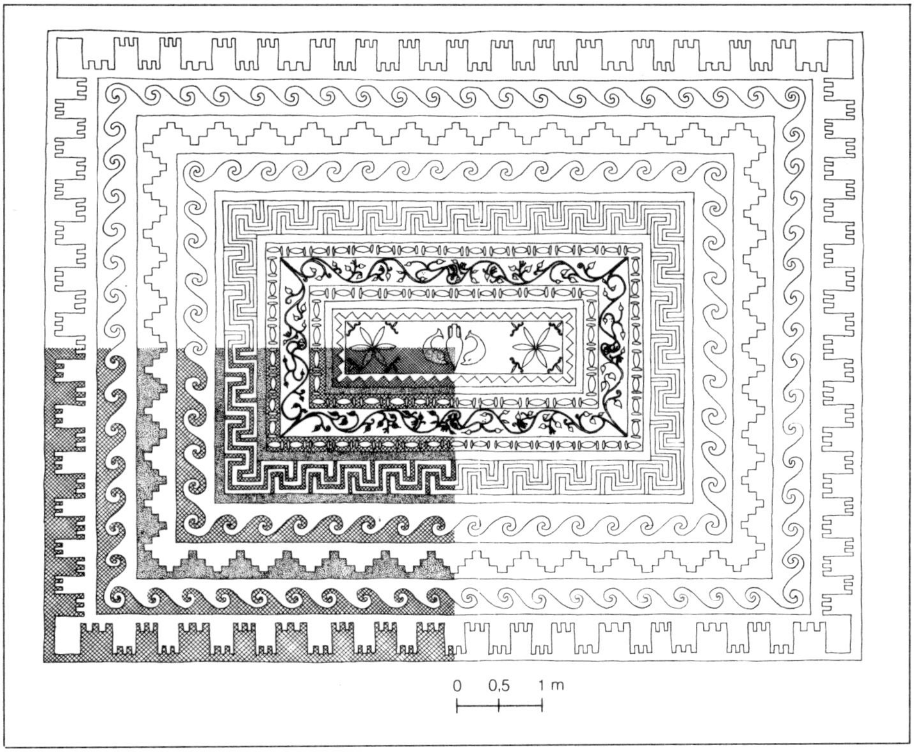

56. Mosaikfußboden I in den Festräumen auf dem Plateau der Eski Kale. Zeichnung und Wiederherstellung von George R. H. Wright

- weiß
- rot
- blau-schwarz

in dem Festsaal I zumindest zeichnerisch vollständig wiederherstellen (Abb. 56). Beachtlich ist die großzügige Anlage der Festräume mit 10,87 x 9,22 m und 13,85 x 14,62 m, d.h. also gut 100 m² und 203 m² (Farbtaf. XXII)! Beim Verputz der Wände ließ sich aus zahlreich aufgefundenen Resten der Nachweis führen, daß er farbig angelegt war und nach der Mode der damaligen Zeit Marmor imitierte.

Lange blieb unklar, wie wir uns den Zugang zum Plateau vorzustellen hätten. Schließlich entdeckten wir unter einer mehrere Meter hohen Schuttschicht unterhalb der Festräume große Teile einer imposanten, 7 m breiten Freitreppe (Taf. 38). Am Rande dieses Aufgangs aber lagen in verschiedener Größe Reste der »weißen Steine«. Sie ließen erkennen, wie hier die hellenistischen Spiegelquaderblöcke zerteilt worden sind, damit sie auf Lasttieren bequemer nach Barschauma transportiert werden konnten. Natürlich sind wir auch den Nymphenfluß aufwärts geritten, um die bei dem Dorf Peraş liegende Kirche mit dem Kloster zu besuchen. Wohl stehen noch beachtliche Teile der Mauern, aber von der so gerühmten »Herrlichkeit und Schönheit« ist nichts erhalten geblieben.

Die auf das Plateau führende Freitreppe war ausreichend, um einen reibungslosen Zu- und Abgang der Teilnehmer an den Kultfeiern zu gewährleisten. Die durch Mitarbeit von Wolfram Hoepfner wiedergewonnene Gestaltung der Festräume führte zu einer wichtigen Erkenntnis, daß nämlich für diese nach Art eines Propylon gestaltete Westhälfte des Plateaus die Propyläen in Athen Vorbild gewesen sind[17]. Jetzt endlich wurde auch klar, wie der in den Inschriften vorkommende Ausdruck »propyläische Wege« zu verstehen war, nämlich als Charakterisierung des Zielpunktes für die Festfeiern im Heiligtum (Abb. 55).

Es war für uns natürlich sehr schmerzlich, immer wieder erleben zu müssen, wie bei den Mauerzügen von Bauten aus späteren Perioden wahllos Teile jeder nur denkbaren Art zur neuen Verwendung als Baumaterial zerschlagen worden sind (Farbtaf. XVI). Die gewissenhafte Beobachtung aller Fragmente führte Wolfram Hoepfner zu der Überzeugung, daß auf der Ostseite des Plateaus für Mithradates Kallinikos ein Grabbau nach Art des Mausoleum von Halikarnassos errichtet worden war. Davor standen wahrscheinlich die Statuen monumentaler Götterfiguren, wie zahlreiche Fragmente beweisen. Weiter müssen Porträtstatuen aufgestellt gewesen sein: Denn wir haben den Kopf einer Königin (Farbtaf. XVI-XVII und Taf. 41) und den eines Königs (Taf. 42) fast unversehrt aufgefunden. Die Köpfe sind aus weichem Kalkstein und zeugen von der hohen Qualität der bildhauerischen Arbeiten. Das männliche Porträt stellt wahrscheinlich Antiochos I. dar, den diademgeschmückten, weiblichen Kopf haben wir vermutungsweise seiner Mutter Laodike zugeschrieben, der Tochter des seleukidischen Königs Antiochos VIII. mit Beinamen Grypos.

In der Publikation, die Hoepfner vorbereitet, wird er weitere Einzelheiten über die architektonische Gestaltung des Plateaus veröffentlichen und seine Rekonstruktionsvorschläge eingehender begründen (vgl. Abb. 53 und das Schaubild Abb. 54). Bei der Beurteilung der in Arsameia gewonnenen architektonischen Ergebnisse muß man berücksichtigen, daß die Architektur der Nachbarstaaten von Kommagene in hellenistischer Zeit noch weitgehend unbekannt ist und daß wir jetzt erste Einsichten auf diesem wichtigen Gebiet gewonnen haben.

Die Felsenhalle und der große Felsgang

Für den Südhang der Eski Kale ist eine im anstehenden Felsmassiv auf der Westseite ausgearbeitete hohe gewölbte Halle charakteristisch, die man schon von weitem deutlich wahrnehmen kann (D auf Taf. 26; 43–48). Bis zum Beginn unserer Arbeit war sie ein bevorzugter Rastplatz für Hirten mit ihren Herden. Auf einer dreistufigen Sockelanlage zeigten zwei Sockellöcher den Standplatz für Stelen an (Punkt E). Eine davon hatte ich schon zu Beginn unserer Arbeiten bemerkt, die zweite fand sich später auf der kleinen Terrasse auf halber Höhe (Punkt H). Wenn auch von beiden Reliefs nur die unteren Hälften erhalten geblieben sind und die Darstellungen unter den Witterungseinflüssen sehr gelitten haben, so werden die Figuren zumindest durch ihre Gewänder als Personen königlichen Standes ausgewiesen. Demnach scheint es berechtigt, sie als Vater und Sohn, also als Mithradates Kallinikos und Antiochos I., zu identifizieren[18] (Abb. 57).

Von der Zerstörung sind auch die Inschriften auf der Rückseite betroffen, was um

57. Die Felsenhalle auf dem Südhang der Eski Kale. Wiederherstellungsversuch von Wolfram Hoepfner.

so mehr zu bedauern ist, als wir sehr wahrscheinlich aus ihnen etwas über Sinn und Zweck der für uns noch immer rätselhaften Felsenhalle erfahren haben würden. Vorsprünge auf beiden Seiten der Halle zeigen an, daß sie als Aufleger für ein Lehrgerüst gedient haben (Taf. 48).

Ihre besondere Bedeutung erhält die Halle jedoch durch eine 2,46 m hohe Öffnung, von der aus ein 10 m langer Treppentunnel auf eine kleine Plattform führte, wie der Grundriß zeigt (Abb. 58). Der Schnitt läßt die Besonderheit der Anlage erkennen. Fällt doch die Wand der sich hier öffnenden Kammer etwa 6 m senkrecht in die Tiefe ab. Vorrichtungen für eine Tür oder irgendwelche Möglichkeiten für einen Abstieg waren nicht festzustellen[19].

Eine erste Hypothese als Felsengrab für Mithradates Kallinikos wurde zugunsten des auf dem Plateau erschlossenen Mausoleums fallengelassen. Nicht auszuschließen ist auch die Möglichkeit, daß hier eine kultische Verehrungsstätte bestand, bevor sich Mithradates diesen Ort für sein Hierothesion erwählte. Diese Deutung beruht auf Analogien, die Gerger nahelegt, nämlich einmal die isolierte Lage auf einer natürlichen Erhebung, zum anderen die Tatsache, daß dort durch die Inschrift Grabanlagen für kommagenische Herrscher im heiligen Bezirk der Göttin Argandene bezeugt sind (vgl. oben S. 32).

Hier bestand jedenfalls eine Stätte, deren Besonderheit auf außergewöhnliche Verwendung schließen läßt. Daher scheint es mir nicht zu kühn, die Felsenhalle mit der großen, dahinterliegenden Felsenkammer als einen Prototyp der späteren Heiligtümer für Mithras anzusehen, wofür mir vor allem auch der geheimnisvolle Zugang zu sprechen scheint.

Sehr eigenartig war die Entdeckung einer weiteren unterirdischen Anlage im Be-

→ 58. Schnitt und Grundriß der Felsenhalle auf der Eski Kale.

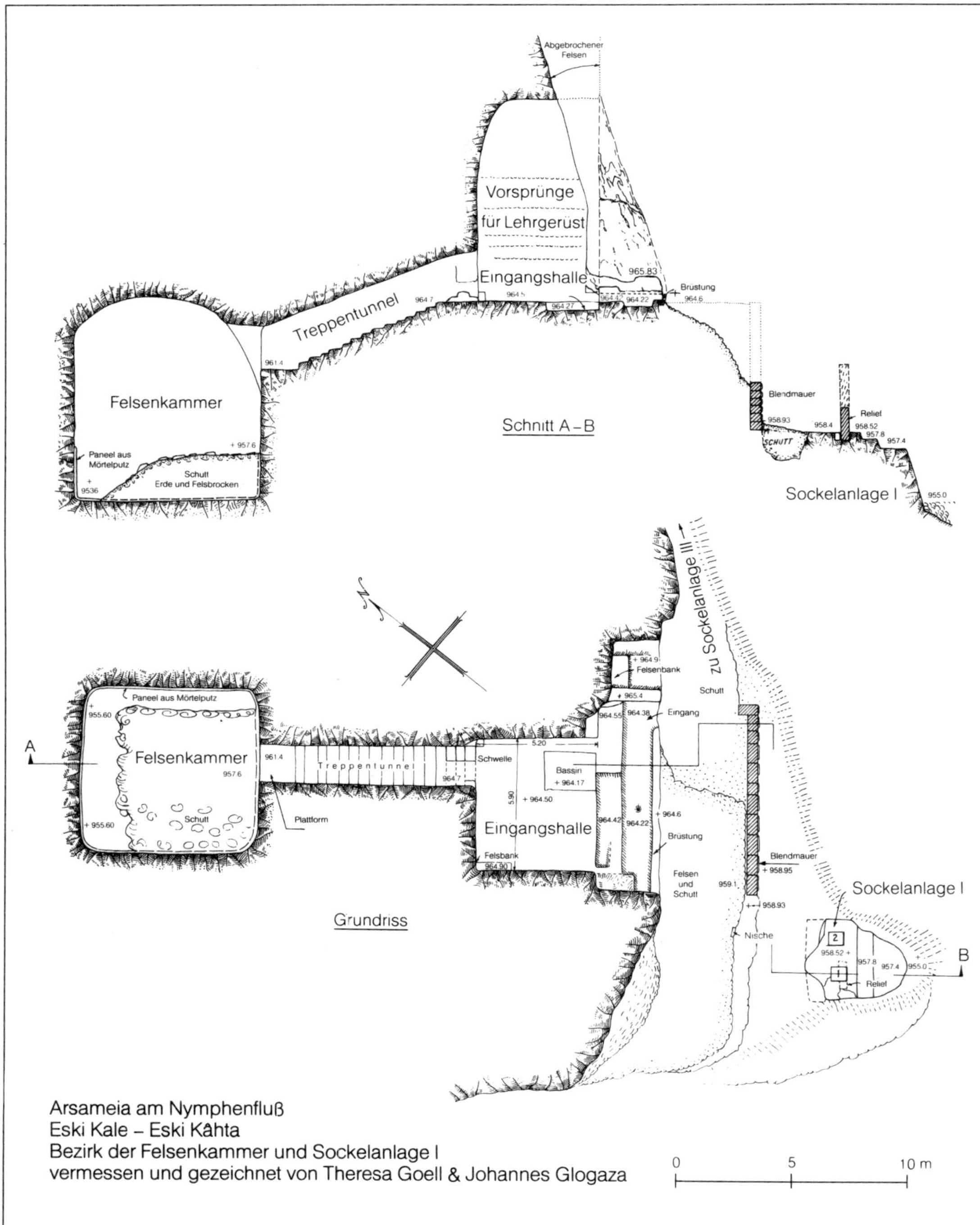
Abgebrochener Felsen
Vorsprünge für Lehrgerüst
Eingangshalle
965.83
Brüstung
964.6
Treppentunnel
Felsenkammer
Schnitt A–B
Paneel aus Mörtelputz
Schutt Erde und Felsbrocken
957.6
Blendmauer
Relief
958.93
958.52
957.8
957.4
955.0
Sockelanlage I
zu Sockelanlage III
Felsenbank
Schutt
Eingang
Paneel aus Mörtelputz
955.60
Felsenkammer
957.6
961.4
Treppentunnel
Schwelle
5.20
Bassin
+ 964.17
5.90
+ 964.50
Plattform
Eingangshalle
Felsbank
964.90
964.42
964.22
Brüstung
Blendmauer
+ 958.95
Felsen und Schutt
959.1
958.93
Nische
Sockelanlage I
Relief
A
B
Grundriss
Arsameia am Nymphenfluß
Eski Kale – Eski Kâhta
Bezirk der Felsenkammer und Sockelanlage I
vermessen und gezeichnet von Theresa Goell & Johannes Glogaza
0
5
10 m

reich von Sockelanlage III. Ich stand vor der Felswand und war mit dem Abschreiben der Inschrift beschäftigt. Immer wieder trat ich automatisch die Erde unter meinen Füßen fest, bis ich schließlich bemerkte, daß kleinere Brocken stets von neuem gegen die Felswand vorwärts rollten. Verwundert half ich mit dem Fuß etwas nach, und die Erde verschwand scheinbar in die Felswand hinein. Also mußte hier eine Aushöhlung vorhanden sein, eine Vermutung, die sich nach ein paar Hackenschlägen sofort bestätigte.

Genau unter der Mitte von Kolumne III setzte, wie die Aufnahme (Taf. 35) und die Rekonstruktion zeigen, ein Rundbogen an, den man künstlich in der Felswand ausgearbeitet hatte. Offenbar handelte es sich um einen größeren Bogen, der zu einem Gang gehörte. Die Decke des Ganges, in der Bergmannssprache die ›Firste‹ genannt, war in ovaler Form aus dem hier anstehenden kristallinischen Kalkstein gehauen. Der Gang selbst war bis auf Firsthöhe nahezu vollständig verschüttet. Es bedurfte allerdings nur geringer Arbeit, den Eingang so weit freizulegen, daß man sich kriechend in die Öffnung hineinschieben konnte. Bald ließ sich feststellen, daß der Gang in einem starken Neigungswinkel von etwa 35° in die Tiefe des Berges hinunterführte. Nach ein paar Metern nahm die Verschüttung etwas mehr ab, und es war möglich, den Charakter des in den Felsen gehauenen Ganges besser zu beurteilen. Nach etwa 25 Metern konnte man im Felsgang schon nahezu aufrecht stehen, und es ließen sich Treppenstufen erahnen. Während die Breite im oberen Teil des Felsganges zwischen 1,35 m und 1,55 m lag, verengte sich der Gang bei 28 m, und dicke Blöcke machten ein weiteres Vordringen zunächst unmöglich. Aber man erkannte sogleich, daß diese Gesteinsbrocken ebenfalls vom Eingang her hinabgerollt und keineswegs systematisch verbaut worden waren.

Selbstverständlich gingen wir im Jahre 1953 sofort daran, den Felsgang weiter auszuräumen. Der erste Abschnitt (Taf. 40) bot für die Freilegung keine Schwierigkeiten. Diese Entdeckung rief unter den Dorfbewohnern größte Aufregung hervor; denn sie waren sicher, daß wir nach einem Goldschatz suchten, von dem wir auf geheimnisvolle Weise Kenntnis erhalten hatten; so waren sie fleißige Helfer bei der mühsamen Freilegung; denn das Herausschaffen der Schuttmassen erfolgte zuerst mit Körben, die in langer Kette von Mann zu Mann weitergereicht wurden. Aber bei der 80 m-Marke mußten wir unsere Arbeit einstellen. Das bisher relativ feste Gestein hörte auf und ging allmählich in eine Lehmschicht über, die sich in die kristallinische Kalksteinformation einzwängte und deren Mächtigkeit nicht festzustellen war. Treppenstufen führten in diese Lehmschicht hinein. Nachdem wir einmal mit der Freilegung des Felsganges begonnen hatten, wollten wir alles versuchen, um auch das Ende zu erreichen.

Die Weiterarbeit war allerdings nur mit fachmännischer Unterstützung möglich. Was lag näher, als Hilfe bei den bergerfahrenen Nachbarn im Ruhrgebiet zu erbitten? Meine Hoffnung wurde nicht enttäuscht, und ich erhielt sachkundigen Rat und tatkräftige Hilfe von der Leitung des Unternehmensverbandes im Ruhrkohlenbergbau. Außerdem unterstützte eine Reihe von Firmen die weitere Arbeit bereitwillig durch großzügige Lieferung des notwendigen Materials. Bis Yeni

Kâhta konnten alle Werkzeuge und Geräte mit Lastwagen transportiert werden. Aber welche Probleme ergab das Zerlegen der Maschinen für den Transport auf Maultieren! Denn niemand wollte die sperrigen Teile übernehmen.
Später war es möglich, Lastwagen einzusetzen, die das schwere Material wenigstens bis zum Fuß der Eski Kale anfahren konnten. Von hier aus beförderten es dann unsere einheimischen Helfer an die verschiedenen Arbeitsstellen auf den Südhang der Eski Kale und auf das Plateau, eine Arbeit, bei der sich unser Ausgrabungswächter Emin Demiral als umsichtiger und geschickter Helfer bei allen auftretenden Schwierigkeiten immer wieder bewährt hat (Taf. 37).

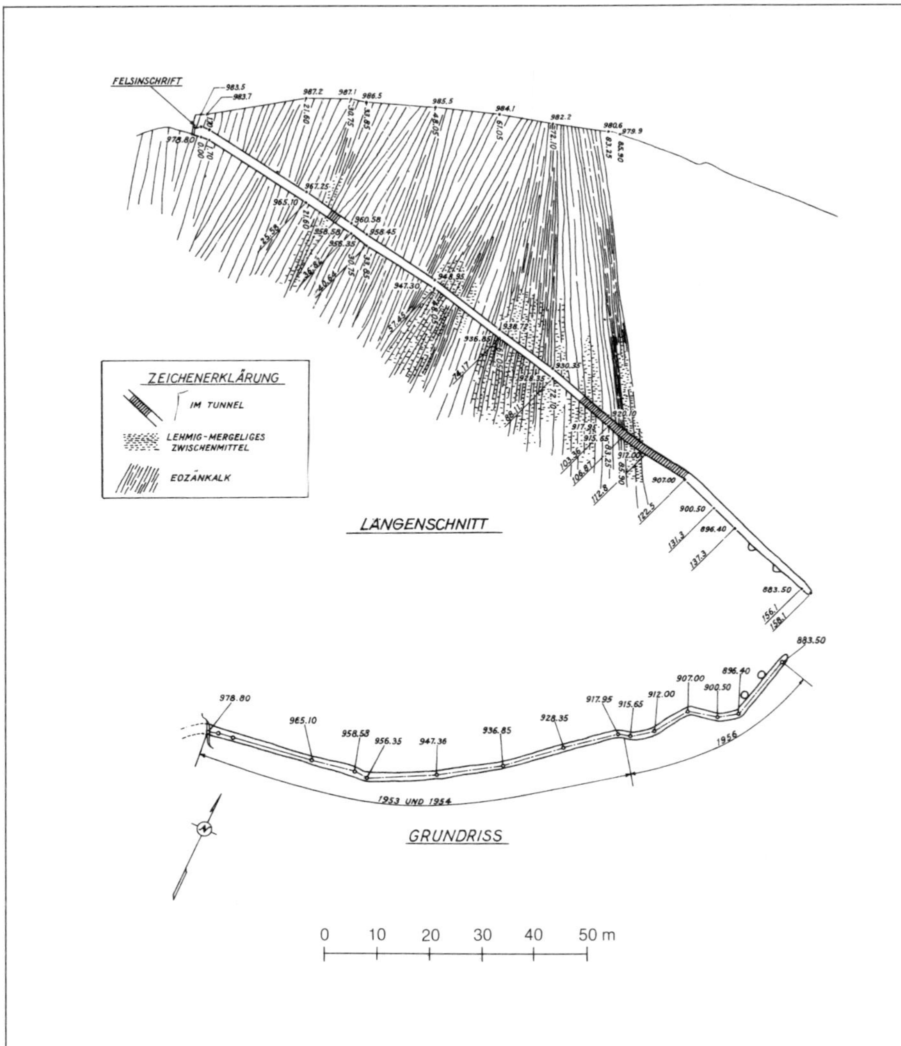

59. Der große Felsgang auf dem Südhang der Eski Kale. Längenschnitt und Grundriß.

Schließlich war alles Material an Ort und Stelle, und die große Felsenhalle verwandelte sich in eine Montagewerkstatt für die Diplomingenieure Friedrich Wilhelm Hoepke und Ruprecht von Siemens; sie waren für den Ablauf der Förderung verantwortlich, für die im letzten Abschnitt eine Zugmaschine eingesetzt wurde. Fahrsteiger Heinrich Bürger leitete die weitere Freilegung ein, die dann die Bergleute Wilhelm Jessusseck und Wilhelm Stank weiterführten (vgl. Taf. 36 und 46).

Während wir im Verlaufe der Arbeiten allmählich lernten, mit geologischen Störungen durch den Einbau von Stützrahmen fertigzuwerden, wurde seit der 70 m-Marke die Bewetterung mehr und mehr zum Hauptproblem. Wir hatten uns langsam bis in eine Tiefe von 100 m vorgearbeitet. Es war überhaupt ein Wunder, daß wir in einer solchen Tiefe die Arbeit noch mit natürlichen Wettern durchführen konnten. Bei Besprechungen im Ruhrgebiet war ich schon von Fachleuten darauf hingewiesen worden, daß der Gang wegen der in größeren Tiefen nicht mehr zirkulierenden Ströme von Frischluft in Kürze enden müsse, es sei denn, es gäbe einen zweiten Eingang oder einen Entlüftungsschacht. Aber für dessen Existenz fand sich keinerlei Anhaltspunkt, so sorgfältig wir auch das Gestein untersuchten. Daß wir dennoch in so großer Tiefe ohne künstliche Luftzufuhr weiterarbeiten konnten, verdankten wir wahrscheinlich den kleinen und kleinsten Lehmzonen, die wie eine Art Lungen des Gebirges wirkten. Aber die ständige Anwesenheit einer größeren Anzahl von Arbeitern in der Tiefe und der Gebrauch von Benzin- und offenen Karbidlampen benötigte viel Sauerstoff und machte es notwendig, längere Arbeitspausen einzulegen (Abb.59).

So wurde die Arbeit unter Beachtung der größten Vorsichtsmaßnahmen weitergeführt. Zunächst lösten sich die beiden Leute, die gleichzeitig ›vor Ort‹ arbeiten konnten, sehr häufig ab, und niemand durfte sitzend ausruhen. Als unsere Arbeiter sich über diese Anordnung lustig machten, belehrte sie das eindrucksvolle Experiment, daß kein Streichholz in dieser Tiefe mehr zündete, viel besser über die Notwendigkeit unserer Sicherungsmaßnahmen als die Erklärungen über die ständige Bedrohung durch die Bildung von Grubengasen, von denen das unsichtbare, geruch- und geschmacklose Kohlenmonoxyd viel hinterhältiger in seiner Wirkung ist als die meisten anderen Atemgifte.

Als aber der Gang noch immer kein Ende nahm, da ergab sich zwangsläufig die Notwendigkeit, die Arbeit mit künstlicher Luftzufuhr fortzusetzen. Aus den örtlichen Bedingungen mußten wir den Schluß ziehen, daß auch die antiken Erbauer nur mit Hilfe einer künstlichen Bewetterung gearbeitet haben konnten. Sicherlich ist die Luftverbesserung nicht nur »durch ein beständiges Schwenken von Tüchern« erzielt worden – eine aus dem Altertum überlieferte Selbsthilfe der Bergleute und Brunnenbauer, von der uns Plinius berichtet. Bei dem Umfang der Arbeit war dieses billige System sicher hier nicht anwendbar. Wie hat man dann in der Antike dieses Problem gelöst?

Von Vitruvius wissen wir, daß zum Antrieb aller möglichen Arten von Maschinen die Windkraft ausgenutzt wurde. Die Griechen nannten diese Maschinen, bei denen nach Vitruvius Luft durch ein Druckwerk in ein Gehäuse gedrückt wurde, πνευματικά bzw. πνευματικαὶ μηχαναί, während die Römer dafür den Ausdruck *spiritalia* bzw. *spirabilia* prägten. Was aber war natürlicher, als mit Hilfe der Windkraft Luftströme in eine gewünschte Richtung zu leiten? Eine antike Beschreibung für eine Bewetterungsanlage ist – soweit ich feststellen konnte – nicht erhalten; aber wir haben wenigstens einen gewissen Ersatz in der ausführlichen Beschreibung von Georgius Agricola, der in seinem berühmten Buch: *De re metallica*, das in Basel im Jahre 1556 erschienen ist, die Summe des Wissens seiner Zeit zusammenfaßte. Agricola schildert im sechsten Buche seines Werkes, unterstützt durch anschauliche Abbildungen, sehr systematisch die drei ihm bekannten Gattungen solcher ›Wettermaschinen‹ und ihre verschiedenen Ausführungen; danach gab es einmal Konstruktionen, die den Windzug auffingen und in den Schacht leiteten, einfache und leicht zu erstellende Vorrichtungen; dann zweitens Wettermaschinen mit Flügeln, die das Arbeiten vom Windzug unabhängig machten und durch Wirkung der Flügelumdrehungen stets für frische Luftzufuhr in der Tiefe sorgten; und schließlich drittens die Konstruktionen mit Blasebälgen, durch deren Wirkung einmal gute Wetter den in der Tiefe arbeitenden Leuten zugeführt wurden, aber gleichzeitig auch verbrauchte und schädliche Wetter abgesaugt werden konnten. Es ist wohl nicht zu kühn zu folgern, daß die Anfänge dieser im Mittelalter in Gebrauch befindlichen Wettermaschinen bis in die Antike zurückreichen und in der einen oder anderen Art schon bei den erfahrenen Erbauern des Felsganges in Arsameia am Nymphenfluß zur Anwendung gekommen sind.

Wir aber setzten eine Kompressoranlage ein, die nach Bedarf Frischluft in die Tiefe schickte, gleichzeitig aber auch die notwendige Kraft für den Betrieb der Bohr- und Abbauhämmer lieferte. Es war erstaunlich, wie schnell unsere einheimischen Helfer lernten, diese Hilfsmittel zu bedienen, die ihre Arbeit natürlich sehr erleichterten. Erschwerend dagegen wirkte sich aus, daß der Neigungswinkel des Felsganges sich von zunächst 35° in größerer Tiefe auf 40° erhöhte.

Im Wettlauf mit der Zeit drangen wir weiter in die unbekannte Tiefe vor. Es war inzwischen schon Ende August 1956 geworden, und wir hatten währenddessen die 140 m-Marke überschritten. Da erweiterte sich bei 141 m der linke Stoß zu einem neben den Treppenstufen angelegten Rundschacht, dessen Durchmesser etwa 2,50 m betrug und 40–50 cm vertieft in die felsige Sohle eingehauen war. Die Höhe reichte aus, um bequem darin stehen zu können. Eine ähnliche Ausarbeitung, ein zweiter Rundschacht, kehrte bei der 150 m-Marke wieder.

Wir alle durchlebten sorgenvolle Tage bei dem weiteren Fortgang der Arbeit. Es gab Schwierigkeiten bei der Schuttförderung, da unsere Maschinen einer übergroßen Beanspruchung ausgesetzt waren. Oft sprang der kleine Förderwagen aus den Schienen, brachte dabei Stützrahmen zum Einsturz und die Förderung zum Erliegen, ganz zu schweigen von den Schwierigkeiten der Versorgung, da jeder Tropfen Benzin über viele Kilometer auf Tragtieren herangeschafft werden mußte. Dazu kam plötzlich eine Rationierung des Kraftstoffes, aber trotz allem ging es Meter um Meter weiter in die Tiefe, bis wir am 18. September 1956 glücklich das Ende des Felsganges erreichten: 158,1 m vom Eingang entfernt. Mit einer leichten

Wölbung vereinigte sich hier die Firste mit der felsigen Sohle; die Stufen aber führten bis zum Ende hinunter[20].

Die wichtige Frage nach dem Zweck dieses monumentalen, unter enormen Anstrengungen errichteten Felsganges hat durch unsere Freilegungsarbeiten selbst keine Lösung gefunden. Was mag die Erbauer veranlaßt haben, mit unendlichen Mühen, unter Einsatz aller ihnen zur Verfügung stehenden technischen und bergmännischen Mittel eine so imponierende Leistung zu vollbringen? Wenn in der Inschrift auch auf diesen Felsgang kein Bezug genommen wird, so ist doch klar zu ersehen, daß der Beginn des Felsganges, der unterhalb von Kolumne III ansetzt, mit der beschrifteten Felswand eine architektonische Einheit innerhalb des Hierothesions bildet. Wir können mit Bestimmtheit sagen, daß der Felsgang keinesfalls für irgendwelche praktischen Zwecke angelegt war, etwa als Wassergang oder gar als Fluchtweg!

Daß dieses Meisterwerk hellenistischer Technik in den Bereich der Mithrastheologie gehört, habe ich in der Grabungspublikation über Arsameia zu erweisen versucht[21]. Da wir aber bisher keine schriftlichen Zeugnisse über Sinn und Zweck der Anlage besitzen, wäre es um so notwendiger, unsere bisherigen Erkenntnisse zu erweitern. Dazu bietet sich in erster Linie die Erforschung eines weiteren Felsgangs in den Hierothesia von Gerger, also von Arsameia am Euphrat, an, eine Aufgabe, die hoffentlich noch einmal in Verbindung mit einer Ausgrabung in Gerger selbst durchgeführt wird.

Das Dexiosisrelief von Sofraz Köy

13

In seiner Inschrift auf dem Nemrud Dağ läßt uns Antiochos I. wissen, daß er überall in seinem Königreich Heiligtümer für den Königskult eingerichtet habe, von denen wir einige bereits lokalisieren können, während Funde von Denkmälern, die verschleppt wurden, auf noch unbekannte Örtlichkeiten hinweisen[22]. Zu diesen gehört die überraschende Entdeckung einer weiteren Dexiosis durch Jörg Wagner in dem Hinterland von Besni in Sofraz Köy, die der Diskussion über das Problem ›Mithras in Kommagene‹ neue Aspekte eröffnet. Denn glücklicherweise ist nicht nur die Darstellung der Dexiosis nahezu unversehrt erhalten geblieben, sondern auch die auf der Rückseite und den beiden Nebenseiten eingemeißelte Dedikationsinschrift (Taf. 49)[23].
Die Stele, die jetzt im Museum von Gaziantep aufbewahrt wird, ist aus Basalt gefertigt. Über ihren ursprünglichen Standort konnte Wagner keine sicheren Anhaltspunkte gewinnen. Sicherlich trifft seine Interpretation zu, daß die neue Dexiosis das zeitlich früheste Denkmal seiner Art in Kommagene ist. Denn der mit der Strahlenaura dargestellte Gott ist nach der Inschrift (Z. 5ff.) der (Gebete) erhörende Apollon; ihm und seiner göttlichen Schwester, der Artemis Diktynna, hat Antiochos den Temenos (Kultplatz) geweiht, d.h. der Synkretismus griechisch-persischer Religion ist von Antiochos I. noch nicht vollzogen. Apollon hält in seiner linken Hand nach herkömmlicher Weise den Lorbeerzweig, während Apollon-Mithras-Helios-Hermes (so auf dem Nemrud Dağ) und Mithras-Helios-Apollon-Hermes (in Arsameia am Nymphenfluß) mit einem Bündel aus Tamariskenzweigen dargestellt sind, das in Persien bei Opferhandlungen eine Rolle spielte.
In der Dedikationsinschrift heißt es, daß die Kultstätte neben Apollon auch seiner göttlichen Schwester Artemis geweiht sei, und zwar Artemis Diktynna, in Kreta als Göttin des Wildes bekannt. Es entzieht sich noch unserer Kenntnis, ob ihr Kult erst von Antiochos eingeführt wurde oder ob ihre Verehrung bereits früher in Kommagene bestanden hat. In diesem Zusammenhang ist eine in Ephesos aufgefundene Ehreninschrift interessant. Sie gibt uns Kenntnis von einem Denkmal, das man Antiochos als Dank für seine Stiftungen errichtete, die er, wie auch schon seine Vorfahren, der ephesischen Artemis dargebracht hatte[24].

Das Eisenfeld von Arsameia am Nymphenfluß

14

Als wir unsere Untersuchungen auf das antike Stadtgebiet von Arsameia ausdehnten, beobachteten wir am Westabhang des Kâhtaçay, unmittelbar südöstlich vor dem steil aufragenden Felsmassiv mit der von der Mamlukenfestung bekrönten Yeni Kale, zahlreiche umherliegende Eisenschlacken, die zur Entdeckung eines kleinen Eisenschmelzbezirks führten, des ersten seiner Art in Kommagene (vgl. Taf. 53).
Sofort eingeleitete Nachforschungen erbrachten das Ergebnis, daß die Eisenverarbeitung in diesem Komplex älter war als die mittelalterlichen Bauten, die den Bezirk überlagerten. Insgesamt wurden bisher in den beiden Suchgräben während der Ausgrabung rund ein Viertel Kubikmeter Eisenschlacken und etwa 100 Ofensauen aufgefunden, d.h. kein Produkt im wirtschaftlichen Sinne, sondern, wie der abfällige Name andeutet, etwas Unerwünschtes, nämlich einerseits vorzeitig im Ofen erstarrte Schlacke, andererseits (bei Buntmetallprozessen) im Ofen unabsichtlich erfolgte Reduktionen zu metallischem Eisen. Dazu ergaben sich neben zahlreichen Resten von Holzkohle noch an drei Stellen handflächengroße Fragmente von Ofenwandungen (vgl. Taf. 52).
Voller Aufregung konnte mir eines Tages Wilhelm Winkelmann, dem die örtliche Grabungsleitung anvertraut war, ankündigen, daß man auf Reste eines Verhüttungsofens gestoßen war, und zwar am hangtief liegenden Ostende von Graben 2. Die ersten Spuren davon erschienen 1 m östlich neben einer mittelalterlichen Mauer, 0,8 m unter der heutigen Oberfläche. Der Deckboden bestand aus dunkelbraunem, humosem Lehm, darin eingeschlossen mittelalterliche Scherben, Münzen, Ofensauen, Schlackenstücke und Geröll. Die obersten erhaltenen Teile der Ofenwandung lagen unter einer verschwemmten Schicht von etwa 1–2 cm Stärke des umgebenden Mergelbodens, d.h. bis zu dieser Höhe hatte der Hang bei der starken Erosion für kurze Zeit einmal freigelegen. Nur wenige durch das Schabeisen frisch angeschnittene rotgebrannte Lehmbröckchen waren der Anlaß, in dieser dünnen, kaum erkennbaren verschwemmten Mergelzone noch 1 cm tiefer zu schaben und den erhaltenen Rest des Ofens freizulegen.
Die vollständige Freilegung ließ in der Aufsicht die fast kreisrunde Verfärbung einer Grube von 0,7 m Durchmesser erkennen, die in dem anstehenden Mergel angelegt und mit braunem Lehm verfüllt war. Dieser Lehmmantel umschloß zwei 3–4 cm starke konzentrische rotgebrannte Wandungen, die äußere mit 0,55 m Durchmesser, die innere mit 0,4 m Durchmesser, beide auf den Innensei-

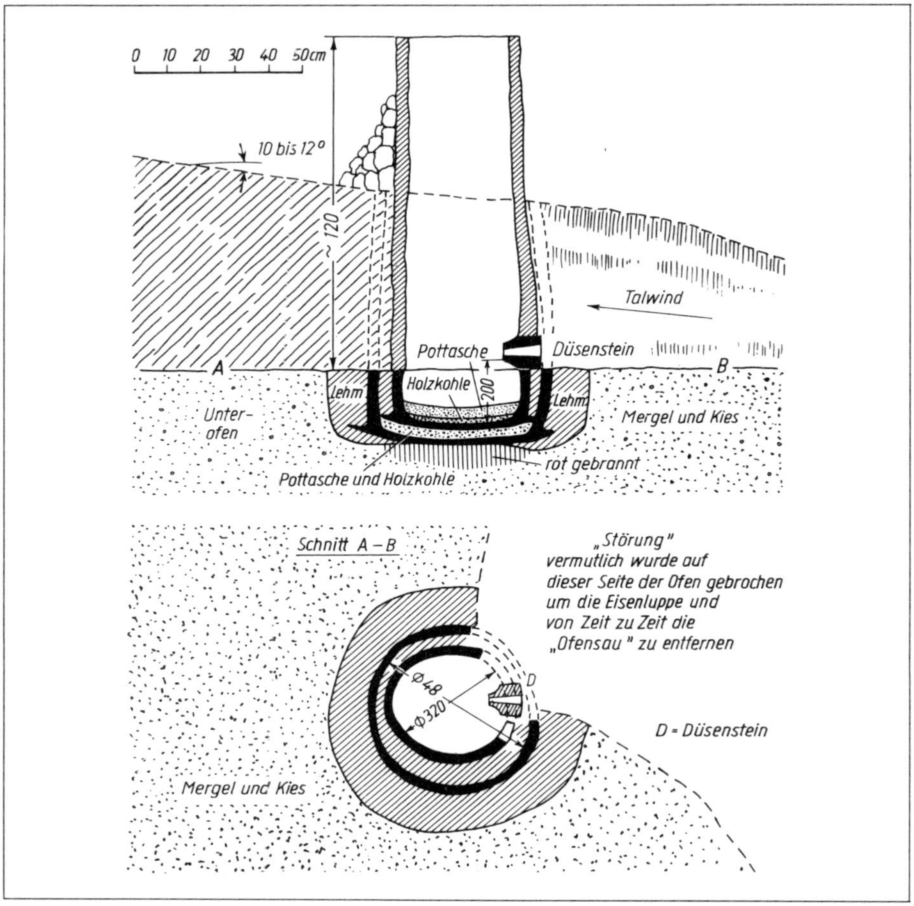

60. Rekonstruktion des bei Eski Kâhta im ›Eisenfeld I‹ gefundenen Rennfeuers mit Schacht von Karl Roesch und Wilhelm Winkelmann.

ten glatt verstrichen. Leider war an der hangabwärts liegenden Ostseite eine trichterförmige, bis an die Wandung heranreichende Störung zu verzeichnen. In ihr lagen, wie die weitere Ausgrabung ergab, Reste der Ofenwandung, Eisenschmelzstücke, Steine und Holzkohle noch 40 cm tiefer, dabei auch mittelalterliche Keramik und Münzen – ein Zeichen dafür, daß auch dieser Platz leider an wichtigster Stelle nicht ungestört, sondern vergraben war. Hangabwärts verringerte sich die Störung zu einer fast 40 cm breiten, noch etwas tiefer liegenden Rinne mit einzelnen Geröllen. Ob es sich hier um den letzten Rest einer Abflußrinne handelt, oder ob sie zufällig bei der Eingrabung entstanden war, mußte bei dem gestörten Befund bisher noch offenbleiben. Zur Datierung des Ofens konnten aus dem umgebenden Boden keine sicheren Anhaltspunkte gewonnen werden. Aufgrund des Grabungsbefundes läßt sich bisher mit Sicherheit nur folgendes feststellen: Die Ofenreste bilden mit den zerstörten weiteren Ofenplätzen und Eisenresten die älteste Schicht an diesem Platz, die durch spätere mittelalterliche

Überbauung im Bereich der Suchgräben fast vollständig zerstört worden war[25] (vgl. Taf. 50).
Die von uns veröffentlichten Überreste des Unterofens regten Karl Roesch, selbst Spezialist für moderne Stahlgewinnung, an, eine Rekonstruktion vorzulegen. Zunächst wies er darauf hin, daß die Lage der Öfen an einem Hang den starken Talwinden freien Zugang gewährte, um das Anfachen zu erleichtern. In seiner Untersuchung führte er den Nachweis, daß die Ofenanlage und die vielen Ofenschlacken beweisen, daß es sich »einwandfrei um einen metallurgischen Ofen handelt, d.h. um ein Rennfeuer; denn mit dem Durchmesser für den inneren Ofen entspricht er den mittels Handblasebälgen betriebenen Rennfeuern, die alle einen inneren Durchmesser zwischen 25 und 40 cm aufweisen. Bedingt sind diese Ofenquerschnitte einerseits durch die menschliche Kraft zur stundenlangen Bedienung der Blasebälge, andererseits muß für die Gewinnung des Eisens die günstige metallurgische Bedingung eingehalten werden, d.h. die zugeführte Windmenge muß in einem bestimmten Verhältnis zum Durchsatz des Brennstoffes und damit zum Ofenquerschnitt stehen (vgl. Abb. 60).
Bemerkenswert ist an dem von Wilhelm Winkelmann ausgegrabenen Rennfeuer von Arsameia der größere Ofendurchmesser. Dieser Querschnitt hat sich vermutlich als ungeeignet erwiesen, um einen einwandfreien Ofengang zu gewährleisten. Es wurde daher in den ersten Ofen ein zweiter mit kleinerem Durchmesser eingebaut. Denn bei einem mittleren Innendurchmesser von 35 cm beträgt der Ofenquerschnitt etwa 900 cm^2. Bei dem größeren Ofendurchmesser von 48 cm ist der Ofenquerschnitt etwa das Doppelte. Für diesen größeren Ofenquerschnitt reicht die Wirkung des von Hand betriebenen Blasebalges nicht aus, um über den ganzen Querschnitt eine gleichmäßige Temperatur zu erreichen; anderenfalls treten bei ungleichmäßiger Temperaturverteilung große Schwierigkeiten auf, die sich teils durch unvollständige Reduktion des Erzes, teils durch örtliche unerwünschte Aufkohlung bemerkbar machen«[26].
Aus den Untersuchungen von Roesch über die Produktion von Eisen in alter und neuer Zeit möchte ich noch auf ein besonders interessantes Ergebnis hinweisen. Es entspricht nämlich die Arbeitsweise des Rennfeuers für die Produktion des frühgeschichtlichen Eisens genauestens der Gesetzmäßigkeit der chemisch-physikalischen Vorgänge bei unseren modernen Hochöfen, die somit auf dem Weg über den größeren und höheren ›Stückofen‹ des Mittelalters die Fortentwicklung des alten Rennfeuerofens mit Schacht darstellen[27].
Neben diesem Rennfeuer legten wir noch eine Reihe von Schmiedeöfen frei, bei denen große Mengen an Zunder (Hammerschlag) von einer reichen Produktion zeugten (vgl. Taf. 51). Die Ungunst der Zeit hat es leider verhindert, in diesem Bezirk die Ausgrabungen fortzusetzen.

Die Wandlung des Jupiter Dolichenus

15

Mehr über das Eisen und seine Gewinnung in der Frühzeit zu erfahren, würde vielleicht helfen, ein Problem zu lösen, das bisher schon oft erörtert worden ist. Es betrifft die Entstehung des Kultes für Jupiter Dolichenus und seine Ausbreitung in der antiken Welt. Eine unserer Hoffnungen bei der geplanten Forschungsarbeit in Kommagene war es, mehr Klarheit darüber zu gewinnen, welcher historische Gehalt in den uns inschriftlich überlieferten Weihungen an Jupiter Dolichenus stecke, den Göttervater Zeus aus Doliche. Daß dieser Name in der Ortschaft Dülük (nördlich von Gaziantep) weiterlebt, ist seit langem erkannt (vgl. oben S. 148). Viel früher aber hatte man an zahlreichen Stellen in Europa Inschriften aufgefunden, in denen als spezielles Charakteristikum des Gottes hervorgehoben wird, daß er geboren sei, *ubi ferrum nascitur.*

Was aber ist mit dem Ausdruck *nascitur* gemeint? Meist wird die Stelle übersetzt: »Geweiht dem Gott, der geboren ist, wo das Eisen geboren wird«. Das Verbum *nasci* bietet jedoch ein viel breiteres Spektrum für die Interpretation. Legen wir die Bedeutung ›gezeugt werden‹ zugrunde, dann könnte man einen Hinweis dafür sehen, daß der kommagenische Raum reiche Lagerstätten für günstige Erze lieferte. In der Tat spricht der vorliegende geologische Befund dafür. Denn das Taurosgebirge, an dessen Südabdachung die Landschaft Kommagene liegt, ist ein junges Faltengebirge, im wesentlichen von paläozoischen und mesozoischen Schichten aufgebaut, verknüpft mit Vulkaniten als potentiellen Erzbringern, also von vornherein für das Auftreten von Erzlagerstätten disponiert.

Ebenso steht es mit dem Begriff *ferrum.* Natürlich wird es von uns meist als der Rohstoff Eisen verstanden, und die Abkürzung Fe dafür gehört zum Allgemeinwissen der Chemie. Indessen kann der Ausdruck *ferrum* in der lateinischen Sprache auch jedes eiserne Werkzeug bezeichnen, d.h. die aus Eisen produzierten Geräte. Es könnte also auch mit der Charakterisierung des Landes Kommagene die hohe Qualität seiner Eisenerzeugnisse gemeint sein.

In diesem Zusammenhang muß noch auf eine weitere für unser Problem wichtige Tatsache hingewiesen werden. Im Griechischen lautet das für normales Eisen gebräuchliche Wort sideros (σιδηρός). Meint man jedoch ein besonders qualitätsvolles Eisen oder will man die Güte eines Produkts hervorheben, dann gebraucht man dafür das Wort chalyps (χάλυψ), d.h. das aus dem Chalyberlande stammende oder auch das nach chalybischer Art produzierte Eisen, eine Qualitätsstufe, die wir heute als Stahl bezeichnen.

Das Land der Chalyber ist uns wohlbekannt. Xenophon berichtet uns von seinem Durchmarsch durch ihr Gebiet bei der Schilderung seines Rückzuges mit den 10000 Griechen nach der Schlacht von Kunaxa im Herbst 401 am linken Euphratufer, wobei er erwähnt, daß ihnen ihre Gegner durch die Qualität der von ihnen selbst hergestellten Waffen weit überlegen gewesen seien[28]. Was aber für das Land der Chalyber gilt, sollte es nicht in gewisser Weise auch für das benachbarte Kommagene zutreffen, dem Lande, *ubi ferrum nascitur*?
Lange Zeit hat man sich darum bemüht, die Lage von Kizzuwatna festzulegen; heute setzt man es im allgemeinen westlich vom Amanosgebirge an. Wenn wir aus hethitischen Quellen erfahren, daß sich in Kizzuwatna Lagerhäuser für Eisen und Eisenprodukte befanden, so wird deren Produktionsstätte nicht weit davon zu suchen sein. Berühmt geworden ist der Brief von Hattuşili III. (1281–1250 v. Chr.), in dem er sich um 1260 wegen Lieferungsschwierigkeiten entschuldigt, weil ›gutes Eisen‹ *(parzillu damgu)* ausgegangen und außerdem die Zeit für die Herstellung nicht günstig sei. Der Begriff ›gutes Eisen‹ ist aber in modernem Sinn ein ›aufgekohltes Eisen‹, d.h. Stahl[29].
In diesem Zusammenhang verdient auch eine Nachricht aus den bereits zitierten Annalen von Assurnasirpal II. (883–859 v. Chr.) über die Produktion von Eisen Beachtung. Der König berichtet, daß Sanagar, Herrscher über Karkamiş, an ihn u.a. 20 Talente Silber, 100 Talente Kupfer, aber 250 Talente Eisen als Tribut übergeben mußte. Wie sehr aber diese stahlartige Qualität des Eisens »aus dem Norden« in der Mittelmeerwelt nicht nur geschätzt, sondern auch gefürchtet wurde, läßt sich noch aus einer Bibelstelle bei Jeremias 15,11 folgern, wo es heißt: »Meinst Du nicht, daß etwa ein Eisen sei, das könnte das Erz und Eisen von Mitternacht zerschlagen?«
Neben die inschriftlichen Weihungen treten für Jupiter Dolichenus typische Darstellungen. Der Gott steht oft auf einem Stier und hält in seinen erhobenen Händen ein Blitzbündel und eine Doppelaxt; bekleidet aber ist er nach Art des römischen Jupiter mit einem Panzer (Farbtaf. XVIII). Welche Wege führen von diesem ›Eisengott‹ zu dem Wettergott Hadad (Adad) zurück, von dem, wie wir gesehen haben, eine Reihe von Darstellungen in Sam'al erhalten geblieben sind. Inzwischen kennen wir eine Vielzahl von Wettergöttern im Vorderen Orient, deren Gemeinsamkeiten und Verschiedenheiten Einar von Schuler sehr instruktiv herausgearbeitet hat[30].
Während das Blitzbündel andeutet, daß der Gott der Herr über die von Menschen so gefürchteten Gewitter ist, geht von dem ihn tragenden Stier mit seinem Brüllen der Donner aus. In den religiösen Vorstellungen der agrarischen Kulturen ist der Stier die Symbolgestalt für Fertilität und Virilität gewesen. Ob es in diesen Kreis auch hineingehört, daß der Gebirgszug, der das kleinasiatische Hochland von der Mittelmeerküste trennt, seit antiken Zeiten Tauros, also Stiergebirge, heißt, vermag ich nicht zu sagen.
Eine große Überraschung war es, als bekannt wurde, daß bereits in einer Darstellung auf der ältesten, von Menschenhand in der Mitte des 7. Jahrtausends v. Chr. errichteten und bemalten Mauer in Çatal Hüyük der ›Gott auf dem Stier‹

61. Zeichnung einer Stele mit Reliefdarstellung des Jupiter Dolichenus.

erscheint, zusammen mit der Großen Göttin, wobei letztere auf einer weiteren Darstellung den Stier gebiert. Wenn außerdem James Mellaart, der Entdecker und Ausgräber von Çatal Hüyük, den Nachweis erbrachte, daß in der Mitte des 7. Jahrtausends v. Chr. schon die Verhüttung von Kupfererz bekannt war und die Verarbeitung von gediegenem Kupfer nachgewiesen werden konnte[31], so zeigen sich hier Perspektiven, die unsere bisherigen Vorstellungen vom Werden unserer Zivilisation wesentlich berichtigen werden.
In ihrer Publikation mit den Ergebnissen über ihre Expedition von 1883 haben Humann und Puchstein auch ein Relief mit der Darstellung des Jupiter Dolichenus beschrieben und eine Zeichnung davon veröffentlicht (Abb. 61). Sie hatten es in einem Privathaus in Maraş gesehen, seitdem ist es verschollen. Dieses Relief war das erste Denkmal des Gottes, das nicht nur aus seiner Heimat, sondern aus dem Vorderen Orient bekannt geworden ist.
In Dunkel gehüllt sind immer noch die Gründe, die zu dem Siegeszug des Gottes von seinem Kultort Doliche in alle Winkel des Imperium Romanum geführt haben. Eine Ausgrabung in Doliche wäre ein dringendes Desiderat. Ich halte es für sehr wahrscheinlich, daß die jetzige Verehrungsstätte des Dülükbaba auf einer Anhöhe die Örtlichkeit sein könnte, die einstmals eine Kultstätte des Jupiter Dolichenus gewesen ist[32] (Abb. 45).

Als ich das Heiligtum besuchte, bemerkte ich im Inneren die vielen Reste von geweihten Kerzen. Auf meine Fragen nach dem Warum erfuhr ich, daß der Heilige ein bewährter Helfer für junge Leute sei, die gern heiraten möchten, aber dazu keine Erlaubnis von ihren Eltern erhielten. Dülükbaba helfe immer wieder; und wenn er geholfen habe, bringe man ihm Dankeskerzen; andere würden entzündet, wenn man den Heiligen um seine Hilfe bitte.
Stellen wir die Frage nach der Ausbreitung des Kultes von Jupiter Dolichenus, so ergibt sich aus den bisherigen Funden, daß die frühen Zeugnisse aus Gebieten des römischen Reiches stammen, in denen zahlreiche römische Garnisonen stationiert waren. Dem Gott wurden Tempel und Denkmäler errichtet, und Inschriften geben uns Kunde über die Ausübung des Kultes und Verehrer des Gottes. Wenn dabei oft griechische Namen vorkommen, so handelt es sich wohl um hellenisierte Bewohner aus den östlichen Reichsteilen. Elmar Schwertheim hat es unternommen, eine Dokumentation über Jupiter Dolichenus nach dem neuesten Stand unseres Wissens zusammenzustellen; sein Katalog umfaßt mehr als 600 bisher bekannt gewordene Zeugnisse des Gottes, den einige seiner in Rom ansässigen Verehrer als »Erhalter der ganzen Welt« preisen[33].
Wichtige Erkenntnisse über den Kult dieses Gottes verdanken wir einem Hortfund, der in Mauer an der Url aufgedeckt wurde. Vermutlich handelt es sich um das Inventar eines Tempels; es enthält eine Vielzahl von Kultgeräten aus Gold und Silber, darunter auch eine ausgezeichnet erhaltene Darstellung des Jupiter Dolichenus (Farbtaf. XVIII). Der Fund ist jetzt im Besitz der Kunsthistorischen Museen in Wien und dort ausgestellt[34]. Unter den Kaisern der severischen Dynastie, die schon ihrer Herkunft nach dem Osten des Reiches besonders verbunden waren, erreichte auch der Kult des Gottes aus Doliche seine größte Verbreitung. Das läßt sich an der Häufigkeit der Denkmäler erkennen, die aus dem Ende des 2. Jahrhunderts und der ersten Hälfte des 3. Jahrhunderts stammen.

Die Ahnengalerie des Königs Antiochos I. von Kommagene

16

Bei seiner ersten Bearbeitung der auf dem Nemrud Dağ erhaltenen Inschriften hatte es Puchstein nicht wenig gewundert, daß der König die Perser und Hellenen »als glückhafte Wurzel« seines Geschlechtes bezeichnet.
Trotz aller Zerstörung durch die Gewalten der Natur und durch menschlichen Zerstörungstrieb erkannte Puchstein die dominierende Rolle, die den ausgedehnten Sockelreihen mit der Ahnengalerie der kommagenischen Dynastie durch den königlichen Stifter Antiochos I. zugedacht war. In der großen Kultinschrift sagt der König, daß er die Reliefs der vergöttlichten Ahnen »rund um den Gipfel« habe aufstellen lassen. Alle Besucher, die zweimal allmonatlich am Geburtstag (16. Audnaios) und am Krönungstag (10. Loos) zu dem 2150 m hoch gelegenen Hierothesion von allen Seiten her auf den dafür angelegten Prozessionswegen hinaufpilgerten, müssen von den in strahlender Sonne glühenden Ahnenreliefs aus grünlichem Sandstein, die durch ihre Politur selbst wie kleine strahlende Sonnen gewirkt haben dürften, auf tiefste beeindruckt gewesen sein (vgl. die Rekonstruktionszeichnung Taf. 57).
Wenn dann zu Beginn der Kultfeiern auf den vor den Ahnenreliefs stehenden Altären der Duft von »prunkvollen Opfern« aus reichlich gespendetem Weihrauch und aromatischen Kräutern, von Priestern in persischer Gewandung gemäß der kommagenischen Tradition entzündet, zum kommagenischen Himmelsblau

Erklärungen zu den Farbtafeln XVII – XXII (Seiten 221–224)

XVIII. Fern von seinem Ursprungsland Kommagene wurde in Mauer an der Url (Österreich) das Kultbild des Jupiter Dolichenus gefunden. Zusammen mit anderen Tempelschätzen war es wahrscheinlich aus Furcht vor dem Ansturm der Barbaren sorgfältig vergraben worden.

XIX. Deutlich hebt sich auf dem Südhang der Eski Kale die große Felsenhalle ab – eine rätselhafte Kultstätte.

XX. Nach der ersten Freilegung traten die Grundrisse einer mittelalterlichen Besiedlung auf dem Plateau der Eski Kale zutage.

XXI. Scherbenfunde sind eine wichtige Datierungshilfe. Selahattin Asim bei der mühsamen Restaurierungsarbeit.

XXII. Unter der mittelalterlichen Bauschicht lagen die Mosaikfußböden der Festräume aus kommagenischer Zeit.

O M D
MARR VRSINVS
VETER EX IVSTO
S L L M

←XIX

↑ XX

← XXI

↓ XXII

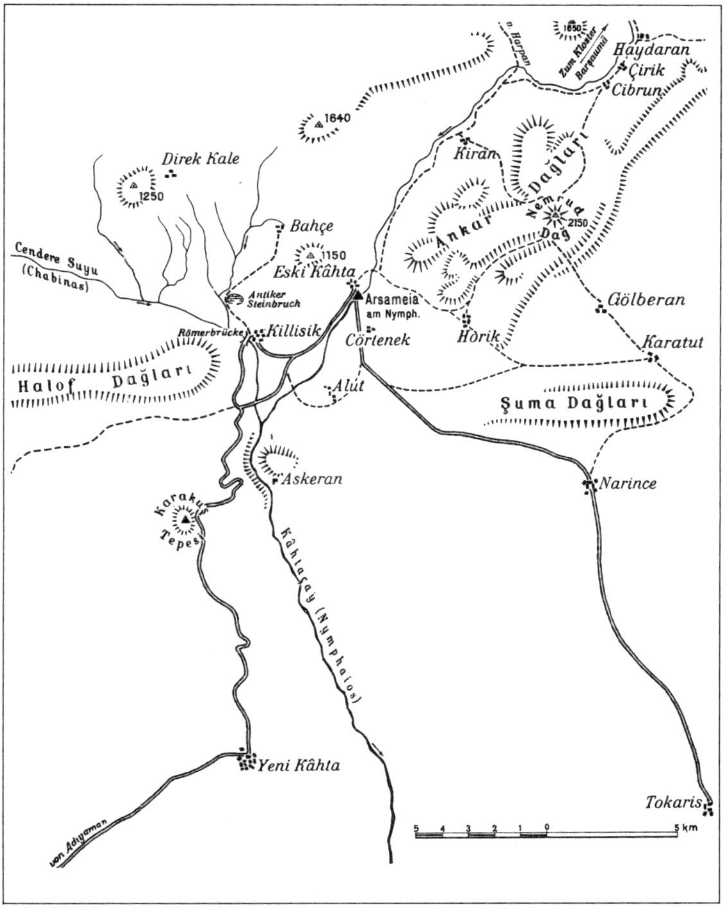

62. Arsameia am Nymphenfluß (Eski Kâhta) und seine Umgebung mit den antiken Prozessionswegen zum Nemrud Dağ und nach Arsameia am Nymphenfluß.

hinaufstieg, wenn die auf den dem majestätischen Tumulus vorgelagerten Terrassen aufgestellten Tische mit den zum Genuß der Festgäste bestimmten Speisen von den Opferdienern beladen und die »Krüge mit Wein für reichlich gespendeten Trank mit Wasser gemischt« herbeigetragen wurden, wenn die Musikanten und Musikantinnen ihre Melodien zu Ehren der Götter und der vergöttlichten Ahnen erklingen ließen, dann war es für den Oberpriester ein leichtes Werk, der Weisung des Königs nachzukommen: »Mit großer Zuvorkommenheit empfange (der Oberpriester) die ganze anwesende Volksmenge der Einheimischen und Fremdlinge und bereite der versammelten Gemeinde ein allen gemeinsam genußreiches Fest« (Zeile 148ff.).

Die von uns am Ende der Ausgrabung soweit wie möglich wieder aufgestellten Sockelreihen vermitteln auch heute noch einen imposanten Eindruck. Die stolze Ahnenreihe mit den Reliefs der väterlichen Vorfahren, die von Dareios, dem König der Könige, angeführt wurde, befindet sich auf den Nordsockeln der

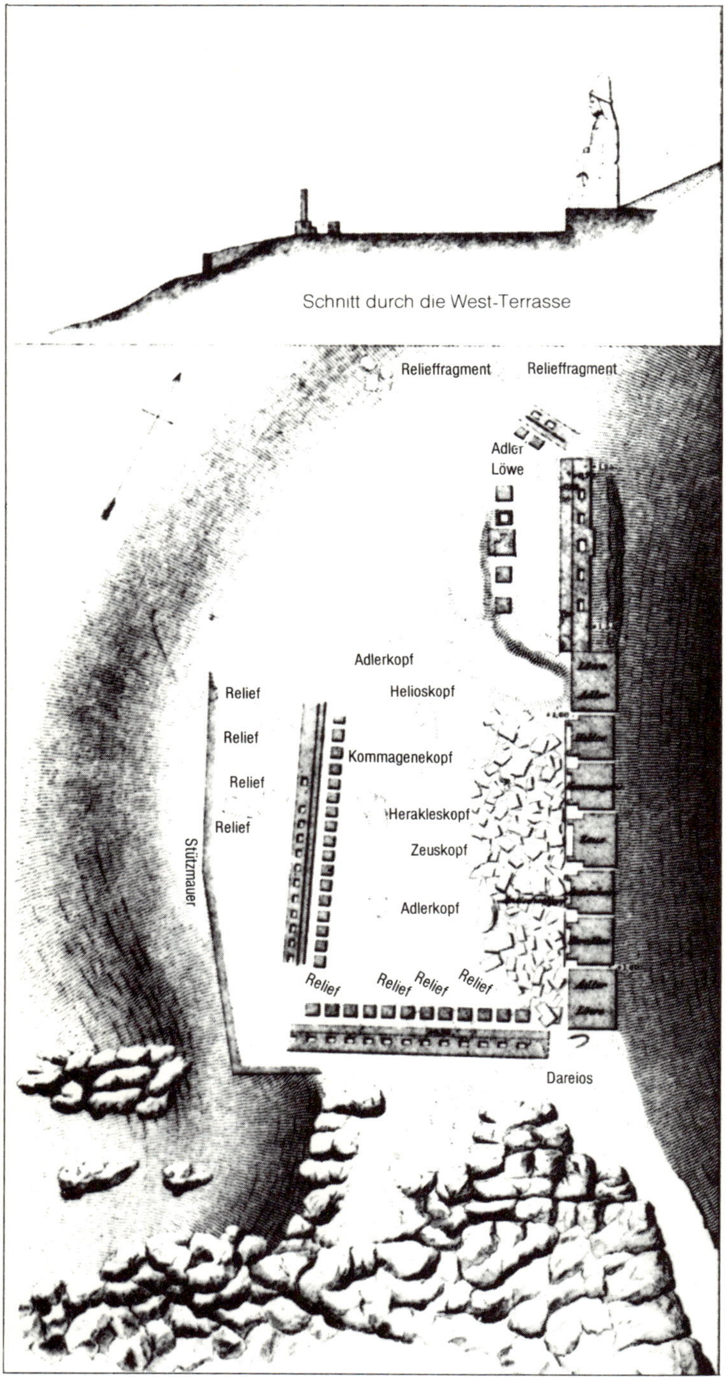

63.–64. Schnitte durch Ost- und Westterrasse auf dem Nemrud Dağ, aus denen die verschiedenen Höhenlagen der beiden Terrassen hervorgehen. Darunter ein Plan der beiden Terrassen. Zeichnung und Aufnahme von Karl Humann.

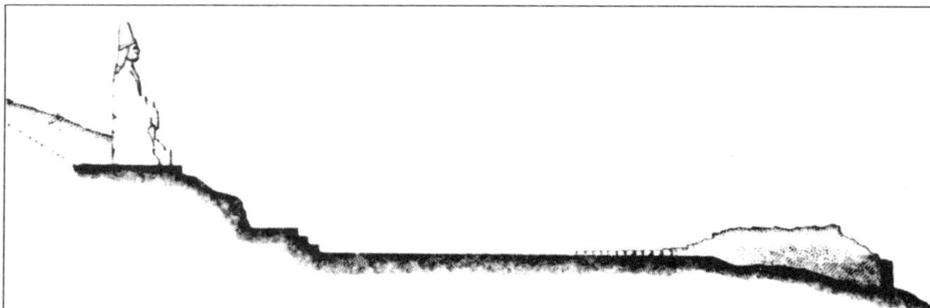

Schnitt durch die Ost-Terrasse

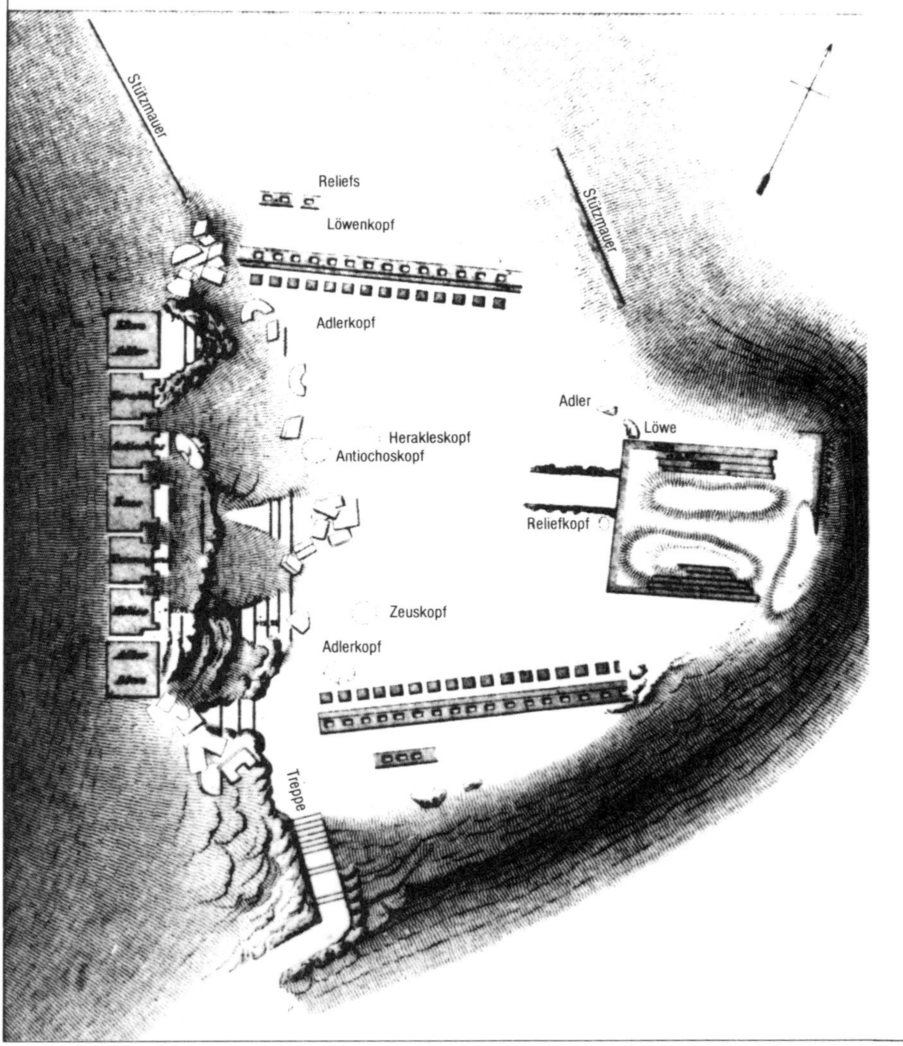

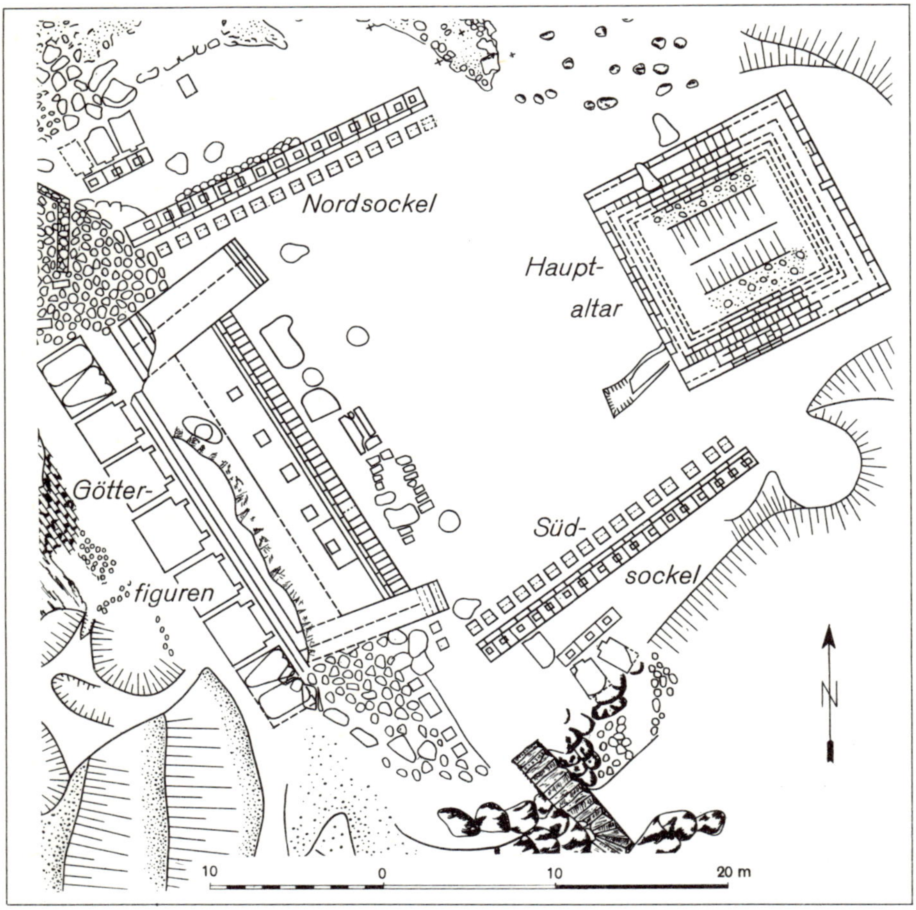

65. Die Westterrasse auf dem Nemrud Dağ. Zeichnung von Kurt Müller.

Ostterrasse; sie wiederholt sich korrespondierend dazu auf den Südsockeln der Westterrasse (vgl. die Lageskizzen Abb. 65 und 66). Auf der Ostterrasse, die innerhalb der sepulkralen Kultstätte – ausgewiesen durch den zentral gelegenen Hauptaltar – als Mittelpunkt des Heiligtums anzusehen ist, liegt der Sockelreihe mit den väterlichen die Galerie mit den mütterlichen Ahnenbildern gegenüber auf der Südseite (Taf. 55), während sie auf der Westterrasse ihren Platz gegenüber den monumentalen Götterfiguren zugewiesen erhalten hat und daher mit den persischen Ahnen nahezu einen rechten Winkel bildet. Ob dieser Befund ausschließlich mit den Gegebenheiten des Geländes zu erklären ist oder ob eine symbolische Bedeutung zugrundeliegt, vermögen wir mit Sicherheit nicht zu entscheiden.

Alle Ahnenreliefs sind nach dem gleichen Schema aufgebaut. In einen Sockel war jeweils eine Platte eingelassen, die auf der Vorderseite das Relief des Ahnherrn oder der Ahnfrau zeigte, während auf der Rückseite eine Inschrift mitteilte, um

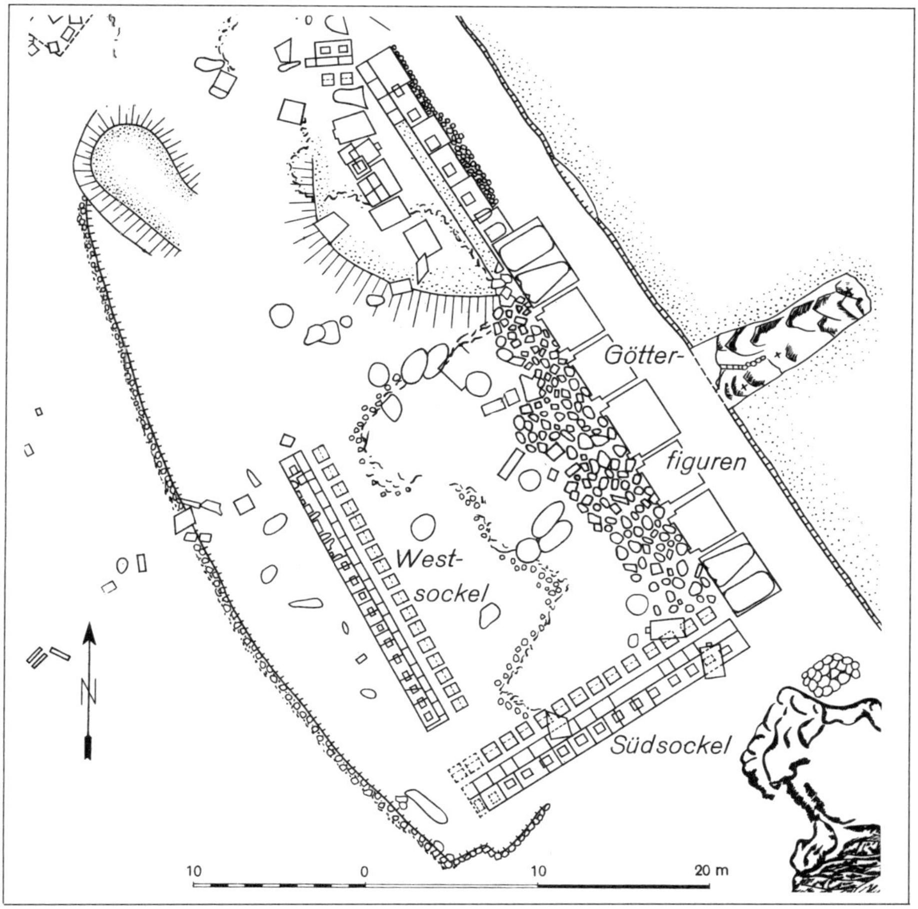

66. Die Ostterrasse auf dem Nemrud Dağ. Zeichnung von Kurt Müller.

welche Persönlichkeit es sich handelte. Vor jeder Stele stand ein kleiner Block als Altar. Leider war das Material alles andere als »unvergänglich« – wie es nach dem Willen des Königs hätte sein sollen! Durch die starken Temperaturgegensätze, Hitze und Kälte, Regen und Schnee, der im Winter mehrere Monate auf der Höhe liegt, haben sich viele Sandsteinplatten in einzelne Schichten aufgelöst; menschliche Zerstörungslust kam hinzu, und so sind nur noch wenige Platten vollständig erhalten geblieben, die bereits Puchstein veröffentlichen konnte.

Bei der sorgfältigen Freilegung der beiden Terrassen von den Schottermassen kamen zahlreiche kleine und kleinste Fragmente der Stelenvorder- und -rückseiten zum Vorschein. Die inschriftlichen Fragmente wieder in ihren Zusammenhang einzuordnen, ist eine meiner Aufgaben gewesen.

Die von Humann und Puchstein bereits erkannte Tatsache, daß sich die Ahnenreihen auf den beiden Terrassen wiederholen (Abb. 65 und 66), hatte für Puchstein bei seiner Bearbeitung des Materials das Problem der Abfolge keineswegs erleichtert, sondern kompliziert! Denn er kam zu dem Ergebnis, daß sich zwar – im ganzen gesehen – die Abfolge der väterlichen Ahnen der Ostterrasse auf der Westterrasse wiederhole, aber beide Terrassen eine verschiedene Abfolge gehabt haben müßten. Diese Annahme hat Puchstein sehr zu schaffen gemacht, ohne daß er auf die Frage nach dem Warum eine überzeugende Antwort hätte geben können. Natürlich ging er bei seinen Überlegungen von der Tatsache aus, daß für diese Verschiedenheit in der Abfolge irgendwelche zwingenden Gründe maßgeblich gewesen sein müßten. Und alle, die sich nach ihm mit diesem Problem beschäftigten, standen unter der gleichen Vorstellung.

Nachdem ich anfänglich ebenfalls davon ausgegangen war, kamen mir die ersten Bedenken, als sich bei unseren Arbeiten sehr bald herausstellte, daß die Übereinstimmung zwischen der Ost- und Westterrasse noch weiter geht, als es Humann und Puchstein feststellen konnten. So haben wir die von ihnen nur auf der Westterrasse freigelegten Dexiosis-Reliefs, allerdings in recht kleinen Fragmenten, auf einem Podest unterhalb der großen Götterfiguren wiedergefunden. Sollte daher die Verschiedenheit, so fragte ich mich, nicht auf einem Irrtum von Humann und Puchstein bei der Zählung der Sockel beruhen? Die Lösung konnte nur am Anfang der väterlichen Ahnenreihe bei den Nordsockeln auf der Ostterrasse zu finden sein, die aber zunächst noch von mächtigen Steinblöcken zugedeckt lag.

Für die Rekonstruktion der väterlichen Vorfahren ist von besonderer Wichtigkeit, welche Herrscher am Anfang der Ahnenreihe dargestellt waren, eine Frage, über die bisher verschiedene Ansichten vertreten worden sind. An Tatsachen stand folgendes fest:

1. Auf der Westterrasse wird bei den Südsockeln die Reihe der väterlichen Vorfahren von dem Großkönig Dareios I. angeführt.

2. Auf beiden Terrassen blieb im ferneren Ablauf die Dedikationsinschrift für den Ahnherrn Aroandas bzw. Orontes erhalten, und zwar mit dem ausdrücklichen Hinweis, daß er der Gemahl der persischen Prinzessin Rhodogune gewesen ist, einer Tochter des Großkönigs Artaxerxes II. Mnemon (404–359).

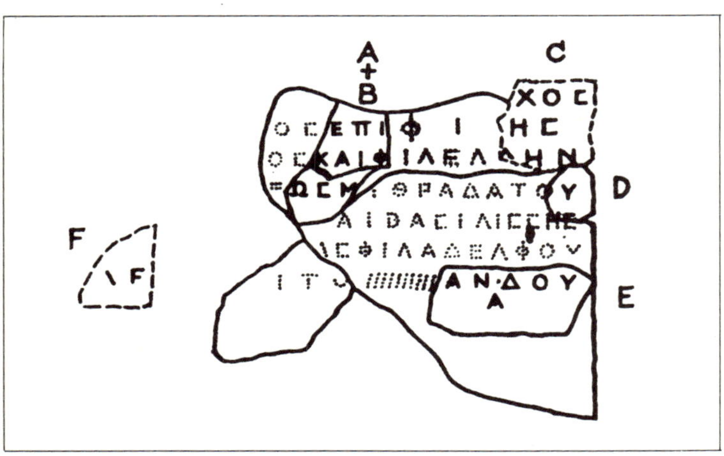

67. Fragmente der Inschrift von Südsockel 5 auf der Westterrasse. Fragmente C und F neu gefunden; gepunktete Buchstaben von Puchstein mit Sicherheit gelesen, jetzt verloren. Dargestellt war auf der Vorderseite dieser Reliefplatte Artaxerxes II. Mnemon, der königliche Schwiegervater von Aroandes, und nicht Artasouras, der Vater des Aroandes (vgl. Abb. 68).

Von den dazwischen liegenden Sockeln 2–5 haben wir auf beiden Terrassen nur eine Reihe Fragmente von Inschriften und Reliefdarstellungen. Besonders wichtig davon sind die Inschriftenteile, die zu Südsockel 5 auf der Westterrasse gehören. Hier ist noch die Buchstabenfolge -ανδου erhalten geblieben, die bereits Puchstein zu [Ἀρο]άνδου ergänzte; er glaubte ferner, daß auf diesem Sockel 5 Artasouras dargestellt gewesen sein müsse, der in der Inschrift von Sockel 6 als Vater des königlichen Schwiegersohns Aroandas genannt ist. Dieser Sockel 5 zugewiesene Artasouras sei aber wiederum Sohn eines Aroandas – so nahm Puchstein an –, und dieser Aroandas müsse der gleichnamige Großvater des königlichen Schwiegersohns sein, dessen Darstellung Puchstein konsequenterweise für Südsockel 4 vorgeschlagen hat, eine Annahme, der alle Gelehrten, die sich bisher damit beschäftigt haben, zustimmten (vgl. Abb. 67).
Es ist offensichtlich, daß diese Theorie wenig befriedigt. Unbeantwortet bleibt dabei vor allem die entscheidende Frage, wie – falls der Stammbaum des Antiochos über die väterliche Linie des Satrapen Aroandas fortgesetzt war – die Verbindung mit der Dynastie der persischen Großkönige hergestellt worden sei. Puchstein hatte dieses Problem so gelöst, daß er annahm, Dareios wäre »gleichsam als politischer Stifter des Stammbaumes an der Spitze der natürlichen Vorfahren des Antiochos auf der Westterrasse geweiht worden«. Auf der Ostterrasse aber sei Dareios wahrscheinlich gar nicht dargestellt gewesen; sein Fehlen dort würde »nicht allzu sehr vermißt werden«, so schloß Puchstein[34a].
Das letzte Argument von Puchstein war das am wenigsten wahrscheinliche. Ausgerechnet die Darstellung von Dareios I., dem berühmtesten unter den persischen Großkönigen, sollte auf der Ostterrasse fehlen, der außerdem noch eine bevorzugte Stellung innerhalb des Hierothesions zukam. Und warum sollte dieser Herrscher nur auf der Westterrasse dargestellt gewesen sein?
Als die Freilegung der Ostterrasse weitere Fortschritte machte, gelang uns eine erste Entdeckung, die für die Lösung des Problems einen neuen Ansatzpunkt bildet. Hier fanden sich nämlich Teile von dem Relief eines persischen Königs, und zwar von Dareios I., die zu einem Sockel gehörten, der unmittelbar unter dem höher liegenden Podest mit den kolossalen Götterfiguren zum Vorschein kam (Taf. 54). Ganz offensichtlich war dieser Sockel Humann und Puchstein entgangen; sie hatten daher irrtümlich den zweiten Sockel dieser Reihe als den ersten Sockel gezählt, das heißt mit der Zählung der väterlichen Ahnenreihe bei den Nordsockeln der Ostterrasse um eine Nummer zu spät begonnen. Doch mit der neuen Entdeckung war endlich eine große Schwierigkeit für die Rekonstruktion der väterlichen Ahnengalerie des Königs Antiochos I. beseitigt, und es steht fest, daß auf beiden Terrassen Dareios I. die väterliche Ahnenreihe anführt.
Wenn einige Gelehrte Puchstein auch in der Zuweisung der Dedikation von Sockel 5 an Artasouras (Artasyras) gefolgt waren, so hatte man doch seine Theorie abgelehnt, daß auf Sockel 2 nicht Xerxes, der Nachfolger von Dareios, geehrt worden sei, sondern ein weiterer Sohn von Dareios, vielleicht auch Hydarnes. Hier hatte Wilhelm Dittenberger, der große Erforscher des Altertums und seiner epigraphischen Überlieferung bereits aus den von Puchstein vorgelegten Buchsta-

benresten gefolgert, daß auf diesem Sockel der persische Großkönig und Sohn von Dareios dargestellt gewesen war[35].

Meine immer wieder vor der Inschrift vorgenommene Überprüfung ergab den Befund, daß der geehrte Ahnherr in der Tat Xerxes I. ist (Taf. 56), wenn auch die Wiederherstellung der Inschrift in anderer Form zu erfolgen hat als bei Dittenberger.

Mit dieser definitiven Zuweisung des zweiten Sockels hatte ich ein weiteres wichtiges Bindeglied in der Kette der Rekonstruktion für den Beginn der Abfolge der väterlichen Ahnenreihe gewonnen. Wie aber steht es mit den Sockeln 3–5, und wer mag hier dargestellt gewesen sein?

Ohne Zögern hatten die französischen Gelehrten L. Jalabert und M. Mouterde von Dittenberger die Zuweisung von Südsockel 2 der Westterrasse an Xerxes übernommen und, da sie Puchstein in der Besetzung des vierten Südsockels an Aroandas, den Großvater des königlichen Schwiegersohnes gleichen Namens folgten, geschlossen, daß Sockel 3 an Artaxerxes II. Mnemon zuzuweisen sei. Artaxerxes I. und Dareios II., so meinten sie, seien wohl nicht dargestellt gewesen[36].

Ein Grund, für diese merkwürdige Unterlassung wurde von ihnen nicht angegeben. Träfe ihre Annahme zu, dann wäre Artaxerxes II. von seinem Schwiegersohn durch zwei Sockel getrennt gewesen, eine Konstruktion der Ahnengalerie, die absolut nicht befriedigen kann.

Liegt es nun nicht am nächsten, in dem auf Südsockel 5 dargestellten Großkönig nicht den Vater des Aroandas, sondern vielmehr seinen königlichen Schwiegervater Artaxerxes II. Mnemon zu vermuten? Puchstein hatte an diese Möglichkeit auch bereits gedacht, aber sie dann wieder verworfen! Der Grund hierfür beruhte weitgehend auf der von ihm selbst noch angenommenen Ungleichheit in der Abfolge der väterlichen Ahnenreihe auf der Ost- und Westterrasse. Nachdem jetzt aber feststeht, daß die Abfolge auf beiden Terrassen identisch ist, besteht kein Zweifel mehr an der Darstellung von Artaxerxes II. auf Südsockel 5. Wie nahtlos in der Tat die väterliche Ahnenreihe des Antiochos in die Dynastie der persischen Großkönige einmündet, zeigt anschaulich die beigegebene Rekonstruktion (Abb. 68), der zum besseren Verständnis der Beweisführung die bisherigen Wiederherstellungsversuche gegenübergestellt sind.

Auf Sockel 6 folgt der Ahnherr des Antiochos, durch den sein Nachfolger berechtigt war, mehr als 300 Jahre später voller Stolz Dareios den Stammvater seines väterlichen Geschlechts zu nennen. Dieser Aroandas ist uns kein Unbekannter. In der griechischen Überlieferung erscheint sein Name meist in der Form Orontes. Von ihm wird berichtet, daß er bereits als Truppenkommandeur an der Entscheidungsschlacht bei Kunaxa im Jahre 401 zwischen Artaxerxes II. und seinem revoltierenden Bruder Kyros teilgenommen hatte. Sein Vater, der das verantwortungsvolle Amt eines Sicherheitschefs bekleidete, ist es gewesen, der dem König die unverhoffte Glücksnachricht vom Tode seines im Kampf gefallenen feindlichen Bruders brachte. Die Hand der Tochter von Artaxerxes II., der Prinzessin Rhodogune, war Belohnung für Vater und Sohn.

	Rekonstruktion Puchstein		*Rekonstruktion Jalabert-Mouterde*		*Rekonstruktion Dörner*
	Ostterrasse	Westterrasse	Ostterrasse	Westterrasse	Ost- = Westterrasse
Sockel 1:	–	Dareios I.	–	Dareios I. d. Große 522–486 v. Chr.	Dareios I., der Große 522–486 v. Chr.
Sockel 2:	–	Ein Sohn des Dareios? Hydarnes?	–	Xerxes I. 486–465/4 v. Chr.	Xerxes I. 486–465/4 v. Chr.
Sockel 3:	–	?	–	Artaxerxes II. Mnemon (Arsakes) 404–359/8 v. Chr.	Artaxerxes I. 465/4–425 v. Chr.
Sockel 4:	Artasuras	Aroandes	Artasouras	Aroandas I.	Dareios II. Ochos 424–404 v. Chr.
Sockel 5:	Aroandes, Satrap	Artasuras	Aroandes, Satrap	Artasouras	Artaxerxes II. Mnemon 404–359/8 v. Chr.
Sockel 6:	–	Aroandes, Satrap	–	Aroandes II. (= Aroandes I. bei Dörner)	Aroandas (Orontes) I. ∞ Rhodogune Tochter des Artaxerxes II. Mnemon

68. Die bisherige Rekonstruktion der väterlichen Ahnenreihe von Antiochos I. durch Puchstein sowie Jalabert-Mouterde und der neue Vorschlag für die Abfolge.

Nach der Eheschließung wurde Aroandas Satrap der persischen Satrapie Armenia; aus literarischen Nachrichten ist zu entnehmen, daß es gelegentlich zu Auseinandersetzungen zwischen Artaxerxes und seinem Schweigersohn gekommen ist. Die Satrapenwürde scheint jedoch in der Familie fortbestanden zu haben. Leider sind von den folgenden Sockeldarstellungen nur Fragmente erhalten geblieben. Ein Ahnherr Samos (oder Sames) auf Sockel 10 wird jedoch schon als ›König‹ tituliert. Sein Sohn Arsames auf Sockel 11 ist mit großer Wahrscheinlichkeit der Gründer der beiden nach ihm benannten Städte Arsameia am Nymphaios und am Euphrat gewesen. Nach der genealogischen Abfolge auf der Ostterrasse zu schließen, lebte dieser Arsames vier Generationen vor Mithradates I. Kallinikos und fünf Generationen nach Aroandas-Orontes. Diese Ansätze führen uns für die Lebens- und Regierungszeit des Arsames in die erste Hälfte des 3. Jahrhunderts v. Chr., als die Seleukiden versuchten, auch den kleinasiatischen Bereich fester in ihren Staatsverband einzugliedern.

Der Name des Thronfolgers von Arsames ist nicht erhalten; sein Enkel und Nachfolger Ptolemaios hat erfolglos den Versuch gemacht, die Grenzen des kommagenischen Reiches noch einmal über den Tauros nach Norden vorzuschieben. Über Ptolemaios' Nachfolger, Samos II., den Großvater des Antiochos, fehlen uns bisher historische Nachrichten. Samos gehörte wahrscheinlich zu den Herrschern, die sich Gerger für ihre Ruhestätte erwählten. Sein Sohn Mithradates I. Kallinikos hat durch seine Heirat mit Laodike, der Tochter des seleukidischen Königs Antiochos VIII. Grypos eine Aussöhnung mit dieser Dynastie erreicht, gegen deren Machtanspruch sich die Herrscher von Kommagene mit Erfolg gewehrt haben. Es ist rührend, wie Antiochos in allen Inschriften es nicht unterläßt, immer wieder neben seinem Vater auch seine Mutter zu nennen. Durch diese Verbindung war er jedoch berechtigt, Alexander den Großen die mütterliche Ahnenreihe anführen zu lassen. Er folgte hierbei mit seinen Hofhistorikern einer bereits vorliegenden offiziellen Version des seleukidischen Königshofes.

Puchstein war die Wiederherstellung der mütterlichen Ahnenreihe nicht gelungen; er hatte sich damit begnügt, die ihm bekannten Fakten anzuführen. Nach dem Fund einer Reihe von neuen Teilen der Inschriften auf der Rückseite der Ahnenreliefs führten meine Überlegungen zu dem Schluß, daß es von dem königlichen Stifter nicht beabsichtigt war, einen Stammbaum der mütterlichen Familie seinem Volk und der Nachwelt zu hinterlassen. Diese Tatsache ergibt sich zwingend aus dem Befund. Denn es stehen mehr Sockel zur Verfügung, als die Vater-Sohn-Abfolge ergeben würde; andererseits sind aber wiederum nicht soviele Sockel vorhanden, daß alle seleukidischen Herrscher eine Aufnahme in die Ahnengalerie hätten finden können.

Um dieses Problem zu lösen, müssen wir vor allem die seleukidischen Throninhaber einer kritischen Durchsicht unterziehen. Wer verdiente es, in die Ahnengalerie aufgenommen zu werden? Wer wurde ausgeschlossen? Das war eine wichtige Frage der seleukidischen Familiengeschichte und gleichzeitig auch ein Politikum! Dargestellt war vielmehr die mütterliche Ahnengalerie. Aus Abbildung 69 ist die von mir vorgenommene Verteilung der infrage kommenden Herrscher ersichtlich. In kursiver Schrift sind die Namen charakterisiert, von denen ich annehme, daß sie aufgrund der historischen Gegebenheiten wahrscheinlich nicht für würdig gehalten wurden, in die Ahnengalerie aufgenommen zu werden, während die eckigen Klammern anzeigen, daß die Namen dieser Herrscher mit großer Wahrscheinlichkeit erschlossen worden sind[37].

Wenn kürzlich die Ahnengalerie auf dem Nemrud Dağ, dieses großartige historische Dokument, dieses lebendige Bilderbuch kommagenischer Geschichte, als »das gewaltigste Zeugnis (der) frommen Bauwut«, des Königs Antiochos charakterisiert wurde, dieses »recht bescheidenen Großkönigs einer entlegenen Gebirgslandschaft«[38], dann spricht aus dieser Beurteilung ein totales Mißverständnis für das, was der königliche Stifter mit der Anlage seines Hierothesions und der Ahnengalerie bezweckt hat: seinem Volk »ein Vorbild der Frömmigkeit zu geben, die den Göttern und Ahnen zu bezeugen, ein göttliches Gebot ist«[39]. Niemand, der die inneren Zusammenhänge kennt, wird sich dem tiefen Eindruck dieses Monuments »in der Nähe der himmlischen Throne« entziehen können. Ich bin überzeugt, daß es keine falsche Bescheidenheit ist, sondern der inneren Überzeugung des Königs Antiochos entspricht, wenn er die Nachwelt in seiner Kultinschrift wissen läßt, daß er sein Hierothesion als Dank für den sichtbaren Beistand der Götter und der vergöttlichten Ahnen errichtet habe. Denn es sei allein ihnen

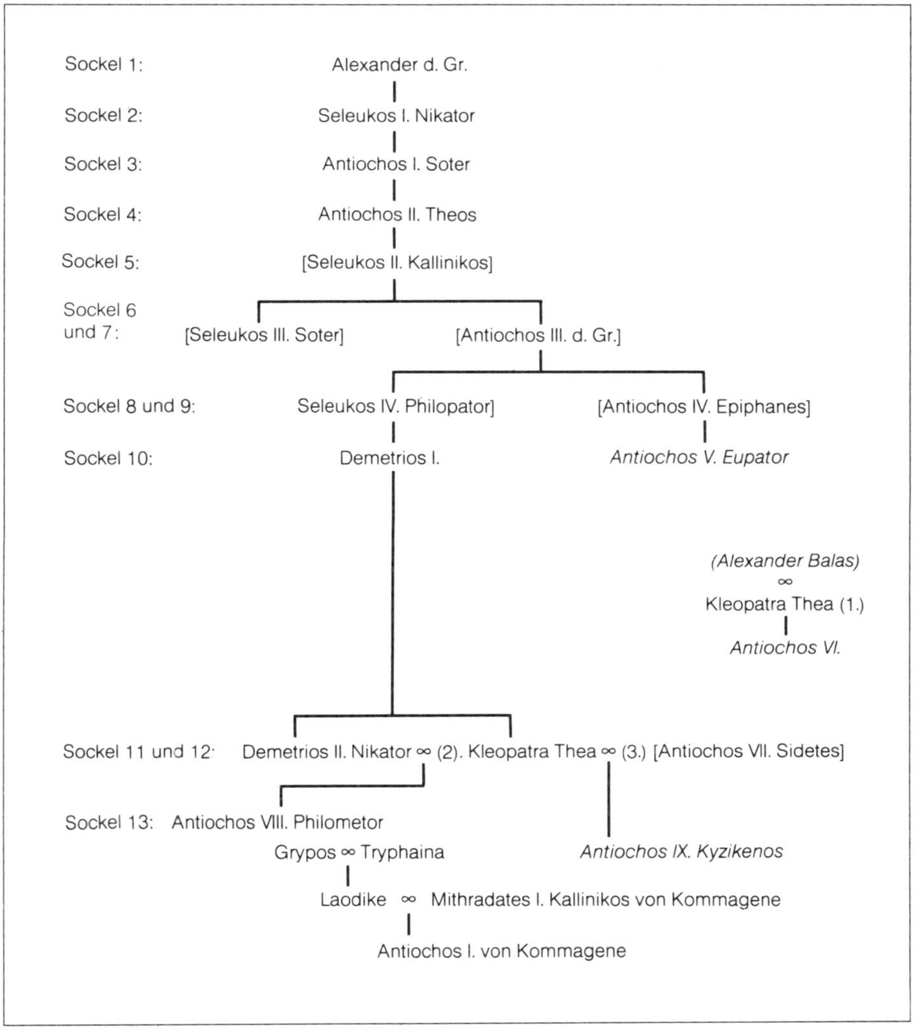

69. Die Aufteilung der seleukidischen Throninhaber auf die mütterliche Ahnengalerie des Antiochos I. von Kommagene (erschlossene Zuweisung in eckigen Klammern; Namen der von der Ahnengalerie ausgeschlossenen Herrscher kursiv).

zu verdanken, daß er wider Erwarten großen Gefahren entrinnen konnte, hoffnungsloser Situation Herr geworden ist und ein glückliches Leben auf dieser Welt verbracht hat[40].

Antiochos I. glaubte seinen kleinen Staat sicher durch die politischen Wirren gesteuert zu haben und hinterließ einen großen Staatsschatz. Aber auch ein zum Gott gewordener König konnte nicht in die Zukunft schauen, und Antiochos hatte die Macht Roms vielleicht zu gering eingeschätzt. Obwohl seine Nachfolger römerfreundliche Politik betrieben, endete die Selbständigkeit von Kommagene nach einem letzten Waffengang mit Roms Legionen im ›kommagenischen Kriege‹, 72 n. Chr., und das Land wurde ein Teil der Provinz Syria.

Die königliche Familie wurde ›eingeladen‹, ihren Wohnsitz in Rom zu nehmen. Von den Nachfahren des letzten Königs, Antiochos IV, ist sein Enkel der Nachwelt bekannt geblieben. Dieser Philopappos, d.h. der den Großvater Liebende, der die Würde eines Konsuls in Rom bekleidet hatte, erbaute sich in den Jahren 114–116 n. Chr. sein Grabdenkmal auf der Spitze des Museions gegenüber der Akropolis in Athen, auf dem er selbst mit seinem Großvater und mit Seleukos I., dem Gründer der seleukidischen Dynastie, dargestellt war.
Den römischen Eroberern lag nichts an einer Religion, die den Herrscherkult eines besiegten Landes mit der Verehrung der Götter verband, mochten sie auch in Rom ihre Altäre haben. Nie wieder trugen Zeus und Herakles wie in der kommagenischen Darstellung persische Gewänder und eine hohe persische Kopfbedeckung. Von Kommagene aus trat Mithras seinen Siegeszug durch die Welt an. Wir kennen noch nicht die einzelnen Stationen des Wandels dieses Gottes, den in Kommagene mit fröhlichen Festfeiern das ganze Volk verehrte, zu dem Gott der geheimnisvollen Mysterien in der römischen Welt. Aber der Gott Mithras, der zuerst die Pilger hoch von der Königsburg, der Eski Kale in der kommagenischen Königsresidenz Arsameia grüßte, wird mit der phrygischen Mütze bekleidet der Gott der römischen Legionen, feindlich, aber auch anregend für das junge Christentum.

Das Löwenhoroskop und die Apotheose des Königs Antiochos I. von Kommagene

17

Das Rätsel der Ahnengalerie konnte durch den gewissenhaften Vergleich sämtlicher Bruchstücke und in jahrelanger historischer Forschungsarbeit befriedigend gelöst werden. Unsicher blieb dagegen bis heute die Deutung einer einzigartigen, höchst eindrucksvollen Reliefplatte, die bereits Puchstein auf den ersten Blick als die Darstellung eines Horoskops erkannte und die Humann für so wichtig hielt, daß er einen Abguß von ihr nahm, der seine Aufstellung im Berliner Museum fand.

Von den Schwierigkeiten, vor die sich Humann dabei gestellt sah, kann man sich einen Begriff machen, wenn man seinen Bericht liest. Darin heißt es nämlich, daß von diesem Löwenhoroskop 170 einzelne Stücke angefertigt werden mußten, um sämtliche Details des Reliefs sorgfältig festzuhalten. Wir können uns heute glücklich schätzen, diesen Abguß zu besitzen; denn Witterung und unverständige Menschenhände haben dem Original auf der Höhe des Nemrud Dağ inzwischen unheilbare Schäden zugefügt.

Die 1,75 m hohe und 2,40 m breite Platte zeigt einen mächtigen, nach rechts ausschreitenden Löwen, den ganzen Leib mit 19 Sternen übersät und mit der Mondsichel unter dem Halse. Von den kleineren, mit acht Strahlen charakterisierten Sternen unterscheiden sich drei größere sechzehnstrahlige, die auf dem Rücken des Löwen durch ihre Beischriften als die Planeten Jupiter, Merkur und Mars gekennzeichnet sind (Abb. 70). Jetzt verstehen wir auch die Gleichsetzung des Götterbildes am Nordende der Ostterrasse mit Ares, sollte doch auf diese Weise eine astrologische Brücke hergestellt werden.

Es handelt sich um das älteste Bild eines Horoskops, das uns erhalten geblieben ist. Daß dieses Horoskop etwas mit der Person des Königs zu tun hat oder mit der Anlage in irgendeinem Zusammenhang steht, darf wohl von vornherein angenommen werden. Leider sind jedoch die betreffenden Angaben astronomisch nicht völlig eindeutig. Denn sie sagen nur aus, was Puchstein bereits bemerkte, nämlich daß »im Horoskop des Antiochos das Sternbild des Löwen aufging und gleichzeitig außer dem Mond die Planeten Mars, Merkur und Jupiter in demselben Sternbild standen«[41].

Der Astronom Paul Lehmann hat in dem Werk von Humann-Puchstein über die von ihm durchgeführten Berechnungen berichtet. Danach ergeben sich eine Reihe von Möglichkeiten; nach Lehmann kommt indessen der 17. Juli 98 v. Chr. am ehesten in Betracht. Denn die Konstellation, die an diesem Tage herrschte,

70. Löwenhoroskop von der Westterrasse des Nemrud Dağ nach dem Gipsabguß von Karl Humann.

erfüllte die geforderten Bedingungen, »wenn man darüber hinwegsehen darf, daß der Mond um mindestens einen Tag zu weit über den Löwen hinausgerückt ist«[42]. Von Puchstein wurde daraufhin dieses Datum akzeptiert, auf die Nativität des Königs Antiochos bezogen und als ›Geburtshoroskop‹ gedeutet.

Nun ist jedoch in der Inschrift als Geburtstag des Königs der 16. Audnaios angegeben, ein Datum, das nach dem makedonischen Kalender im Dezember bzw. Januar liegen muß. Um diese Differenz zu überbrücken, schloß Puchstein kühn – allerdings nach aus der Antike überlieferten Beispielen –, daß der aufgrund des Horoskops astronomisch errechnete 17. Juli nicht der Geburtstag des Königs, sondern der Tag seiner Konzeption sein müsse. Daraus wiederum ergab sich für Puchstein die weitere Folgerung, daß Antiochos Anfang des Jahres 97 v. Chr. geboren sei, allerdings als Siebenmonatskind! In sämtlichen Publikationen wird seither dieses Datum als das Geburtsjahr des Königs Antiochos I. von Kommagene angegeben.

War es denn überhaupt möglich, daß ein ›Geburtshoroskop‹, allen sichtbar und erkennbar, öffentlich an so dominierender Stelle – auf der Ostterrasse direkt unterhalb der kolossalen Götterfiguren und auf der Westterrasse neben ihnen – aufgestellt gewesen konnte? Denn mit der Kenntnis des ›Geburtshoroskops‹ besaß man zugleich den astrologischen Schlüssel dazu, die Berechnungen über das Ende des Lebens anzustellen – der Grund, weshalb die Geburtshoroskope hochgestellter Persönlichkeiten nicht öffentlich bekanntgegeben wurden. Als Otto Neugebauer zusammen mit H. B. van Hoesen eine neue Bearbeitung aller uns aus der Antike erhaltenen Horoskope in Angriff nahm, ergaben sich denn auch in der Tat ernste Bedenken. Vor allem spricht gegen das errechnete Datum, den 16. Juli 98 (diese Berichtigung von Neugebauer), daß die vorausgesetzte Konstellation damals am Himmel gar nicht in Erscheinung getreten ist. Denn die Planeten Jupiter, Merkur und Mars gingen kurz vor der Sonne auf und blieben daher unsichtbar. Diese Tatsache war für Neugebauer und van Hoesen so entscheidend, daß sie einer anderen Konstellation, nämlich der vom 7. Juli 62 v. Chr., den Vorzug gaben. Das himmlische Bild dieser Konstellation hat danach Heinrich Dörrie folgendermaßen beschrieben:
»An diesem Tage ging der zunehmende Mond als feine Sichel an Merkur und Mars vorbei. Merkur war ungewöhnlich gut sichtbar, er hatte eine östliche Elongation von 27°, also fast das Maximum; dicht bei ihm stand Mars. Indes stand Jupiter nur 14° von der Sonne und 13° von der Gruppe Merkur, Mars und Mond entfernt; nur wenn jener 7. Juli ein sehr klarer Tag war, konnte Jupiter beobachtet werden; er ging knapp eine Stunde nach der Sonne unter. Die Entfernung, die Jupiter von der übrigen Gruppe trennte, wurde durch den hellen Regulus ungefähr halbiert; es war also eine auffällige, auch in der Abenddämmerung bereits hell leuchtende Gruppierung von Sternen, die am Abend des 7. 7. 62 v. Chr. hinter der Tauroskette unterging«[43].
Mit Recht hat Dörrie in den Ablauf dieser Konstellation auch die Zeit unmittelbar vor und nach dem 7. Juli 62 einbezogen, wobei die Bedeutung jener himmlischen Begegnung von Jupiter, Merkur und Mars noch stärker zutage trat. Denn »wenige Tage zuvor war Mars am Regulus vorbeigegangen; am 5. oder 6. 7. hatte Merkur seine größte Nähe zum Regulus erreicht, am 7. 7. ging der Mond am Regulus vorbei, und einige Tage später – als letzter – bewegte sich Jupiter am Regulus vorüber. Es ergab sich am Himmel das Bild der Dexiosis; ein Sterngott nach dem anderen näherte sich grüßend dem Königsgestirn, dem Regulus«[44].
Neugebauer und van Hoesen bringen dieses Horoskop mit der politischen Neuordnung des Ostens durch Pompejus in Zusammenhang, bei der das seleukidische Reich zugrunde ging, Kommagene aber nicht nur seine staatliche Selbstständigkeit behielt, sondern sogar noch eine Gebietsvergrößerung erfuhr; die beiden Gelehrten nehmen daher an, es sei das Datum des Vertragsabschlusses zwischen Pompejus und Antiochos, auf das sich das Horoskop beziehe.
Doch dieses Ergebnis ist von historischer Sicht aus anfechtbar. Sollte Antiochos ausgerechnet dieses für ihn wenig ruhmreiche Abkommen mit dem in seinen Augen keineswegs gleichrangigen Pompejus unter die glückverheißenden Vor-

zeichen einer besonders eindrucksvollen himmlischen Konstellation gestellt haben und dies noch dazu an einer so markanten Stelle seines für »ewige Zeiten« errichteten Hierothesions? Der mit Pompejus abgeschlossene Vertrag ist an keiner Stelle der bisher aufgefundenen Inschriften erwähnt, was wohl zeigt, daß der König es nicht für wert hielt, ihn der Nachwelt zu überliefern. Aber war nicht die Weihung des Hierothesions selbst ein Anlaß, sie unter so sichtbarer Mitwirkung der himmlischen Mächte erfolgen zu lassen?
Ich halte es für durchaus wahrscheinlich, daß wir hier das ›Gründungshoroskop‹ der Anlage auf dem Nemrud Dağ vor uns haben, mit dessen Aufstellung Antiochos der Nachwelt vor Augen führen wollte, unter welch glücklichen Voraussetzungen dieses Monument errichtet worden sei – »unzerstörbar durch die Schädigung der Zeit«.
Es ist eine bereits uralte griechische Vorstellung, daß besonders ausgezeichnete Sterbliche zu den Göttern entrückt wurden, um dann als Sternbild zu den Menschen herabzuscheinen. Kastor und Pollux geleiteten die Schiffer über das Meer, der große Jäger Orion zog über den Himmelsbogen.
Antiochos erwählte den Stern Regulus, eng benachbart den großen Planeten als Königsstern, als Abbild seiner Person. Die Mondsichel stellt vielleicht sein Land Kommagene dar. In diesem Horoskop ist der königliche Stern Antiochos in die Reihe der göttlichen Sternbilder aufgenommen. Die Himmelskonstellation bestätigt die Rangordnung, die er auch unter den kolossalen Sitzstatuen der beiden Terrassen einnimmt:

Antiochos ist zum Gott geworden!

Anmerkungen

AAA	*Annals of Archaeology and Anthropology.* University of Liverpool.
Alkım, Anatolien I	U. Bahadır Alkım, *Anatolien I. Von den Anfängen bis zum Ende des Zweiten Jahrtausends v. Chr.* (1968).
Arsameia I	Friedrich Karl Dörner / Theresa Goell, *Arsameia am Nymphaios. Die Ausgrabungen im Hierothesion des Mithradates Kallinikos von 1953–1956.* Istanbuler Forschungen 23, 1963.
Busink, Tempel	Th. A. Busink, *Der Tempel von Jerusalem I: Der Tempel Salomos* (1970).
Carchemish I. II. III.	Carchemish. *Report on the Excavations at Djerabis (Jerablus) on Behalf of the British Museum.* Part I: D. G. Hogarth, *Introductory* (1914). Part II: R. Campbell Thompson, *The Town Defences* (1921). Part III: C. Leonard Woolley, *The Excavations in the Inner Town* and Richard Davis Barnett, *The Hittite Inscriptions* (1953).
Donner – Röllig, Inschriften	Herbert Donner – Wolfgang Röllig, *Kanaanäische und aramäische Inschriften.* Text, Übersetzung und Kommentar. I – III (1964 ff.).
Dörner – Naumann, Kommagene	Friedrich Karl Dörner und Rudolf Naumann, *Forschungen in Kommagene.* Istanbuler Forschungen 10, 1939.
EPRO	*Études préliminaires aux Religions Orientales dans l'Empire Romaine,* herausgegeben von Maarten J. Vermaseren.
Festschrift Dörner	*Studien zur Religion und Kultur Kleinasiens.* Festschrift für Friedrich Karl Dörner zum 65. Geburtstag am 28. Februar 1976. I. II. EPRO 66, 1978.
Hellenkemper, Burgen	Hansgerd Hellenkemper, *Burgen der Kreuzritterzeit in der Grafschaft Edessa und im Königreich Kleinarmenien* (1976).
Humann, Pergamon II. III:	II: *Chronik der Ausgrabungen in Pergamon 1871–1886.* Aus Berichten und Briefen des Humann-Kreises. *III: Carl Humann – Der Entdecker des Weltwunders Pergamon in Zeugnissen seiner Zeit 1839–1896.* Schriften der Hermann-Bröckelschen Stiftung – herausgegeben und bearbeitet von Eduard Schulte II (1963). III (1971).
Humann – Puchstein	Karl Humann und Otto Puchstein, *Reisen in Kleinasien und Nordsyrien. Ausgeführt im Auftrag der Kgl. Preußischen Akademie der Wissenschaften Berlin.* Text- und Tafelband (1890).
Kommagene, Sondernummer AW	*Kommagene. Geschichte und Kultur einer antiken Landschaft,* herausgegeben von Friedrich Karl Dörner. Sondernummer 1975 der Zeitschrift für Archäologie und Urgeschichte *ANTIKE WELT.*
Moltke, Briefe	Helmuth von Moltke, *Gesammelte Schriften und Denkwürdigkeiten.* Band 8: *Briefe über Zustände und Begebenheiten in der Türkei.* 6. Aufl. (1893).
Naumann, Architektur	Rudolf Naumann, *Architektur Kleinasiens von ihren Anfängen bis zum Ende der hethitischen Zeit.* 2. Aufl. (1971).
Orthmann, Untersuchungen	Winfried Orthmann, *Untersuchungen zur späthethitischen Kunst.* Saarbrücker Beiträge zur Altertumskunde 8, 1971.
SB	Sitzungsberichte.

Sendschirli I – V	*Ausgrabungen in Sendschirli. Mitteilungen aus den Orientalischen Sammlungen.* Königliche Museen zu Berlin. Heft XI – XV. I : *Einleitung und Inschriften* (1893). II : *Ausgrabungsbericht und Architektur* (1898). III: *Thorsculpturen* (1902). IV: *Bericht über die fünfte Grabung 1902* (1911). V : Felix von Luschan, *Die Kleinfunde in Sendschirli.* Herausgegeben und ergänzt von Walter Andrae (1943).
Wagner, Seleukeia	Jörg Wagner, *Seleukeia am Euphrat / Zeugma.* Beihefte zum Tübinger Atlas des Vorderen Orients, Reihe B (Geisteswissenschaften) 10, 1976.
Waldmann, Kultreformen	Helmut Waldmann, *Die kommagenischen Kultreformen unter König Mithradates I. Kallinikos und seinem Sohn Antiochos I.* EPRO 34, 1973.

Teil I

1. Moltke, Briefe 360 ff. 380 ff.
2. Moltke, Briefe 235.
3. Humann-Puchstein 3.
4. Humann-Puchstein 3.
5. Humann-Puchstein 101.
6. Humann-Puchstein 233.
7. Humann-Puchstein 103.
8. Humann-Puchstein 103.
9. Humann-Puchstein 104.
10. Humann-Puchstein 119.
11. Humann-Puchstein 123.
12. Humann-Puchstein 235.
13. Eine gute Übersicht über die Forschungen zur Frühzeit Kleinasiens von den Anfängen bis zum Ende des zweiten Jahrtausends bietet Alkım, *Anatolien I.*
14. Geologische Rundschau 34, 1944, 349 f.
15. Denkschriften der Akademie Wien, math.-naturwiss. Klasse 40, 1880, 357.
16. Humann-Puchstein 187 f.
17. Humann-Puchstein 126.
18. Humann-Puchstein 127.
19. Humann-Puchstein 238.
20. Humann-Puchstein 188 f.
21. Humann-Puchstein 260.
22. Humann-Puchstein 260.
23. Inschrift Nemrud Dağ: Für Text und Übersetzung s. Waldmann, *Kultreformen* 61 ff.
24. Humann-Puchstein 260.
25. Humann-Puchstein 240.
26. Humann-Puchstein 354.
27. Humann-Puchstein 354.
28. Humann-Puchstein 403 ff.
29. *SB* Berlin 1882, 845.
30. *SB* Berlin 1883, 29 ff. Der griechische Text ist auf S. 49 ff. wiedergegeben.
31. Eduard Norden, *Die antike Kunstprosa vom VI. Jahrhundert v. Chr. bis in die Zeit der Renaissance* 145 u. 197 f. (1898. Neudruck 1958).
32. Charles Texier, *Description de l'Asie Mineure faite par l'ordre du Gouvernement Français de 1833 à 1837 et publié par le Ministère de l'instruction Publique et des Beaux-Arts. Monuments historiques, plans et topographie des cités antiques.* Gravures de Lemaitre. I–III (1839–1849). Yazılıkaya s. I 214 ff.
33. Humann-Puchstein 91.
34. Humann-Puchstein 157 ff.
35. Humann-Puchstein Taf. 46.
36. Humann-Puchstein 164.
37. Vgl. Humann-Puchstein 380 ff. Taf. 44, 1 u. 2.
38. *Erinnerungen und Aufzeichnungen aus dem Leben des Botschafters Joseph Maria von Radowitz,* herausgegeben von Hajo Holborn (1925).
39. Humann-Puchstein 169.
40. Humann-Puchstein 171.
41. Humann-Puchstein 171.
42. Humann-Puchstein 173.
43. Moltke, Briefe 238.
44. Richard Pococke, *A Description of the East and some other Countries,* 3 Bände, London 1743 und 1745. Titel der deutschen Übersetzung: *Beschreibung des Morgenlandes* ^{2}, Erlangen 1745. Guter Überblick über Rumkale bei Hellenkemper, *Burgen* 51 ff.
45. Humann-Puchstein 215 f.
46. Humann-Puchstein 216.
47. Humann-Puchstein 214. Von Wolfram Hoepfner und Jörg Wagner wurde Sesönk zwar besucht, aber eine genaue Untersuchung steht noch aus.
48. Vgl. oben Anm. 9.
49. Nach dem Wortlaut der Widmung in der Publikation von Humann-Puchstein.
50. Humann-Puchstein 94.
51. Humann-Puchstein 184 und 392 mit Taf. 49, 1–3. Wiederholt bei Leopold Messerschmidt, *Corpus Inscriptionum Hethiticarum* 14 f. Taf. 17. Die Stele befin-

det sich jetzt in Adıyaman, wo sie zunächst im Garten der Yatılı Ilk Okul aufgestellt war. J. David Hawkins untersuchte sie im Sommer 1969 im Zusammenhang mit seiner Bearbeitung der wichtigen hethitischen Inschriften aus Boybeypınarı. Eine Lesung und Deutung der seit der Freilegung durch Puchstein noch mehr in Mitleidenschaft gezogenen Hieroglyphen auf der Stele aus Samosata war sehr wünschenswert, doch »the state of this text is somewhat desperate« (Hawkins, *Hieroglyphic Hittite Inscriptions of Commagene*, in: *Anat. Stud.* 20, 1970, 71). Zu den Inschriften von Boybeypınarı vgl. unten S. 144.

52. Ausgrabungsberichte liegen noch nicht vor. Hinweise *AJA.* 69, 1965, 143 und 72, 1968, 146.
53. Eine erste Grabungskampagne hat im Jahre 1980 stattgefunden.
54. Moltke, Briefe 236. Die Maße betragen: Länge 3,20 m; Höhe 0,67 m und Tiefe 0,47 m (nach Humann).
55. Libanios, *Orat. XVIII* cap. 214 (Förster).
56. Humann-Puchstein 218.
57. Bei den Vorbereitungen für die Schürfbohrungen am Karakuş habe ich sachverständige Beratung über alle geologischen und geohydrologischen Probleme durch Hans Schneider, Professor an der Universität Münster, sowie seinen Mitarbeiter Eckart F. Schneider erfahren. Beide sind auch bei der Durchführung der Arbeiten am Karakuş beteiligt gewesen und haben bei der Abfassung des wissenschaftlichen Berichtes mitgewirkt. (vgl. Istanbuler Mitteilungen 19/20, 1969/1970, 266 ff. Abb. 4–6 und Taf. 51, 1–3 sowie den zusammenfassenden Bericht in Kommagene, Sondernummer *AW* 60 ff.).
58. Weitere Einzelheiten über den Brückenbau bei Humann-Puchstein 394 ff.
59. Humann-Puchstein 225 f.
60. Dörner-Naumann, *Kommagene 10*
61. Humann-Puchstein 224.
62. Die Publikation der Inschrift durch Wagner ist in Vorbereitung.
63. vgl. oben S. 126.
64. Humann-Puchstein 192.
65. Humann-Puchstein 193.
66. Naumann bei Dörner-Naumann, *Kommagene* 66.
67. Hasan Candemir und Jörg Wagner, *Festschrift Dörner* 192 ff.: *Christliche Mosaiken in der nördlichen Euphratesia.* Beschreibung des Mosaikfußbodens 229 f. mit Textabb. 10 und Taf. 99 Abb. 44 und 45.
68. Vgl. Naumann bei Dörner-Naumann, *Kommagene* 67 f.
69. Teilweise wiedergegeben bei Humann-Puchstein Taf. 47, 48 und 49.
70. Humann-Puchstein 203.
71. Humann-Puchstein 204.
72. Humann, *Pergamon II* 100 Nr. 219.
73. Humann, *Pergamon III* 106 Nr. 182.
74. Humann, *Pergamon II* 125 Nr. 300.

Teil II

1. Humann, *Pergamon III* 107 Nr. 183.
2. Vgl. über Koldewey die von seinem Schüler und späteren Mitarbeiter Walter Andrae verfaßte Biographie: *Babylon – die versunkene Weltstadt und ihr Ausgräber* (1952).
3. Zitiert von Andrae a. O. 21 f.
4. *Investigations at Assos. Drawings and photographs of the buildings and objects discovered during the Excavations of 1881, 1882, 1883* by Joseph T. Clarke, Francis H. Bacon, Robert Koldewey. Cambridge-Leipzig 2°. 1902–1921 (sic).
5. Humann, *Pergamon III* 112 Nr. 191.
6. Die Publikation ist 1890 unter dem Titel: »Die antiken Baureste der Insel Lesbos« erschienen.
7. Erich Boehringer, *Neue deutsche Ausgrabungen im Mittelmeergebiet und im Vorderen Orient* 125 (1959).
8. *Sendschirli I* Seite II.
9. *Sendschirli I.* Das Verzeichnis der ersten Mitglieder und Stifter ist auf Seite V u. VI mitgeteilt; die Statuten folgen auf Seite VII.
10. *Sendschirli I* Seite II u. III.
11. Humann, *Pergamon III* 120 nr. 207.
12. Humann hat das Erscheinen der Veröffentlichung nicht mehr erlebt, da sie erst zwei Jahre nach seinem Tode veröffentlicht wurde. Die Publikation, für die Humann das Kapitel: »Topographie und Bauten« verfaßt hat, ist seinem Andenken gewidmet und unter dem Titel: *Alterthümer von Hierapolis, Jahrbuch des Deutschen Archäologischen Instituts, Ergänzungsband 4*, 1898 erschienen.
13. *Sendschirli II* 88 f.
14. *Sendschirli II* 91.
15. *Sendschirli II* 91 f.
16. *Sendschirli I* 12.
17. *Sendschirli II* 92.
18. *Sendschirli II* 94.
19. *Sendschirli II* 95.
20. *Sendschirli II* 101.

21. *Sendschirli II* 102.
22. *Sendschirli II* 102.
23. *Sendschirli I* 14.
24. *Sendschirli I* 15.
25. Riekele Borger, *Die Inschriften Asarhaddons, König von Assyrien,* Archiv für Orientforschung, Beiheft 9, 1956, 96 ff. § 65.
26. Die neue Übersetzung von Zeile 13 beruht auf einer Lesung und Deutung von Benno Landsberger in der Wiener Zeitschrift für die Kunde des Morgenlandes 57, 1961, 2 Anm. 8. Diesen Hinweis verdanke ich Wolfram von Soden.
27. *Sendschirli I* 28.
28. Andrae a. O. 55 f. (s. oben Anm. 2).
29. *Sendschirli I* 45 ff.
30. Ein schwieriges Problem ist die Vokalisierung der in den phönizischen oder aramäischen Sprachen auftretenden Eigennamen, die aus den Texten selbst nur selten mit Sicherheit zu erschließen sind, weil nur die Konsonanten geschrieben werden, wie z.B. QRL für den Vater des Panamu. Auch die Orthographie dieses Königs erscheint in der Literatur in verschiedenen Umschriften, wie z.B. Panammu oder Panammuwa. Ich folge dem Vorschlag von Benno Landsberger, *Sam'al. Studien zur Entdeckung der Ruinenstätte Karatepe* 61 Anm. 153 und 154 (Veröffentlichungen der Türkischen Historischen Gesellschaft. VII. Serie, Nr. 16, 1948).
31. Donner-Röllig, *Inschriften* Nr. 214.
32. Monika Hörig, *Dea Syria. Studien zur religiösen Tradition der Fruchtbarkeitsgöttin in Vorderasien* (1979).
33. Elmar Schwertheim, *Hadad und Apollon,* veröffentlicht in *Hommages à Maarten J. Vermaseren* II 1143 ff. (1978).
34. Zum Wettergott, speziell im Bereich des alten Syrien und in Kleinasien, seinen Namensformen und die etymologischen Probleme vgl. *Lexikon der Mythologie I* 253 ff. (M.A.Pope-W.Röllig) und 203 ff. (E. von Schuler).
35. Zur Schreibung vgl. die Hinweise zum Problem der Vokalisierung oben Anm. 30.
36. Zu den verschiedenen Formen der Schreibung des Namens Sam'al und die Gleichsetzung von Sam'al mit Ja'udi (Ya'diya) vgl. Landsberger a. O. 22 mit den Anm. 42–44 sowie Busink, *Tempel 539,* der Gerdschin mit der ehemaligen Hauptstadt des Königreichs Sam'al identifizieren möchte.
37. Vgl. Landsberger, *Sam'al* 60 ff. und 66.
38. Übersetzung nach Donner-Röllig Nr. 215 und Landsberger, *Sam'al* 69 f.
39. Vgl. Landsberger, *Sam'al* 67.
40. Wörtlich heißt es: »Rad an Rad einherlaufen«. Diese Ausdrucksweise wurde zunächst als Demütigung und Degradierung aufgefaßt. Daß sie aber ganz im Gegenteil als eine Auszeichnung zu werten ist, hat Landsberger gezeigt, auf den auch die Übersetzung: »Streitwagen an Streitwagen« zurückgeht (*Sam'al* 71).
41. *Sendschirli IV* 377 ff., in Anlehnung an Donner-Röllig 232 Nr. 216 und Landsberger, *Sam'al* 71.
42. Vermutete Ergänzung Zeile 8: »eifriger«, so Donner-Röllig im Hinblick auf das Verhalten gegen Assyrien; »elender«, so Luschan (*Sendschirli* a.O.) mit Bezug auf die jüngste Vergangenheit von Sam'al.
43. Vgl. oben Anm. 40.
44. Aus den Beständen der Vorderasiatischen Abteilung in Berlin-Ost hat Herbert Donner das Fragment eines weiteren Orthostaten veröffentlicht, der ebenfalls König Barrakab zeigt. Der Text beginnt mit demselben Wortlaut, von dem aber nur vier Zeilen erhalten geblieben sind (vgl. Donner-Röllig, *Inschriften*).
45. Andrae a.O. 56 (vgl. oben Anm. 2).
46. Naumann, *Architektur* 263.
47. *Sendschirli II* 109.
48. So z.B. Luschan in *Sendschirli III* 205.
49. So sind diese Orthostaten bereits durch Felix von Luschan bezeichnet worden (*Sendschirli III* 218).
50. Hogarth, *Carchemish I* 5 Abb. 3. *Sendschirli II* 91 (Humann) und *III* 218 (Luschan).
51. Diese Deutung vertritt auch Orthmann, *Untersuchungen* 462.
52. Bei der Rekonstruktion fehlen noch die im Jahre 1902 freigelegten Teile; Naumann hat sie nachgetragen (s. Abb. 35).
53. *Sendschirli II* 183.
54. Naumann, *Architektur* 411; vgl. auch die Diskussion zur Bauform der Hilani bei Busink, *Tempel* 541 ff.
55. Zitate dazu *Sendschirli II* 186.
56. Naumann, *Architektur* 549.
57. *Sendschirli IV* 374.
58. *Sendschirli IV* 374.
59. Landsberger, *Sam'al* 50.
60. Die Übersetzung ist eine Kombination in Anlehnung an Donner-Röllig 31 Nr. 24 und Landsberger, *Sam'al* 53 f.
61. *Sendschirli IV* 375.
62. *Sendschirli V* Taf. 47 f und g.

63. Landsberger, *Sam'al* 42 Anm. 102 und Donner-Röllig, Inschriften 35 Nr. 25.
64. Naumann, *Architektur* 417.
65. *Sendschirli II* 158.
66. Naumann, *Architektur* 420.
67. Andrae a.O. 57 (vgl. oben Anm. 2).
68. Naumann, *Architektur* 421 ff.
69. Busink, *Tempel* 549.
70. Busink, *Tempel* 550.
71. Donner-Röllig, *Inschriften* 236 f. Nr. 218.
72. Diese Deutung erscheint mir wahrscheinlicher als die Auffassung, daß es sich um einen Opferdiener handelt.
73. Vgl. zur Diskussion Naumann, *Architektur* 416 ff. und Busink, *Tempel* 553 ff.
74. *Sendschirli II* 161.
74a. *Sendschirli II* 176.
75. *Sendschirli IV* 240 f.
75a. *Sendschirli II* 177.
76. Vgl. die zusammenfassenden Ausführungen über die Frühzeit von Kleinasien von Alkım, *Anatolien I* 38 u. 246 f. mit Abb. 152–158.
77. Alkım, *Anatolien I* 94 ff. u. 245 f. mit Abb. 28–33 u. 139–151.
78. Humann-Puchstein 373.
79. Vgl. John Garstang, *AAA* 1, 1908, 97 ff.; 5, 1913, 63 ff.; 24, 1937, 119 ff.
80. Vgl. Naumann, *Architektur* 260.
81. Orthmann, *Untersuchungen* 532.
82. Vgl. den Grabungsbericht *Iraq*, 12, 1950, 53 ff.
83. G. Pettinato, *Oriens Antiquus* 15, 1976, 11 ff.
84. Eine gute Übersicht bietet der ausführliche Artikel von J. David Hawkins im Reallexikon der Assyriologie und Vorderasiatischen Archäologie s.v. Karkamiş (1980).
85. Die beste Übersicht über die bildende Kunst in der späthethitischen Zeit und die zeitliche Abfolge der Denkmäler bietet Orthmann, *Untersuchungen*.
86. Naumann, *Architektur* 307 f.
87. Vgl. den Hinweis oben Anm. 84.
88. Das Problem der Vokalisierung der Eigennamen führt zu verschiedenen Umschriften in der modernen Orthographie (vgl. oben Anm. 30).
89. Zitate nach Hawkins in Kommagene, Sondernummer *AW* 5 ff.
90. Hans Henning von der Osten, *Discoveries in Anatolie 1930–31*, 140 mit Abb. 127 u. 128 (The Oriental Institute of the University of Chicago, Oriental Institute Communications 14, 1933).
91. J. David Hawkins, *Hieroglyphic Inscriptions of Commagene, Anatolian Studies 20*, 1970, 69 ff. mit Text, Übersetzung und ausführlichem Kommentar.
92. Eine kurze Zusammenfassung in Kommagene, Sondernummer *AW* 6 f.
93. J. David Hawkins, *Assyrians and Hittites*, Iraq 36, 1974, 74 ff.
94. Hawkins in Kommagene, Sondernummer *AW* 8 f.
95. Landsberger, *Sam'al* 76 f. Skepsis gegen diese Theorie von Orthmann, *Untersuchungen* 211; »verlockend« findet sie Hawkins, Kommagene, Sondernummer *AW* 9.
96. Übersetzung nach Hawkins, Kommagene, Sondernummer *AW* 9 f.
97. Für Belege über die Publikation von Oeri und die im folgenden geschilderten Forschungsreisen vgl. die Literaturangaben bei Dörner, *Arsameia I* 20 ff.
98. Naumann bei Dörner-Naumann, *Kommagene* 54 ff.
99. Ekrem Akurgal, *Späthethitische Bildkunst* 144 f. (1949).

Teil III

1. Humann-Puchstein 186 mit Abb. 30 u. 31.
2. Die wissenschaftlichen Ergebnisse dieses Unternehmens sind von uns unter dem Titel: *Forschungen in Kommagene* veröffentlicht als Band 10 der Istanbuler Forschungen 1939.

2a. Dörner, *Arsameia I* 317 ff.

3. Naumann bei Dörner-Naumann, *Kommagene* 91.
4. Vgl. die Geländeaufnahme bei Dörner-Naumann Taf. 25.
5. Belege dazu bei Hellenkemper, *Burgen* 78.
6. Eine erste Ausgrabungskampagne hat Harald Hauptmann auf dem Hüyük von Lidar im Herbst 1980 durchgeführt.
7. Dörner-Naumann, *Kommagene* 61 ff.
8. Wagner, Kommagene, Sondernummer *AW* 79 mit Abb. 69 u. 100.
9. Dörner-Naumann, *Kommagene* 16.
10. Hans-Gert Bachmann, *Arsameia I* 203.
11. John Howard Young, *Arsameia I* 204 ff.
12. Young a.O. 223.
13. Young, *American Journal of Archaeology* 69, 1964, 31 ff. *Commagenian Tiaras: Royal and Divine.*
14. Dörner, *Acta Iranica* 4, 1978, 124 ff.
15. Der vollständige Text ist veröffentlicht bei Waldmann, *Kultreformen* 102 ff.
16. Übersetzt von Peter Kawerau. Für die Quellenangabe vgl. *Arsameia I* 303 mit Anm. 8. Für weitere Quellenangaben zum

Kloster Barschauma vgl. Hellenkemper, *Burgen* 99 ff.

17. Hoepfner, *Istanbuler Mitteilungen* 19/20, 1969/1970, 263.
18. Eine eingehende Beschreibung von Young, *Arsameia I* 197 ff.
19. Detaillierte Angaben von Theresa Goell, *Arsameia I* 110 ff.
20. Weitere Angaben in *Arsameia I* 131 ff. Eine ausführlichere Darstellung enthält meine Anthologie: *Vom Bosporus zum Ararat* 338 ff. (1981).
21. *Arsameia I* 141 ff.
22. Vgl. meine Aufstellung in *Arsameia I* 88 ff. Seither aufgefundene Heiligtümer in Çaputlu Ağaç (Dörner, *Istanbuler Mitteilungen 19/20,* 1969/1970, 287 f.) und auf der Akropolis von Seleukeia am Euphrat (Wagner, *Seleukeia* 117 ff.).
23. Wagner, Kommagene, Sondernummer *AW* 54 ff. (mit deutscher Übersetzung) und Zeitschrift für Papyrologie und Epigraphik 20, 1976, 201 ff. (mit dem griechischen Text in Zusammenarbeit mit Georg Petzl).
24. Vgl. Wilhelm Dittenberger, *Orientis Graeci Inscriptiones Selectae* Nr. 405.
25. Vgl. Archäologischer Anzeiger 1963, 221 ff.
26. Karl Roesch, *Kommagene – ein frühgeschichtliches Eisenland in Kleinasien?* Fachausschußbericht 9.002 des Vereins deutscher Eisenhüttenleute 1972.
27. Roesch a.O. 20 f.
28. Xenophon, *Anabasis* IV 7,15.
29. Weitere interessante Hinweise zu diesem Produktionsvorgang bei Roesch a.O. 9.
30. Einar von Schuler in *Wörterbuch der Mythologie I* 209 ff. s.v. Wettergötter.
31. James Mellaart, *Çatal Hüyük – Stadt aus der Steinzeit* 251 u. 259 (1967).
32. Über Doliche im Mittelalter vgl. Hellenkemper, *Burgen* 47 ff.
33. Zusammen mit Monika Hörig wird Schwertheim die Denkmäler und Inschriften unter dem Titel *Corpus Cultus Iovis Dolicheni (CCID)* in der Serie EPRO veröffentlichen.
34. Rudolf Noll, *Das Inventar des Dolichenusheiligtums von Mauer an der Url (Noricum),* erschienen in der Serie: *Der römische Limes in Österreich* 30, 1980.

34a. Humann-Puchstein 306.

35. Dittenberger a.O. Nr. 390 (vgl. oben Anm. 24).
36. Vgl. die Ausführungen zu Inschrift Nr. 15 in *Inscriptions grecques et latines de la Syrie I* 32.
37. Eine kurze Begründung dafür habe ich bereits in den Istanbuler Mitteilungen 17, 1967, 206 ff. und Kommagene, Sondernummer *AW* 29 ff. gegeben.
38. Thomas Fischer, Istanbuler Mitteilungen 22, 1972, 143.
39. Kultinschrift auf dem Nemrud Dağ Zeile 212 ff.
40. Kultinschrift auf dem Nemrud Dağ Zeile 11 ff.
41. Humann-Puchstein 330 f.
42. Paul Lehmann bei Humann-Puchstein 333.
43. Heinrich Dörrie, *Der Königskult des Antiochos von Kommagene im Lichte neuer Inschriften-Funde,* Göttingen 1964, 205.
44. Dörrie a.O. 205.

Erklärungen wichtiger Fachausdrücke im Text

Archon	Hier: Leiter einer städtischen oder ländlichen Gemeinde.
Akropolis	Ursprünglich Oberstadt, hochgelegener, meist befestigter Burgberg.
Baresman	Bündel aus Tamariskenzweigen, in Persien bei Opferhandlungen verwandt.
Dedikation	Feierliche Übergabe, Weihung.
Dexiosis	Wörtlich: Darreichung der rechten Hand. In Kommagene die bevorzugte Art der Darstellung einer Begegnung zwischen Göttern und Königen.
Hierodulen	Als ›heilige Dienerinnen‹ wurden zuerst die im Tempel von Delphi tätigen Jungfrauen bezeichnet; später nannte man so die im Dienst einer Gottheit stehenden männlichen und weiblichen Personen, die für alle Bereiche der Kulthandlungen eingesetzt waren wie Musik, Tanz und Gesang bei den Opfern.
Hierothesion	Nur aus Kommagene bekannte griechische Wortbildung für den heiligen Grabbezirk von Angehörigen des königlichen Hauses.
Hilani	Eine für den nördlichen syrischen Raum im Beginn des ersten Jahrtausends typische Gebäudeform, meist mit Vorhalle und einem quer dahinter liegenden Hauptraum mit Herdplatz, an den sich weitere Räumlichkeiten anschließen.
Hüyük/Tell Tumulus	Als Hüyük werden in der türkischen Sprache, als Tell im Arabischen und demnach in der Fachsprache Hügel bezeichnet, die ihre Entstehung der menschlichen Besiedlung verdanken. Sie bilden sich, wenn nach einer Zerstörung der Wohnstätten durch Feuer, Krieg oder Zerfall Neubauten auf den alten Fundamenten errichtet werden und im Laufe der Jahrhunderte durch einen immer wiederholten Vorgang das Niveau der Wohnfläche ansteigt. Tumulus in der lateinischen Sprache: Hügel, auch Grabhügel. Mit dieser Einschränkung bezeichnet man jetzt in der Fachsprache künstliche Erhebungen in der Landschaft über einer Grabanlage.
Kolumne	Ursprünglich lateinisch: Säule. Im übertragenen Sinne für einen hohen oder schmalen Schriftsatz angewandt.
Mitra	Kopfbedeckung orientalischer Herrscher.
Mausoleum	Grabbauten, die ihren Namen nach der monumentalen Begräbnisstätte des Königs Maussollos von Karien tragen, die im Altertum als eines der sieben Weltwunder galt.
Orthostaten	Steinplatten zum Schutz der unteren Teile von Wänden aus Lehmziegeln, oft mit Reliefdarstellungen geschmückt.
sepulkral	Mit Begräbnis und Totenkult verbunden.
Temenos	Hier: Geweihter Bezirk, in dem Opferhandlungen vollzogen werden.

Abbildungsverzeichnis

Farbtafeln nach Seite 32

I. Die Grabanlage des Königs Antiochos I. auf dem 2150 m hohen Nemrud Dağ. Blick auf den Tumulus und die Ostterrasse aus dem Helikopter. Foto F. K. Dörner.
II. Die Götterreihe am Fuß des Tumulus auf der Ostterrasse, unter ihnen auch die Personifikation der Landschaft Kommagene und des Königs Antiochos I. Foto C. Rahn.
III. Der herabgestürzte Kopf des Gottes Herakles auf der Westterrasse. Seine Höhe – wie auch die des Kopfes von Antiochos I. (s. Tafel XI) – beträgt mehr als 2 m. Foto F. K. Dörner.

Farbtafeln nach Seite 116

IV. Der große, steinerne Löwe (Höhe 1,78 m) ist wieder auf seinem ursprünglichen Platz neben dem Feueraltar auf der Ostterrasse aufgestellt. Foto F. K. Dörner.
V. Aussicht vom Nemrud Dağ auf das Felsenmeer der kommagenischen Berglandschaft. Foto F. K. Dörner.
VI. Die große Kultinschrift auf der Rückseite der Thronsessel der monumentalen Götterfiguren auf der Westterrasse. Foto F. K. Dörner.
VII. und VIII. Die Köpfe der Göttin Kommagene (VII) und des Gottes Mithras (VIII) waren ebenfalls von ihren Sitzen auf der Westterrasse herabgestürzt und wurden wieder aufgestellt. Foto F. K. Dörner.

Farbtafeln nach Seite 136

IX. Unter dem Schotter hinter den Thronsesseln auf der Ostterrasse fand sich fast unversehrt der Porträtkopf des Königs Antiochos I. (vgl. Taf. 58). F. K. Dörner.
X. Blick auf die stark zerstörte Westterrasse mit den wiederaufgestellten Köpfen. Foto F. K. Dörner.
XI. Der von der Statue auf dem Thronsessel herabgestürzte Kopf des Königs Antiochos I. auf der Westterrasse. Foto F. K. Dörner.
XII. Weniger monumental als die Grabanlage auf dem Nemrud Dağ, aber doch weithin sichtbar, wurde der Tumulus Karakuş für die königlichen Frauen errichtet. Vor der Anlage die Säule mit dem 2,54 m hohen Adler. Foto F. K. Dörner.
XIII. Wie in antiker Zeit nähert sich heute der Besucher dem wieder aufgerichteten Relief mit König Antiochos I. und Herakles. Die Höhe beträgt 3,34 m einschließlich Einsatzzapfen (vgl. Tafel 32). Foto H. Prokop.
XIV. und XV. Die beiden auseinandergebrochenen Teile des Mithras-Reliefs ließen sich glücklich wieder zusammenfügen. Höhe einschließlich Einsatzzapfen 4,39 m. Auch von dem ihm einst gegenüberstehenden König wurden zwei wichtige Fragmente tiefer am Hang gefunden. (vgl. Abb. 52) Foto F. K. Dörner.
XVI. und XVII. In einem mittelalterlichen Mauerzug verbaut kam das lebensvolle Porträt einer diademgeschmückten, jungen kommagenischen Königin, angefertigt aus weichem Kalkstein, wieder ans Tageslicht. Dank der Vorsicht des Vorarbeiters Osman blieb es unversehrt. Die Höhe des Kopfes beträgt 36 cm (vgl. Tafel 41). Fotos F. K. Dörner.

Farbtafeln nach Seite 220

XVIII. Fern von seinem Ursprungsland Kommagene wurde in Mauer an der Url (Österreich) das Kultbild des Jupiter Dolichenus gefunden. Zusammen mit anderen Tempelschätzen war es wahrscheinlich aus Furcht vor dem Ansturm der Barbaren sorgfältig vergraben worden. Gesamthöhe bis zur Spitze der Mütze 31,3 cm. Die Statuette befindet sich jetzt zusammen mit dem größten Teil der Funde in der Antikensammlung des Kunsthistorischen Museums in Wien. Die Abbildung stellte dankenswerterweise die Direktion des Kunsthistorischen Museums in Wien zu Verfügung.
XIX. Deutlich hebt sich auf dem Südhang der Eski Kale in Eski Kâhta (Arsameia am Nymphenfluß) die große Felsenhalle ab – eine rätselhafte Kultstätte. Foto F. K. Dörner.
XX. Nach der ersten Freilegung traten deutlich die Grundrisse einer mittelalterlichen Besiedlung auf dem Plateau der Eski Kale zutage. Foto F. K. Dörner.
XXI. Scherbenfunde sind eine wichtige Datierungshilfe. Selahattin Asım bei der mühsamen Restaurierungsarbeit. Foto F. K. Dörner.
XXII. Unter der mittelalterlichen Bauschicht lagen die Mosaikfußböden der Festräume aus kommagenischer Zeit. Foto S. Landois.

Schwarz-weiß-Tafeln nach Seite 68

1. Ein Steilhang neben einer kühlen Quelle wurde terrassiert und ein luftiges Zeltlager für die Ausgräber mit Blick in das Tal des

Nymphenflusses errichtet. Foto F. K. Dörner.

2. Blick aus dem Flußtal das Chabinas auf die kühne Bogenkonstruktion der Brücke. Foto J. Warnke.
3. Wie die auf der Brücke angebrachten Inschriften berichten, wurde dieses strategisch wichtige Bauwerk von der XVI. in Samosata stationierten römischen Legion 198/200 n.Chr. errichtet. Foto F. K. Dörner.
4. Stele (Höhe 3,22 m) mit dem Bildnis des Asarhaddon, des »großen und mächtigen Königs von Assyrien« (Zeile 15 der Keilinschrift auf dem königlichen Gewand). Staatl. Museen, Vorderas. Abt., Berlin-Ost. Nach Sendschirli I Taf. 1.
5. Ein Sphingenpaar aus Basalt diente als eindrucksvolles Postament für eine Säule. Altorientalisches Museum, Istanbul. Nach Sendschirli IV Taf. 56 (oben).
6. Statue des Wettergottes Hadad (Höhe 2,85 m), nach der altaramäischen Inschrift von König Panamu geweiht. Staatl. Museen, Vorderas. Abt., Berlin-Ost. Nach Sendschirli I Taf. 6.
7. Breitseite eines Eckorthostaten mit dem Kriegsgott; für die Schmalseite vgl. Taf. 9 rechts. Staatl. Museen, Vorderas. Abt., Berlin-Ost. Nach Sendschirli III Taf. 50.
8. Bildnis eines Gazellenträgers auf einem wiederhergestellten Orthostaten. Staatl. Museen, Vorderas. Abt., Berlin-Ost. Nach Sendschirli IV Taf. 63.
9. Orthostat des Wettergottes mit dreistrahligem Blitzbündel und Hammer (links); die Göttin mit Spiegel (rechts) ist auf der Schmalseite eines Eckorthostaten (vgl. Taf. 7) dargestellt. Staatl. Museen, Vorderas. Abt., Berlin-Ost. Nach Sendschirli III Taf. 41.
10. Kunstvolle Orthostaten mit Spuren von scharlachroter Bemalung aus Hilani IV in Sam'al zeigen Musikanten mit Saiteninstrumenten und kleinen Becken. Altorientalisches Museum, Istanbul. Nach Sendschirli IV Taf. 62.
11. Nach der aramäischen Inschrift ist auf diesem Orthostaten König Barrakab, Sohn des Panamu, dargestellt; vor ihm steht sein Sekretär mit den Schreibutensilien. Staatl. Museen, Vorderas. Abt., Berlin-Ost. Nach Sendschirli IV Taf. 60 (unten).
12. Darstellungen auf den beiden Schmalseiten der Stele mit König Asarhaddon (Taf. 4), vielleicht einheimische, mit Assyrien verbündete Fürsten. Nach Sendschirli I Taf. 3.
13. Relief mit der Darstellung einer Löwenjagd aus einer Palastanlage in der Ebene von Sakçagözü. Staatl. Museen, Vorderas. Abt., Berlin-Ost. Nach Humann-Puchstein Taf. 46.
14. und 15. Zwei Orthostaten aus Karkamiş, Teil eines Zuges von hohen Würdenträgern. Archäologisches Museum, Ankara. Nach Carchemish I Taf. B. 5 a (14) und 5 b (15).
16. Orthostat aus Karakamiş mit schreitender Chimäre. Archäologisches Museum, Ankara. Nach Carchemish I Taf. B 14 a.
17. Die Burganlage von Arsameia am Euphrat (heute Gerger). Foto F. K. Dörner.
18. Die Oberburg von Gerger wurde im Mittelalter umgebaut. Ursprünglich stand hier das Heiligtum einer Muttergottheit, und einige Könige von Kommagene erwählten es als ihre Ruhestätte. Foto F. K. Dörner.
19. Auf der Oberburg von Gerger befindet sich das weithin sichtbare Relief des kommagenischen Königs Samos. Foto F. K. Dörner.
20. Einer der großen, bei den Ausgrabungen freigelegten Räume mit Kreuzgradgewölbe auf der Yeni Kale. Durch das rechte Tor betritt man eine Treppe hinauf zum Zwinger. Foto J. Warnke.
21. Die Burganlage von Arsameia am Nymphenfluß. Foto J. Warnke.
22. Arabische Bauinschriften zu Ehren des mamlukischen Sultan Malik al-Aschraf Khalil aus dem Jahre 692 (= 1293 n.Chr.) über dem Torbogen von Turm 4 der Yeni Kale. Foto J. Warnke.
23. Ein steiler, getreppter und teilweise überdeckter Gang führt von der Yeni Kale zu dem während der Mamlukenherrschaft erbauten Taubenschloß und dem Nymphenfluß. Foto F. K. Dörner.
24. Im Schutz überhängender Felsen wurde das Taubenschloß errichtet. Foto F. K. Dörner.

Schwarz-weiß-Tafeln nach Seite 172

25. Die Yeni Kale mit der Mamlukenfestung und das Massiv der Eski Kale zu beiden Seiten des Nymphenflusses. A: Yeni Kale. B: Flußtal des Nymphaios. C: Nordflanke der Eski Kale. Foto F. K. Dörner.
26. Der Südabhang der Eski Kale. Auf dem Plateau befand sich das Hierothesion für König Mithradates Kallinikos. A: Plateau des Burgberges. B: Felsinschrift, Sockelanlage III und Eingang zum großen Felsgang. C: Sockelanlage II. D: Felsenhalle. E: Sockelanlage I. F: Felskammer. G: Prähistorische Höhlen. H: Südwestliche Terrasse mit Relief von Sockelanlage I. Foto F. K. Dörner.
27. Das Mithras-Relief neben Sockelanlage II und Blick auf die große Felsenhalle. Foto F. K. Dörner.
28. Beim Zusammensetzen und der Aufstellung des Mithras-Reliefs an seinem ursprünglichen Standort der Sockelanlage II. (Vgl. Farbtafel XIV und XV). Foto C. Rintelen.
29. Das Mithras-Relief – der erste Fund auf der Eski Kale, der zur Entdeckung von Arsameia am Nymphenfluß führte. Foto F. K. Dörner.
30. Wie sieht das Relief aus, das die 3,34 m hohe Platte erwarten läßt? Foto F. K. Dörner.
31. Unvergeßlicher Eindruck, als die

riesige Platte langsam in die vorbereitete Auffanggrube glitt. Foto F. K. Dörner.

32. Überrascht erblickten die Entdecker das schönste der uns erhaltenen Dexiosis-Reliefs – heute wieder an seinem ursprünglichen Standplatz aufgestellt (vgl. Farbtafel XIII). Foto F. K. Dörner.
33. Felsecke mit Kolumne 1 (links) und Kolumne 2 (rechts) der auf einer Felswand eingehauenen Inschrift für den königlichen Kult im Hierothesion des Mithradates Kallinikos auf der Eski Kale. Foto F. K. Dörner.
34. Allein die verwitterte, obere rechte Ecke der Inschrift ragte 2000 Jahre aus den Schuttmassen heraus und bildete den ersten Fingerzeig für die Entdeckung. Foto F. K. Dörner.
35. Gesamtansicht der beschrifteten Felswand; darunter führen Treppenstufen in den großen gewölbten Felsgang. Foto F. K. Dörner.
36. Da sich die größten Maschinenteile nicht in Maultierlasten zerlegen ließen, trugen sie unsere kräftigen Arbeiter kurz entschlossen auf ihren Schultern zum hochgelegenen Ausgrabungsplatz. Foto F. K. Dörner.
37. Ein langer Arbeitstag ist zu Ende. Foto F. K. Dörner.
38. Teil der großen, 7 m breiten Freitreppe, die vom Südhang der Eski Kale auf die Höhe des Plateaus führte. Foto W. Hoepfner.
39. Friedrich Karl Dörner vor der beschrifteten Felswand mit einem wißbegierigen alten Hirten.
40. Blick aus dem Dunkel des getreppten Felsgangs in das Licht der Sonne. Foto F. K. Dörner.
41. und 42. Auf dem Plateau der Eski Kale standen neben den Statuen der Götter auch die Standbilder der königlichen Familie. Fast unversehrt erhielten sich die schönen Porträtköpfe eines Königs und einer Königin (vgl. Farbtafeln XVI und XVII). Ihre Höhe beträgt 36 cm (41) und 35 cm (42). Die Porträtköpfe befinden sich z.Zt. in den Museen von Ankara (41) und Gaziantep (42). Foto C. Rahn (41) und W. Hoepfner (42).
43. Vierzehn Treppenstufen führen aus der Felsenhalle zu einer jäh abfallenden Felsenkammer. Foto F. K. Dörner.
44. Die hohe Felsenhalle bot jahrhundertelang Hirten und ihren Herden Schatten und Schutz bei Unwetter. Foto F. K. Dörner.
45. Die große Felsenhalle ist sicherlich zu besonderen kultischen Handlungen aus dem Gestein herausgearbeitet worden. Leider sind die Inschriften und Reliefs vor ihrem Eingang nur in Bruchstücken erhalten. Foto F. K. Dörner.
46. Der kühle Schatten der Felsenhalle bot einen idealen Arbeitsplatz für die Ausgräber. Foto F. K. Dörner.
47. Ob die Ausarbeitungen im Boden der Felsenhalle zur ursprünglichen Anlage gehören oder aus späterer Zeit stammen, bleibt offen. Foto F. K. Dörner.
48. Vorsprünge in der hohen Wand der Felsenhalle haben als Auflage für die Gerüste der antiken Baumeister gedient. Foto F. K. Dörner.
49. König Antiochos I. und Apollon-Helios auf einer 1,22 m hohen Basaltstele, aufgefunden in Sofraz Köy und jetzt im Museum von Gaziantep. Foto J. Wagner.
50. Auf dem Eisenfeld in Arsameia freigelegtes Rennfeuer mit Schacht. Foto C. Rahn.
51. Auf dem Gelände des Eisenfeldes fanden sich neben dem Rennfeuer auch mehrere Schmiedeöfen. Foto C. Rahn.
52. Zahlreiche Eisenschlacken, die Überreste antiker Eisenproduktion, führten zu der Freilegung eines Eisenschmelzbezirkes, des ersten seiner Art in Kommagene. Foto F. K. Dörner.
53. Blick auf das Eisenfeld im Tal des Nymphenflusses (Kâhtaçay). Foto F. K. Dörner.
54. Fragment von Sockel 1 auf der Nordseite der Ostterrasse des Nemrud Dağ mit der Darstellung des persischen Großkönigs Dareios I., der die väterliche Ahnenreihe des kommagenischen Königshauses anführt. Foto F. K. Dörner.
55. An der Südseite der Ostterrasse wurden die Stelen mit der Darstellung der mütterlichen Ahnen aufgestellt, die mit Alexander dem Großen beginnt. Foto F. K. Dörner.
56. Darstellung des persischen Großkönigs Xerxes I. von der Westterrasse nach dem von Karl Humann angefertigten Abguß. Staatl. Museen, Vorderas. Abt., Berlin-Ost. Nach Humann-Puchstein Taf. 36,1.
57. Rekonstruktionszeichnung des königlichen Tumulus auf dem Nemrud Dağ, links die Ostterrasse mit dem großen Feueraltar und rechts die Westterrasse, nach P. Bianchi, National Geographic 119, 1961, 396/397.
58. Am Ende der Götterreihe war der König Antiochos I. dargestellt. Jahrhundertelang lag sein Porträtkopf unter den vom Tumulus herabgestürzten Schottermassen (vgl. Farbtafel IX). Foto F. K. Dörner.
59. Durch die Inschriftenreste auf dem Fragment läßt sich erkennen, daß auf der Vorderseite die Landesgöttin Kommagene mit König Antiochos I. dargestellt war. Foto F. K. Dörner.

Abbildungen im Text

1. Die antike Landschaft Kommagene. Entworfen und gezeichnet von Jörg Wagner und Willy Rösinger. Nach Kommagene, Sondernummer AW Abb. 2.
2. Karl Humann. Nach einem von Hamdi Bey 1894 gemalten Porträt. Nach Humann, Pergamon II, Titelblatt.
3. Karl Sester. Aus dem Archiv der Hermann-Bröckelschen-Stiftung, Essen.

46. Grundriß mit schematischer Ansicht der Inschriftkolumnen im Aufgang der Burg von Gerger. Zeichnung von Rudolf Naumann. Nach Dörner – Naumann, Kommagene Abb. 1.
47. Lageplan der Burg von Gerger von Rudolf Naumann. Nach Dörner – Naumann, Kommagene Taf. 24.
48. Kolumne 6 der Inschrift von Gerger; ergänzt durch die Stele von Samsat (gepunktet). Nach Dörner – Naumann, Kommagene Abb. 2.
49. Die römische Brücke über den Göksu. Rekonstruktion von Rudolf Naumann. Nach Dörner – Naumann, Kommagene Taf. 22.
50. Übersichtskarte von Arsameia am Nymphenfluß. Vgl. Arsameia I Plan I.
    1. Yeni Kale, Zugang mit Inschrift
    2. Turm 4 mit Inschrift
    3. Vorwerk
    4. Wassergang
    5. Taubenschloß
    6. Einmündung des unterirdischen Ganges von der Yeni Kale
    7. Brücke über den Kâhtaçay
    8. Plateau auf der Eski Kale
    9. Große Kultinschrift mit Sockelanlage III
    10. Große Felsenhalle
    11. Sockelanlage I
    12. Sockelanlage II mit Mithrasrelief
    13. Zwei prähistorische Höhlen
51. Sockelanlage III mit Felsinschrift, Eingang zum großen Felsgang und wiederaufgestelltem Dexiosis-Relief auf dem Südhang der Eski Kale. Rekonstruktion von Wolfram Hoepfner. Nach Kommagene, Sondernummer AW Abb. 93.
52. Die zusammengesetzte Mithrasstele und die Fragmente der Königsdarstellung von Sockelanlage II auf der Eski Kale. Zeichnungen von John Howard Young und Gerhard Brüning. Nach Friedrich Karl Dörner, Acta Iranica 4, 1978, Taf. 5 Abb. 3 (vgl. 127 ff.).
53. Grundriß der Bauten aus kommagenischer Zeit auf dem Plateau und dem Südabhang der Eski Kale nach den Ergebnissen der Ausgrabungen mit Ergänzungen von Wolfram Hoepfner. Unpubliziert.
54. Rekonstruktionsskizze von Plateau und Südabhang der Eski Kale von Wolfram Hoepfner (vgl. Abb. 53). Unpubliziert.
55. Die Festräume auf der Westseite des Plateaus der Eski Kale. Zeichnung und Ergänzungen von Wolfram Hoepfner. Nach Istanbuler Mitteilungen 19/20, 1969/70, 257 Abb. 1.
56. Mosaikfußboden I in den Festräumen auf dem Plateau der Eski Kale. Zeichnung und Wiederherstellng von George R. H. Wright. Nach Arsameia I Plan 11.
57. Die Felsenhalle auf dem Südhang der Eski Kale. Wiederherstellungsversuch von Wolfram Hoepfner. Unpubliziert.
58. Schnitt und Grundriß der Felsenhalle auf der Eski Kale. Nach Arsameia I Plan 7.
59. Der große Felsgang auf dem Südhang der Eski Kale. Längenschnitt und Grundriß. Nach Arsameia I Plan 9.
60. Rekonstruktion des bei Eski Kâhta im ›Eisenfeld I‹ gefundenen Rennfeuers mit Schacht von Karl Roesch und Wilhelm Winkelmann. Nach Karl Roesch, Kommagene – ein frühgeschichtliches Eisenland in Kleinasien? In: Fachausschußbericht 9.002, des Vereins deutscher Eisenhüttenleute 1972.
61. Zeichnung einer Stele mit Reliefdarstellung des Jupiter Dolichenus. Nach Humann – Puchstein Abb. 58.
62. Arsameia am Nymphenfluß (Eski Kâhta) und seine Umgebung mit den antiken Prozessionswegen zum Nemrud Dağ und nach Arsameia am Nymphenfluß. Nach Dörner, EPRO 68, 1978, 328 Abb. 2 (Hommage à M. J. Vermaseren Band 1).
63. – 64. Schnitte durch Ost- und Westterrasse auf dem Nemrud Dağ aus denen die verschiedene Höhenlage der beiden Terrassen hervorgeht. Darunter ein Plan der beiden Terrassen. Zeichnung und Aufnahme von Karl Humann. Nach Humann – Puchstein Taf. 22.
65. Die Westterrasse auf dem Nemrud Dağ. Zeichnung von Kurt Müller. Nach Dörner, Istanbuler Mitteilungen a. O. 199 Abb. 2.
66. Die Ostterrasse auf dem Nemrud Dağ Zeichnung von Kurt Müller. Nach Dörner, Istanbuler Mitteilungen 17, 1967, 198 Abb. 1.
67. Fragmente der Inschrift von Südsockel 5 auf der Westterrasse. Fragmente C und F neu gefunden; gepunktete Buchstaben von Puchstein mit Sicherheit gelesen, jetzt verloren. Dargestellt war auf der Vorderseite dieser Reliefplatte Artaxerxes II. Mnemon, der königliche Schwiegervater von Aroandes, und nicht Artasouras, der Vater des Aroandes (vgl. Abb. 68). Nach Dörner, Istanbuler Mitteilungen a. O. 204 Abb. 4.
68. Die bisherige Rekonstruktion der väterlichen Ahnenreihe von Antiochos I. durch Puchstein sowie Jalabert-Mouterde und der neue Vorschlag für die Abfolge. Nach Dörner, Istanbuler Mitteilungen a. O. 205 Abb. 5.
69. Die Aufteilung der seleukidischen Throninhaber auf die mütterliche Ahnengalerie des Antiochos I. von Kommagene (erschlossene Zuweisung in eckigen Klammern; Namen der von der Ahnengalerie ausgeschlossenen Herrscher kursiv). Nach Dörner, Istanbuler Mitteilungen a. O. Abb. 6.
70. Löwenhoroskop von der Westterrasse des Nemrud Dağ nach dem Gipsabguß von Karl Humann. Staatl. Museen, Vorderas. Abt., Berlin-Ost. Nach Humann – Puchstein Taf. 40.

Register

Folgende immer wiederkehrende geographische Begriffe wurden in das Register nicht aufgenommen: Deutschland, Türkei, Mittelmeer, Kleinasien, Anatolien, Mesopotamien, Euphrat und Kommagene.